新 視 野
中華經典文庫

新　視　野
中華經典文庫

三國志

名譽主編　饒宗頤

導讀及譯注　張偉保

中華書局

新視野中華經典文庫

三國志

□

導讀及譯注

張偉保

□

出版

中華書局（香港）有限公司

香港北角英皇道 499 號北角工業大廈一樓 B
電話：(852) 2137 2338　傳真：(852) 2713 8202
電子郵件：info@chunghwabook.com.hk
網址：http://www.chunghwabook.com.hk

□

發行

香港聯合書刊物流有限公司

香港新界大埔汀麗路 36 號
中華商務印刷大廈 3 字樓
電話：(852) 2150 2100　傳真：(852) 2407 3062
電子郵件：info@suplogistics.com.hk

□

印刷

深圳中華商務安全印務股份有限公司

深圳市龍崗區平湖鎮萬福工業區

□

版次

2015 年 7 月初版

2018 年 6 月第 2 次印刷

□

規格

32 開（205 mm × 143 mm）

□

ISBN：978-988-8340-34-7

出版說明

為甚麼要閱讀經典？道理其實很簡單——經典正正是人類智慧的源泉、心靈的故鄉。也正是因此，在社會快速發展、急劇轉型，因而也容易令人躁動不安的年代，人們也就更需要接近經典、閱讀經典、品味經典。

邁入二十一世紀，隨着中國在世界上的地位不斷提高，影響不斷擴大，國際社會也越來越關注中國，並希望更多地了解中國、了解中國文化。另外，受全球化浪潮的衝擊，各國、各地區、各民族之間文化的交流、碰撞、融和，也都會空前地引人注目，這其中，中國文化無疑扮演着十分重要的角色。相應地，對於中國經典的閱讀自然也就有不斷擴大的潛在市場，值得重視及開發。

於是也就有了這套立足港臺、面向海外的「新視野中華經典文庫」的編寫與出版。希望通過本文庫的出版，繼續搭建古代經典與現代生活的橋樑，引領讀者摩挲經典，感受經典的魅力，進而提升自身品位，塑造美好人生。

本文庫收錄中國歷代經典名著近六十種，涵蓋哲學、文學、歷史、醫學、宗教等各個領域。編寫原則大致如下：

（一）精選原則。所選著作一定是相關領域最有影響、最具代表性、最值得閱讀的經典作品，包括中國第一部哲學元典、被尊為「羣經之首」的《周易》，儒家代表作《論語》、《孟子》，道家代表作《老子》、《莊子》，最早、最有代表性的兵書《孫子兵法》，最早、最系統完整的醫學典籍《黃帝內經》，大乘佛教和禪宗最重要的經典《金剛經》、《心經》、《六祖壇經》，中國第一部詩歌總集《詩經》，第一部紀傳體通史《史記》，第一部編年體通史《資治通鑒》，中國最古老的地理學著作《山海經》，中國古代最著名的遊記《徐霞客遊記》，等等，每一部都是了解中國思想文化不可不知、不可不讀的經典名著。而對於篇幅較大、內容較多的作品，則會精選其中最值得閱讀的篇章。使每一本都能保持適中的篇幅、適中的定價，讓普羅大眾都能買得起、讀得起。

（二）尤重導讀的功能。導讀包括對每一部經典的總體導讀、對所選篇章的分篇（節）導讀，以及對名段、金句的賞析與點評。導讀除介紹相關作品的作者、主要內容等基本情況外，尤強調取用廣闊的「新視野」，將這些經典放在全球範圍內、結合當下社會生活，深入挖掘其內容與思想的普世價值，及對現代社會、現實生活的深刻啓示與借鑑意義。通過這些富有新意的解讀與賞析，真正拉近古代經典與當代社會和當下生活的距離。

（三）通俗易讀的原則。簡明的注釋，直白的譯文，加上深入淺出的導讀與賞析，希望幫助更多的普通讀者讀懂經典，讀懂古人的思想，並能引發更多的思考，獲取更多的知識及更多的生活啓示。

（四）方便實用的原則。關注當下、貼近現實的導讀與賞析，相信有助於讀者「古為今用」、自我提升；卷尾附錄「名句索引」，更有助讀者檢索、重溫及隨時引用。

（五）立體互動，無限延伸。配合文庫的出版，開設專題網站，增加朗讀功能，將文庫進一步延展為有聲讀物，同時增強讀者、作者、出版者之間不受時空限制的自由隨性的交流互動，在使經典閱讀更具立體感、時代感之餘，亦能通過讀編互動，推動經典閱讀的深化與提升。

這些原則可以説都是從讀者的角度考慮並努力貫徹的，希望這一良苦用心最終亦能夠得到讀者的認可、進而達致經典普及的目的。

「弘揚中華文化」是中華書局的創局宗旨，二〇一二年又正值創局一百週年，「承百年基業，傳中華文明」，本局理當更加有所作為。本文庫的出版，既是對百年華誕的紀念與獻禮，也是在弘揚華夏文明之路上「傳承與開創」的標誌之一。

需要特別提到的是，國學大師饒宗頤先生慨然應允擔任本套文庫的名譽主編，除表明先生對本局出版工作的一貫支持外，更顯示先生對倡導經典閱讀、關心文化傳承的一片至誠。在此，我們要向饒公表示由衷的敬佩及誠摯的感謝。

倡導經典閱讀，普及經典文化，永遠都有做不完的工作。期待本文庫的出版，能夠帶給讀者不一樣的感覺。

中華書局編輯部

二〇一二年六月

目錄

蜀書（《新唐書》稱為《蜀國志》） 二三一

吳書（《新唐書》稱為《吳國志》）

千古風流話三國
——《三國志》導讀

張偉保

三國鼎峙

東漢末年政治黑暗，戚宦相爭、吏治腐敗、民不聊生，因而不斷發生大規模民變。其中，以一八四年張角與其弟張梁、張寶三人率領太平道信徒起義最為聲勢浩大，直接動搖了東漢政權的基礎。起義軍戴黃色頭巾作標誌，因而被稱為「黃巾軍」。雖然黃巾起義很快被鎮壓，但餘黨仍散佈各地。一八八年，漢靈帝採納劉焉的建議，制定了州牧制度，加強對地方的控管。一八九年，漢靈帝死，漢少帝劉辯即位，何太后臨朝稱制，外戚何進專政。袁紹向何進建議誅殺宦官，因何進猶豫不決，被宦官先發制人，殺了何進。袁紹繼而與袁術合力誅殺宦官。其後，董卓率兵入洛陽，控制了朝廷，袁紹及曹操紛紛逃離京師，最後董卓廢黜漢少帝劉辯，改立年僅九歲的劉協為帝，史稱漢獻帝。董卓掌握大權後，暴露他的兇殘本性，殺少帝、掘陵墓、搶珍寶，荒淫無道，專斷朝政。關東諸郡起兵討卓，乃火燒洛陽，並挾持天子遷都長安，自為太師。由於董卓惡行昭彰，在一九二年，司徒王允與呂布合謀把他刺殺了。董卓雖死，但下屬李傕、郭汜等人挾持漢獻帝，專政四年。一九七年郭汜被部將伍習所殺，一九八年李傕又為曹操所誅殺。二〇〇年，曹操以少勝多，在官渡擊潰了袁紹軍團，袁氏勢力隨後被殲滅。之後，曹操更統一了北方。

在曹操擴展勢力、「北方多務」的同時，孫堅、孫策亦有相當的發展，終於成為江東的主宰者。孫權繼承父兄的基業，任用張昭、周瑜、魯肅等賢能之士，在江東擁有牢固的地盤。而漢景帝兒子中山靖王的後裔劉備，經過不少歷練和挫折後，最終投靠了控制荊州的劉表，在新野招攬人才。由於得到關羽、張飛、諸葛亮的協助，逐漸建立一些勢力。二〇八年，曹操親率大軍南下荊州，劉表病逝，次子劉琮繼任，並隨即向曹操投降。曹操不聽從謀士賈詡的勸說，冒進江東，企圖一統天下。劉備見形勢危急，派諸葛亮出使江東，尋求與孫權結盟，合力抵抗曹軍。孫權亦受到魯肅的鼓動，同意聯劉抗曹，最後決戰於赤壁。北方士兵多不諳水性，曹軍將船隻連接在一起以穩定船身。因此，周瑜決定採用火攻，不但火燒連環船，更焚及大量岸上的營寨，終於大敗曹軍。曹操被迫退回北方。劉備亦趁機佔據荊州西部地區，後來更獲得千載之機進佔益州，建立自己的根據地。孫權則繼續穩固江東，又積極開拓東南地區，勢力日益強大，終於形成天下三分的局面。

二二〇年，曹丕篡漢自立，定都洛陽，國號「魏」；次年，劉備在成都稱帝，國號「漢」。二二二年，劉備為了替關羽報仇，於夷陵之戰被吳軍陸遜擊敗，崩於白帝。諸葛亮與李嚴受命託孤，共同輔助後主劉禪。二二九年，孫權在建業稱帝，國號「吳」，名實相符的三國鼎立正式開始。其後四五十年間，三國之間不時發生戰爭，但都以發展經濟，恢復生產為主，出現一段較穩定的對峙局面。由於魏國佔據的北方是傳統農業區，當戰爭大致平息後，經濟恢復到一個階段，整體經濟實力便會遠遠優於東吳和蜀漢。因此，到了二六三年，掌控了魏國大政的司馬昭便派出鍾會、鄧艾攻打蜀國，迫使劉禪出降，蜀國滅亡。二六五年，司馬昭之子司馬炎篡魏自立，國號「晉」，魏國正式退出歷史舞臺。二八〇年，司馬炎派賈充、杜預、王濬等攻打吳國，孫皓出降，吳國滅亡，三國時代正式結束，天下回復短暫的統一。

三大戰役

中國歷史上，有數次以少勝多的著名戰役，其中兩次即發生於這個時期：官渡之戰和赤壁之戰，對三國鼎立有決定性影響。另一場奠定三國的戰役是夷陵之戰，它決定了荊州永久歸屬於東吳。史家稱以上三場與三國鼎立有關的大戰為「三大戰役」。

1. 官渡之戰

官渡之戰是形成三國鼎立的第一場大戰役，亦是中國歷史上著名的以少勝多的戰役之一。東漢末年，黃巾軍雖被鎮壓了，但東漢政權已經岌岌可危，地方勢力迅速崛起，形成羣雄割據的局面，主要有河北的袁紹、兗州的曹操、豫州的陶謙、徐州的呂布、揚州的袁術、江東的孫策、荊州的劉表、幽州的公孫瓚、南陽的張繡等。在征戰連連中，袁紹與曹操兩大勢力日益壯大。

開始時，袁紹勢力比曹操強盛。袁紹兵力眾多，曹操則四面受敵。但後來局勢向着曹操有利的方向變化。曹操消滅呂布，袁術病死，張繡投降，劉表持觀望態度，孫策保守江東。再者，由於袁紹遲疑不決，失去與劉備夾擊曹操的良機，因此形勢變得對曹操有利。

二〇〇年二月，官渡之戰爆發，戰爭歷時九個月，約可分為三個階段。第一個階段：二月至六月，曹操採取「以退為進」的戰略，曹操屢勝，士氣高漲；第二個階段：七月至九月，雙方於官渡相持，曹軍糧草將盡，但聽取荀彧的建議後，堅守待變；第三個階段：十月，曹操突襲袁軍烏巢糧倉，糧草全被焚毀，袁軍大潰。官渡之戰為曹操統一北方奠定基礎。

2. 赤壁之戰

赤壁之戰是繼官渡之戰後，又一場以少勝多的戰役，奠定三國鼎立的大戰役。曹操統一北方後，於二〇八年大舉南下，欲先攻打劉表，再擊敗孫權，繼而一統天下。九月，曹軍進攻新野，劉表之子劉琮出降。曹操輕取荊州，野心大增，即率軍東向，兵鋒直指江東。劉備派諸葛亮游説孫權，結盟抵抗曹軍。孫權任周瑜為孫劉聯軍的主帥，統率聯軍約五萬人到赤壁，與曹軍對壘，而自己則統率大軍殿後。北方士兵不諳水性，曹操下令用鐵鏈將船隻固定，但這樣船隻便失去機動性。周瑜利用曹軍這一弱點，派黃蓋佯裝投降，終於火燒曹軍連環船，最後曹軍大敗。戰後，曹操被迫退回北方，孫權為了抗曹，繼續與劉備聯軍，聽從魯肅的建議，將江陵一帶借給劉備，以鞏固雙方關係。

赤壁之戰後，曹操退守北方，向西面擴張，控制關中，又廣泛實行屯田制，穩定社會經濟；劉備則據荊州，後佔成都，趁機建立自己的根據地，擴張勢力；孫權則穩固江東，積極開闢東南地區，勢力也不斷壯大。自此，拉開了三分天下的帷幕。

3. 夷陵之戰

夷陵之戰是吳蜀為爭奪荊州而展開的戰役。南方政權如果要北伐中原，荊州是最佳前進的地方。北方南下統一江南，如不攻破荊州，便無法攻佔長江下游地區，正因荊州位處東西南北的中心，因而成為兵家必爭的地方。

二一九年，孫權派陸遜偷襲荊州，關羽被殺。孫權為避免兩線作戰，假意向曹魏稱臣。

二二一年，劉備為奪回荊州並為關羽報仇，一意孤行，不理羣臣反對，毅然發動夷陵之戰。

夷陵之戰起初漢軍打着為關羽報仇的旗號，士氣高漲，屢戰屢勝，陸遜洞悉漢軍必會乘勢追擊，因而下令吳軍退至夷陵，伺機而動。二二二年二月，漢軍亦東移至夷陵，陸遜則死守夷陵。兩軍人馬對壘半年，漢軍已無心作戰，陸遜大舉反擊，火攻漢軍營寨，並封鎖江面，劉備被打得措手不及，幾乎全軍覆沒。劉備戰敗後退回白帝城。二二三年四月，劉備崩於白帝城。夷陵之戰後，雙方言歸於好，又聯手共同抗魏。

陳壽《三國志》及裴松之注

《三國志》作者陳壽（二三三——二九七），字承祚，巴西安漢人（今四川南充北）人。少受學於史學家譙周。據《晉書》本傳記載，他在蜀漢時曾任衞將軍主簿、東觀祕書郎、散騎黃門侍郎。因不依附當權宦官黃皓而屢遭貶黜。入晉後，司空張華愛其才，薦為佐著作郎，又遷著作郎，出補平陽侯相。陳壽為蜀人，曾編纂《益部耆舊傳》和《諸葛亮集》，對蜀漢歷史十分熟悉。晉朝太康年間，陳壽參考了王沈的《魏書》、魚豢的《魏略》及韋昭的《吳書》等史籍，全面整理三國史事，終於完成編寫《三國志》共六十五卷的工作。陳壽《三國志》是體系龐大的紀傳體史書，它的脈絡分明、文筆簡練，「時人稱其善敍事，有良史之才」。據《新唐書》卷六十二《藝文二》記錄，《三國志》分列為《魏國志》三十卷、《蜀國志》十五卷、《吳國志》二十卷，說明當時三部書曾經獨立編目。

由於陳壽《三國志》內容較為精簡，引致部分讀者的批評。到了南朝劉宋時，裴松之（三七二—四五一）奉命為《三國志》作注。裴松之字世期，河東聞喜人。東晉時，歷任殿中將軍、司州主簿、零陵內史、國子博士等。宋文帝元嘉初，充巡行湘州大使，轉中書侍郎，司、冀二州大中正。他利用了超過兩百種歷史文獻為《三國志》作補注，開創了注史的新例，大大豐富了它的內容。後來，《三國志》及裴松之注與《史記》的裴駰、司馬貞、張守節三家注、《漢書》的顏師古注、《後漢書》的韋賢注，成為「前四史」的標準注本，流傳至今。

陳壽以晉臣身份編撰《三國志》，以曹魏為正統，尚屬合理。但在行文時，卻不得不照顧歷史的真實，即魏、蜀、吳三國是互相抗衡的政治獨立實體。如何兼顧二者，陳壽可以做的不太多。結果是《三國志》表面上以曹魏為正統，內裏卻是各自獨立的著作。所以，形式上以曹魏政權為「紀」，如〈武帝紀〉、〈文帝紀〉等，而蜀漢政權稱「傳」，如劉備稱〈先主傳〉，孫權稱〈吳主傳〉。形式上明顯是尊魏貶蜀、吳。

事實上，陳壽在撰寫蜀漢和東吳的歷史時，均按照「紀」的方式來處理兩國君主的事跡。例如，在編寫孫權的「傳」時，就採用傳統「本紀」體的寫法。它不但以吳國年號紀年，更在傳主個人歷史外，全面記載了吳國的內政與外交，這其實便是「本紀」體。陳壽也用同樣的方法處理劉備和劉禪的事跡。這應該是陳壽採取的折衷方法。

歷史記錄必須真確，否則難以受到重視。三國對峙達四五十年之久，基本上都是獨立的政權。如果完全抹殺蜀、吳兩國的獨立性，必將受史家的唾棄。因此，為了兼顧現實限制和歷史真實性的矛盾，陳壽將名實二者予以區分。在名義上、表面上以魏為正統，並在蜀、吳兩國君主稱帝或嗣位時標明魏國年號；實際上卻是蜀、吳兩國各自稱帝、建號、改元，對曹魏沒有任何隸屬關係。誠如《新唐書・藝文二》所記，當時《三國志》是三部獨立的書。由於三書各自獨立，陳壽僅以「某主傳」字代替「某帝紀」，但編寫方式卻完全按照「本紀」的體例撰寫。所以，劉知幾《史通・列傳篇》曾評說：「陳壽《國志》載孫、劉二帝，其實「紀」也，而呼之曰『傳』。」這種說法，一直以來都受到大部分史家的承認。

本書編寫特點

本書是中華書局新視野經典文庫的一種，整體結構自然有一致性，篇幅也有一定限制。陳壽《三國志》本質上可算是三部書，相對獨立地記錄了魏、蜀、吳三國的歷史。因此，讓讀者通過本書以概括了解陳壽《三國志》，這項任務非常具挑戰性。加上三國故事家喻戶曉，當中人才濟濟，著名的謀臣猛將多不勝數。如何取捨，難有公論。以往同類書稿不少，能反映三國整體面貌的卻屈指可數。因此，本書以新視野來安排，以魏、蜀、吳三國全部君主作為綱領，再挑選最具代表的人物，反覆考量，才將篇章確定下來。最後定為曹魏六帝、蜀漢二帝，孫吳四帝共十二帝及二十五個傳記。其中對曹操、劉備、孫權三帝的內容僅稍加刪節，以說明他們的關鍵角色及作用，而其餘各帝則略存梗概，以反映三國歷史的基本情況。這部分也從側面補充了司馬懿（一七九—二五一）、司馬師（二〇八—二五五）、司馬昭（二一一—二六五）和司馬炎（二三六—二九〇）所扮演的重要角色。筆者深感缺少司馬氏的三國史，將存在難以彌補的缺陷。

本書所選的二十五篇傳記，收於《魏書》的共有十一篇。除著名的謀士和將領外，也包括了三個敗於曹氏的重要對手：袁紹、劉表、張魯。其中〈張魯傳〉更為道教歷史提供了重要史料，具有文化上的特殊價值。在曹魏政權中，重要的謀臣數量很多，本書選了荀彧、郭嘉為代表。將領方面，則以降將張繡、宗室重臣曹真和由司馬氏提拔的鄧艾為代表，後者是負責平定蜀漢的主要將領。另一傳記主人是曹真之子曹爽，他在正始年間執政，在司馬懿發動政變後被殺。曹爽失敗後，司馬氏控制了大局，進入了做「家門」即篡奪政權的新階段。本書又選了〈任峻傳〉和〈管寧傳〉。前者代表曹魏在經濟方面的實幹官員，為扭轉漢末殘破的北方經濟奠定基礎；後者代表在唯利是視的三國社會中，仍有操守端正，不為權勢名位所動搖的傑出人物。

管寧是一個擇善固執又講價值理性的人物。現代社會追名逐利，遠較三國時更甚，管寧的高潔情操更是彌足珍貴，可被視為國之瑰寶、民族的楷模、年青人學習的對象。

至於蜀漢人物的傳記，本書也選了九篇。重要將領有關羽、張飛、趙雲、魏延、姜維五人。前四人是前期代表，姜維則是後期代表。主要謀士則選了諸葛亮、龐統、法正三人，他們在輔助劉備建立蜀漢均有重大貢獻。學者官員則以譙周為代表，他曾為益州百姓的利益，成功勸使劉禪向鄧艾投降。孫吳人物方面，本書共選了五篇。重要將領有周瑜、陸遜二人，他們分別是赤壁之戰和夷陵之戰的前線主帥。重要謀士則選了張昭、魯肅二人，他們在孫吳政權建立中均扮演重要角色。學者官員則選了韋昭，他是一位很有學問的官員。他在晚年的坎坷經歷也側面反映了孫皓政權的腐朽。

本書通過這種選編方式，希望能讓讀者全面了解三國的方方面面。由於字數限制，所選各篇傳記均曾稍加刪節。這樣處理或許能夠更加凸顯重點。其中，三國諸帝除曹操、劉備、孫權三人外，其餘諸帝事跡由於刪節較多，取捨較難，所以曾參考呂祖謙《三國志詳節》的相關部分，謹在此予以說明。本書的譯文和注釋以輔助讀者閱讀正文為目的。譯文以準確和流暢為主，注釋以補充譯文為主，避免作繁瑣的考證。在整理譯文和注釋時，筆者曾廣泛利用坊間已出版的相關材料，擇善而從，詳細資料見於參考書目。每篇加入數量不一的「賞析與評點」，是以新的角度去看問題，希望能引進較多的現代觀點。

魏書

（《新唐書》稱為《魏國志》）

東漢末年天災戰亂頻繁，導致人口驟降，大量農地荒廢，經濟殘破。曹操為恢復北方經濟，解決軍糧及民生等問題，依據棗祇、韓浩的建議，廣泛實行屯田制，大興水利，社會逐步安定，生產力漸趨恢復。二一六年，曹操於鄴稱魏王。二二〇年曹丕於洛陽稱帝，國號「魏」。疆域北至山西、河北及遼東；東至黃海；東南與孫吳對峙於長江淮河一帶及漢江長江一帶；西至甘肅；西南與蜀漢對峙於秦嶺、河西一帶，設司、豫、兗、青、徐、涼、雍、冀、幽、并、荊、揚等十二州，共約六十六萬戶。

曹丕死後，政權漸漸落入司馬氏家族手中。齊王曹芳在位，曹爽與司馬懿為權力相爭。二四九年，司馬懿發動政變，曹爽被夷三族，司馬懿大權獨攬，史稱高平陵事變。其後，司馬氏家族逐步鏟除異己，獨攬朝政。二六三年，司馬昭出兵滅蜀漢。二六五年，司馬炎篡魏自立，國號「晉」。魏國滅亡，歷五帝，共四十六年。

本書選取曹操、曹丕、曹叡、曹芳、曹髦、曹奐六帝的「紀」，藉以了解魏國的發展概況及司馬氏控制下的魏國政治。由於篇幅所限，除曹操外，其餘五帝均只能加以節略，以存梗概。事實上，曹操是由魏文帝曹丕追封為「魏武帝」，他在世時並未正式稱帝。本書又選了曹操的三個對手，以了解他統一北方的經過。此外，選了宗室二人，重要將領二人，主要謀士二人，幹練官員一人，學者一人，連同六位君主，合共十四人。

武帝紀

本篇導讀——

魏武帝曹操（一五五—二二〇）是三國時代最受矚目的軍事強人。殘忍與老練、奸險與豪邁集於一身，堪稱一代梟雄。他不但擅長軍事，注《孫子兵法》，文學上也有極其出眾的表現。所謂「老驥伏櫪，志在千里，烈士暮年，壯心不已」（〈步出夏門行〉之五），正是他晚年的真實寫照。通過本篇，讀者可以看到一個歷史人物的豐富經歷，他有極為成功的一頁，也有一敗塗地的時刻。總之，他經歷了一個不平凡的人生，創造了一個強大的政權。孔子曾說：「擇其善者而從之，擇其不善者而改之。」讀者或可以從中得到啟示。

太祖武皇帝，沛國譙[1]人也，姓曹，諱操，字孟德，漢相國參之後。桓帝世，曹騰為中常侍[2]大長秋[3]，封費亭侯。養子嵩嗣，官至太尉，莫能審其生出本末[4]。嵩生太祖。

注釋

1 譙：今安徽亳州市。2 中常侍：皇帝的隨身侍衛宦官，傳達詔命和掌理文書。3 大長秋：皇后的侍從長官。4 一說曹嵩出自與曹氏同縣的夏侯氏。

譯文

太祖武皇帝，沛國譙縣人，姓曹名操，字孟德，是西漢相國曹參的後代。漢桓帝時，曹騰任中常侍大長秋，封為費亭侯。養子曹嵩繼承了爵位，曾任太尉，但沒有人知他的來歷。曹嵩生了太祖。

太祖少機警，有權數[1]，而任俠放蕩，不治行業，故世人未之奇也；惟梁國橋玄、南陽何顒異焉。玄謂太祖曰：「天下將亂，非命世之才不能濟也，能安之者，其在君乎！」年二十，舉孝廉[2]為郎，除洛陽北部尉，遷頓丘[3]令，徵拜議郎。

注釋 1權數：有權術，能隨機應變。2舉孝廉：漢代察舉科目之一。被選人以孝敬父母和行為廉潔而獲得推薦。3頓丘：在河南內黃縣東。

譯文 太祖年少時已十分聰明能幹，能隨機應變，行事不依規矩但有俠義之風，也不注意德行和學業，所以當時的人都不看重他，只有梁國的橋玄、南陽的何顒賞識他。橋玄對太祖說：「天下將大亂，沒有驚世才華就不可能成功。能安定天下的，看來只有你了！」二十歲時，太祖被薦舉為孝廉，作郎官，後為洛陽北部尉，升任頓丘縣令，被徵召入朝做議郎。

光和末，黃巾起。拜騎都尉[1]，討潁川[2]賊。遷為濟南相，國有十餘縣，長吏多阿附貴戚，贓污狼藉，於是奏免其八；禁斷淫祀，姦宄逃竄，郡界肅然。久之，徵還為東郡[3]太守；不就，稱疾歸鄉里。

注釋 1騎都尉：統領羽林騎兵。2潁川：郡名。治所在河南禹州市。3東郡：郡名。治所在河南濮陽市西南。

譯文 漢靈帝光和末年，黃巾起義爆發。太祖被任命為騎都尉，討伐潁川的賊寇。升為濟南國相。濟南國管轄有十多個縣，官員大都攀附權貴，貪贓枉法，太祖上奏朝廷罷免了八個官員。又嚴禁不合禮制的祭祀，作奸違法的人遠走他鄉，地方的秩序得以恢復。其後，太祖被召為東郡太守，但沒有就職，稱病回鄉。

金城邊章、韓遂殺刺史郡守以叛，眾十餘萬，天下騷動。徵太祖為典軍校尉。會靈帝崩，太子即位[1]，太后[2]臨朝。大將軍何進[3]與袁紹謀誅宦官，太后不聽。進乃召董卓，欲以脅太后，卓未至而進見殺。卓到，廢帝為弘農王而立獻帝[4]，京都大亂。卓表太祖為驍騎校尉，欲與計事。太祖乃變易姓名，間行東歸。……卓遂殺太后及弘農王。太祖至陳留[5]，散家財，合義兵，將以誅卓。冬十二月，始起兵於己吾[6]，是歲中平六年也。

注釋

1 太子即位：即劉辯，即位不久被董卓廢黜殺害。2 太后：何太后，劉辯生母。3 何進：何太后的異母兄，時以帝舅任大將軍輔政。4 獻帝：劉協，是劉辯的異母弟，時年九歲，謚號為獻帝。5 陳留：郡名。治所在河南開封東南。6 己吾：縣名。縣治在河南寧陵縣西南。

譯文

金城人邊章、韓遂斬殺了刺史和太守，聚集十多萬人叛亂。一時天下騷動。朝廷命太祖為典軍校尉。適值漢靈帝駕崩，太子繼位，何太后臨朝聽政。大將軍何進與袁紹合謀誅殺宦官，何太后不同意。何進召董卓入京，以脅迫太后。董卓未到，何進已被宦官殺掉。董卓入京，立即廢靈帝為弘農王，另立劉協為帝，就是獻帝，京師大亂。董卓上奏舉薦太祖做驍騎校尉，準備與他共議朝政。太祖改換姓名，走小路向東逃回家鄉。……董卓此時殺掉太后和弘農王。太祖到陳留縣後，便變賣財產，募集義軍，準備征討董卓。十二月，太祖在己吾縣起兵。當年是漢靈帝中平六年（一八九）。

賞析與點評

曹操起兵之初，力量極為有限。當時以家世極為顯赫的袁紹和操控軍政大權的董卓最具實力。但是，社會紛亂與政治動盪驅使局勢急劇轉變，曹操乘時而起，正是「時勢造英雄」的真實例證。

初平元年春正月，後將軍袁術、冀州牧韓馥、豫州刺史孔伷、兗州刺史劉岱、河內太守王匡、勃海太守袁紹、陳留太守張邈、東郡太守橋瑁、山陽太守袁遺、濟北相鮑信同時俱起兵，眾各數萬，推紹為盟主。太祖行奮武將軍。二月，卓聞兵起，乃徙天子都長安。卓留屯洛陽，遂焚宮室。是時紹屯河內[1]，邈、岱、瑁、遺屯酸棗，術屯南陽，伷屯潁川，馥在鄴[2]。卓兵彊，紹等莫敢先進。太祖曰：「舉義兵以誅暴亂，大眾已合，諸君何疑？向使董卓聞山東[3]兵起，倚王室之重，據二周[4]之險，東向以臨天下；雖以無道行之，猶足為患。今焚燒宮室，劫遷天子，海內震動，不知所歸，此天亡之時也。一戰而天下定矣，不可失也。」遂引兵西，將據成皋[5]。邈遣將衞茲分兵隨太祖。到滎陽汴水，遇卓將徐榮，與戰不利，士卒死傷甚多。太祖為流矢所中，所乘馬被創，從弟洪以馬與太祖，得夜遁去。榮見太祖所將兵少，力戰盡日，謂酸棗未易攻也，亦引兵還。太祖到酸棗，諸軍兵十餘萬，日置酒高會，不圖進取。太祖責讓之，因為謀曰：「諸君聽吾計，使勃海引河內之眾臨孟津，酸棗諸將守成皋，據敖倉，塞轘轅[6]、太谷，全制其險；使袁將軍率南陽之軍軍丹、析，入武關，以震三輔[7]：皆高壘深壁，勿與戰，益為疑兵，示天下形勢，以順誅逆，可立定也。今兵以義動，持疑而不進，失天下之望，竊為諸君恥之！」邈等不能用。

注釋

1河內：郡名。治所在河南武寧縣西。2鄴：縣名。縣治所在河北臨漳縣西南，是袁紹的根據地。3山東：崤山以東地區，與「關東」含義相同。4二周：指洛陽附近。5成皋：縣名。縣治所在河南滎陽市西北。6轘轅：關隘名，在河南登封市西北。7三輔：長安地區，包括京兆尹、左馮翊、右扶風。

譯文

漢獻帝初平元年（一九〇）正月，後將軍袁術、冀州牧韓馥、豫州刺史孔伷，兗州刺史劉岱、河內太守王匡、勃海太守袁紹、陳留太守張邈、東郡太守橋瑁、山陽太守袁遺、濟北國相鮑信同時起兵，各擁兵數萬，推舉袁紹為盟主，太祖代行奮武將軍。二月，董卓得知各地起兵，便脅迫獻帝西遷長安。他自己留在洛陽，焚燒了宮殿。這時，袁紹駐紮在河內，張邈、劉岱、橋瑁、袁遺駐紮在酸棗，袁術駐紮在南陽，孔伷駐紮在潁川，韓馥駐紮在鄴城。董卓兵力強盛，袁紹等都不敢首先進兵。太祖說：「義軍是討伐殘暴的董卓，現在各路大軍都已集合，諸位還疑慮甚麼呢？假如董卓聽到山東起兵，仰恃朝廷的威望，佔據洛陽一帶的險要地方，遣兵東進以控制天下，儘管他是不道義，對我們來說仍是很大的憂患。但如今他焚燒宮殿，挾持天子西遷，全國震動，百姓不知依附何人，這正是上天要使他滅亡。一戰就能安定天下，良機不可失。」便帶領士兵西進，準備攻佔成皋。只有張邈派部將衞茲帶一隊兵馬隨同太祖，到達了滎陽的汴水旁邊，與董卓部將徐榮遭遇，雙方激戰，太祖軍隊失利，傷亡很多。太祖被流矢射中，坐騎也受了傷，堂弟曹洪把自己的坐騎讓給太祖，才在夜間逃脫。徐榮見太祖的兵雖少，但都齊心奮戰了一整天，認為酸棗不易攻打，也領兵退回。太祖回到酸棗，見到各路軍隊共十多萬人，終日大吃大喝，不思進取。太祖責備他們，並謀劃說：「諸位請聽我的主張，讓勃海太守袁紹河內的軍隊前去孟津；酸棗的各路將領駐守成皋，控制敖倉，封鎖轘轅、太谷二關，控制所有險要之地；再讓袁術將軍率領南陽的軍隊向丹水縣和析縣推進，挺進武關，以震動關中；各路大軍都高築壁壘、深挖塹壕，不要與敵人交鋒，多設疑兵，表明天下的形勢，以正義討伐叛逆，天下很快就可以平定。現在，多路義軍卻瞻前顧後，不敢進兵，使天下百姓絕望，我私下為你們感到羞愧！」張邈等人不肯採納他的計謀。

太祖兵少，乃與夏侯惇等詣揚州募兵，刺史陳溫、丹楊太守周昕與兵四千餘人。還到龍亢，士卒多叛。至銍[1]、建平，復收兵得千餘人，進屯河內。劉岱與橋瑁相惡，岱殺瑁，以王肱領東郡太守。袁紹與韓馥謀立幽州牧劉虞為帝，太祖拒之。

注釋

1 銍：縣名。縣治所在安徽宿州市西。

譯文

太祖因兵員少，便與夏侯惇等去揚州召募士兵。揚州刺史陳溫、丹楊太守周昕給他四千多名士兵，回到龍亢縣時，大部分兵士都逃跑。所以，到了銍縣、建平縣，他們又重新招募一千多名士兵，並駐紮在河內郡。劉岱與橋瑁積怨很深，劉岱殺死橋瑁，讓王肱兼任東郡太守。袁紹與韓馥商議，要擁立幽州牧劉虞為皇帝，太祖反對。

賞析與點評

漢末大亂，朝廷根據宗室劉焉建議改刺史為州牧。他們大都是劉氏宗室或親信大臣。其後，眾州牧雖成功將民變主力打敗，卻又因董卓廢立君主，大肆焚掠京師，使朝廷威信一落千丈。各地方實力派遂紛紛逐鹿中原，甚至另謀擁立新君以增加手上的籌碼。結果自然是治絲益棼，問題更加複雜。

二年春，紹、馥遂立虞為帝，虞終不敢當。夏四月，卓還長安。秋七月，袁

紹脅韓馥，取冀州。黑山賊[1]于毒、白繞、眭固等十餘萬眾略魏郡、東郡，王肱不能禦，太祖引兵入東郡，擊白繞于濮陽，破之。袁紹因表太祖為東郡太守，治東武陽。

注釋

[1]黑山賊：東漢末農民軍，主要根據地在黑山（河南鶴壁市東）。

譯文

漢獻帝初平二年（一九一）春，袁紹、韓馥推舉劉虞做皇帝，但劉虞始終不敢答允。四月，董卓回到長安。七月，袁紹威逼韓馥，佔奪了冀州。黑山賊寇于毒、白繞、眭固等率領十多萬人到魏郡、東郡搶劫，王肱無力抵抗，太祖帶兵趕往東郡，在濮陽碰上白繞，大破賊兵。袁紹為此上奏朝廷，薦舉太祖為東郡太守，郡治設在東武陽。

三年春，太祖軍頓丘，毒等攻東武陽。太祖乃引兵西入山，攻毒等本屯。毒聞之，棄武陽還。太祖要擊[1]眭固，又擊匈奴於夫羅[2]於內黃，皆大破之。夏四月，司徒[3]王允與呂布共殺卓。卓將李傕、郭汜等殺允攻布，布敗，東出武關。傕等擅朝政。青州黃巾眾百萬入兗州，殺任城相鄭遂，轉入東平。劉岱欲擊之，鮑信諫曰：「今賊眾百萬，百姓皆震恐，士卒無鬥志，不可敵也。觀賊眾羣輩相隨，軍無輜重[4]，唯以鈔略為資，今不若畜士眾之力，先為固守。彼欲戰不得，攻又不能，其勢必離散，後選精銳，據其要害，擊之可破也。」岱不從，遂與戰，果為所殺。信乃與州吏萬潛等至東郡迎太祖領兗州牧。遂進兵擊黃巾于壽張東。信力戰鬥死，僅而破之。購求信喪[5]，不得，眾乃刻木如信形狀，祭而哭焉。追黃巾至濟北。乞降。冬，受降卒三十餘萬，男女百餘萬口，收其精銳者，號為青州兵。袁術與紹有隙，術求援於公孫瓚，瓚使劉備屯高唐[6]，單經屯平原[7]，陶謙屯發干[8]，以逼紹。太祖與紹會擊，皆破之。

注釋

1要擊：半路截擊。2於（粵：烏；普：wū）夫羅：東漢末，匈奴分化為南北二部。於夫羅是南匈奴的首領。3司徒：主管全國民政。4輜重：用大車載運的軍用物資。5信喪：鮑信的屍體。6高唐：縣名。縣治所在山東高唐縣東北。7平原：縣名。縣治所在山東平原縣南。8發干：縣名。縣治所在山東冠縣東。

譯文

初平三年（一九二）春，太祖駐紮在頓丘，于毒等進犯東武陽，太祖帶兵向西，進攻于毒在黑山的大本營。于毒聞訊，放棄東武陽回師。太祖在眭固截擊，又在內黃攻擊匈奴人於夫羅，把他們擊潰。四月，司徒王允與呂布一起殺死董卓。董卓的部將李傕、郭汜等又斬殺了王允，攻打呂布。呂布兵敗，向東逃出武關。李傕等把持了朝政。青州黃巾軍百萬人攻入兗州，殺死任城國相鄭遂，進到東平境內。兗州刺史劉岱準備出擊，濟北國相鮑信勸說：「現在賊寇超過百萬人，百姓惶恐不安，我們卻士氣低落，沒法抵擋；賊兵營中有成羣老少，軍用物資奇缺，僅靠搶掠做給養，如今我們應當養精蓄鋭，先固守城池。敵人求戰不得，攻城不下，自然會離散，然後我們再以精兵佔據險要的地方地勢，到時就可一舉殲滅賊寇。」劉岱不聽，帶兵與黃巾軍交戰，結果戰死了。鮑信便和州吏萬潛等人到東郡去迎接太祖，邀請他擔任兗州牧。太祖帶兵在壽張縣向黃巾軍發動進攻，鮑信力戰身亡，勉強擊潰賊軍。太祖懸賞尋找鮑信的屍體，沒有找到，只好以木頭刻出鮑信的形貌來祭奠他。太祖追擊黃巾軍，一直追到濟北，黃巾軍求降。這年冬天，太祖得降兵三十多萬，家屬男女百餘萬口，收編了其中的精鋭，號稱「青州兵」。這時袁術和袁紹產生了矛盾。袁術向公孫瓚求援，公孫瓚派出劉備、單經、陶謙幾支人馬援助袁術，結果被太祖和袁紹的聯軍擊潰。

四年春，軍鄄城。荊州牧劉表，斷術糧道，術引軍入陳留，屯封丘，黑山餘

賊及於夫羅等佐之。術使將劉詳屯匡亭。太祖擊詳，術救之，與戰，大破之。術退保封丘，遂圍之，未合，術走襄邑，追到太壽，決渠水灌城。走寧陵，又追之，走九江。夏，太祖還軍定陶。下邳闕宣聚眾數千人，自稱天子；徐州牧陶謙與共舉兵，取泰山華、費，略任城。秋，太祖征陶謙，下十餘城，謙守城不敢出。是歲，孫策受袁術使渡江，數年間遂有江東。[1]

注釋

1 為孫吳政權奠定日後的基礎。

譯文

初平四年（一九三）春天，太祖駐紮在鄄城。荊州牧劉表切斷袁術的糧道，袁術的部隊進入陳留郡，在封丘駐紮，黑山賊寇餘部和於夫羅等都援助他。袁術派部將劉詳駐守匡亭，太祖率兵攻打劉詳，袁術帶兵救援，雙方激戰，太祖大獲全勝。袁術兵敗，退守封丘，太祖率軍包圍，袁術又逃往襄邑。太祖追到太壽，決水灌城。袁術逃往寧陵，太祖乘勝追擊，袁術只得逃往九江。這年夏天，太祖收兵，駐紮在定陶縣。下邳縣闕宣聚集數千人，自稱皇帝；徐州牧陶謙也與他一同出兵，攻佔泰山郡的華縣、費縣，攻打任城。秋天，太祖征討陶謙，攻克十多座城池，陶謙緊閉城門不敢出來。這一年，孫策受袁術的派遣過江，幾年後就佔據了江東。

興平元年春，太祖自徐州還。初，太祖父嵩，去官後還譙，董卓之亂，避難瑯邪，為陶謙所害，故太祖志在復讎[1]東伐。夏，使荀彧[2]、程昱守鄄城，復征陶謙，拔五城，遂略地至東海。還過郯，謙將曹豹與劉備屯郯東，要太祖。太祖擊破之，遂攻拔襄賁，所過多所殘戮。[3]會張邈與陳宮叛迎呂布，郡縣皆應。荀彧、程昱保鄄城，范、東阿二縣固守，太祖乃引軍還。布到，攻鄄城不能下，西屯濮陽。太祖曰：「布一旦得一州，不能據東平，斷亢父、泰山之道，乘險要我，而乃屯濮陽，吾知其無能為也。」遂進軍攻之。布出兵戰，先以騎犯青州兵。青州兵奔，太祖陳[4]亂，馳突火出，墜馬，燒左手掌。司馬樓異扶太祖上馬，遂引去。未至營止，諸將未與太祖相見，皆怖。太祖乃自力勞軍[5]，令軍中促為攻具，進復攻之，與布相守百餘日。蝗蟲起，百姓大餓，布糧食亦盡，各引去。秋九月，太祖還鄄城。布到乘氏，為其縣人李進所破，東屯山陽。於是紹使人說太祖，欲連和。太祖新失兗州，軍食盡，將許之。程昱止太祖，太祖從之。冬十月，太祖至東阿。是歲穀一斛五十餘萬錢，人相食，乃罷吏兵新募者。陶謙死，劉備代之。

注釋

[1]讎：仇。[2]荀彧（粵：郁；普：yù）：荀彧是曹操最重要的謀士。[3]曹操行軍多行殺

戮，是不能統一天下的一個重要原因。4陳：通「陣」。5自力勞軍：親自慰問部隊。

譯文

漢獻帝興平元年（一九四）春，太祖從徐州返回兗州。當初，曹嵩解職返回譙縣，因發生董卓之亂，到瑯邪避亂，結果被陶謙害死，所以太祖志在為父報仇，便討伐陶謙。這年夏天，太祖派荀彧、程昱駐守鄄城，自己再次討伐陶謙，攻下了五座城池，他的地盤一直到東海郡地界。回軍經過郯縣時，陶謙部將曹豹和劉備截擊太祖，被太祖打敗。太祖乘勝攻下襄賁縣，所經之處，都進行殘酷的屠城。適逢張邈和陳宮叛亂，迎請呂布，兗州各地紛紛響應。荀彧、程昱保住了鄄城，范縣和東阿縣也堅守下來，太祖聞訊，領兵返回。呂布一到，進攻鄄城不下，便領兵向西，駐紮在濮陽。太祖說：「呂布一天之中便得一州，卻沒有佔據東平，切斷亢父、泰山之間的通道，憑險要地勢攔擊我，反而駐兵濮陽，我斷定他做不了甚麼！」於是率軍攻打呂布。呂布出戰，先派騎兵打擊「青州兵」，青州兵敗逃，太祖陣勢亂了，他騎馬急速衝過火陣，掉下馬來，燒傷了左手掌。行軍司馬樓異扶太祖上馬，帶他衝出重圍。未到營地之前，眾將因不見太祖，都很驚慌。太祖勉強支撐，帶傷慰問部隊，命令部隊趕快製造攻城器械，準備再次攻打呂布，結果兩軍相持了一百多天。這時出現了蝗災，百姓飢餓不堪，呂布軍中也缺糧，於是雙方各自撤兵。這年九月，太祖回到了鄄城。呂布駐兵乘氏縣，被當地人李進擊敗，向東退守山陽。此時袁紹派人勸說太祖，想聯合行動。太祖因剛失掉了兗州，又缺軍糧，考慮答允。程昱勸止了太祖。十月，太祖來到東阿縣。這一年穀米一斛值五十多萬錢，人吃人，太祖便解散了剛招募的新兵。此時陶謙已死，劉備替代他為徐州牧。

賞析與點評

曹操擅於用兵，所以能克敵制勝，地盤日廣。但缺點是「所過多所殘戮」，少了一份愛民之心，較之漢高祖劉邦和光武帝劉秀，實在有所不及。

二年春，襲定陶。濟陰太守吳資保南城，未拔。會呂布至，又擊破之。夏，布將薛蘭、李封屯鉅野，太祖攻之，布救蘭，蘭敗，布走，遂斬蘭等。布復從東緡與陳宮將萬餘人來戰，時太祖兵少，設伏，縱奇兵擊，大破之。布夜走，太祖復攻，拔定陶，分兵平諸縣。布東奔劉備，張邈從布，使其弟超將家屬保雍丘。秋八月，圍雍丘。冬十月，天子拜太祖兗州牧。十二月，雍丘潰，超自殺，夷邈三族。邈詣袁術請救，為其眾所殺，兗州平，遂東略陳地。是歲，長安亂，天子東遷，敗于曹陽，渡河幸安邑。

譯文

獻帝興平二年（一九五）春，太祖率兵襲擊定陶。濟陰太守吳資奮力保衛，所以未能成功。正巧呂布來到，太祖又將他擊敗。這年夏天，呂布派薛蘭、李封駐守鉅野，太祖前往偷襲。呂布帶兵救援，但薛蘭已敗，呂布只好退回，薛蘭等人被斬首。呂布又會合陳宮所帶一萬多人從東緡趕來，此時太祖兵少，設下伏兵，大破呂布。呂布連夜逃走，太祖追擊，又攻克定陶，並且派兵平定周圍各縣。呂布向東投奔劉備。張邈與呂布同行，讓弟弟張超帶家屬駐守雍丘。這年八月，太祖圍攻雍丘。十月，天子策封太祖為兗州牧。十二月，雍丘守軍潰敗，張超自殺身亡。太祖誅殺張邈三族。張邈前往袁術處請救兵，結果被他的部下所殺。兗州平定後，太祖出兵東進，攻取陳國一帶。這年，長安城中大亂，獻帝東遷，在曹陽潰敗，獻帝渡過黃河，逃到安邑。

建安元年春正月，太祖軍臨武平，袁術所置陳相袁嗣降。太祖將迎天子，諸將或疑，荀彧、程昱勸之，乃遣曹洪將兵西迎。[1]……二月，……天子拜太祖建德將軍。夏六月，遷鎮東將軍，封費亭侯。秋七月，楊奉、韓暹以天子還洛陽，奉別屯梁。太祖遂至洛陽，衛京都，暹遁走。天子假太祖節鉞，錄尚書事。洛陽殘破，董昭等勸太祖都許[2]。九月，車駕出轘轅而東，以太祖為大將軍，封武平侯，……以袁紹為太尉。紹恥班在公下，不肯受。公乃固辭，以大將軍讓紹。天子拜公司空，行車騎將軍。是歲用棗祗、韓浩等議，始興屯田[3]。

注釋

1 曹操能夠在漢末羣雄中脫穎而出，與這決策最有關係。2 都許：漢獻帝日後長期在許。3 興屯田：對戰爭時期恢復農業生產和軍糧補給發揮了積極作用。

譯文

漢獻帝建安元年（一九六）正月，太祖到達武平。袁術任命的陳國相袁嗣投降。太祖要迎接獻帝，眾將中有人表示疑慮，只有荀彧、程昱極力支持，於是便派曹洪帶兵西行，迎接獻帝。……二月，……獻帝封太祖為建德將軍，六月，又升任為鎮東將軍，封為費亭侯。七月，楊奉、韓暹將獻帝送回洛陽，楊奉駐守梁縣。太祖便趕到洛陽，保衛京都，韓暹逃走。獻帝授予太祖符節、黃鉞，領尚書事務。此時洛陽城已殘破不堪，董昭等人力勸太祖遷都許縣。九月，獻帝車出轘轅關，向東進發。獻帝任命太祖為大將軍，封為武平侯，……以袁紹為太尉。袁紹以職位在曹公之下為恥，不肯接受。曹公便堅持辭去職位，把大將軍之職讓給了袁紹。因此，獻帝任命曹公為司空，代理車騎將軍。這一年，曹公又採納了棗祗、韓浩等人的建議，開始實行屯田制。

賞析與點評

注意糧食供應以支援作戰，是先秦法家耕戰思想的延續。

呂布襲劉備，取下邳[1]。備來奔。程昱說公曰：「觀劉備有雄才而甚得眾心，終不為人下，不如早圖之。」公曰：「方今收英雄時也，殺一人而失天下之心，不可。」張濟自關中走南陽。濟死，從子繡領其眾。

注釋

1 下邳：縣名。縣治所在江蘇睢寧縣西北。

譯文

呂布襲擊劉備，攻取下邳。劉備投奔曹公，程昱勸說曹公：「依我看，劉備有雄才大略，又深得民心，不會久居人下，不如趁早除掉他。」曹公回答：「如今正是招攬賢才之時，殺掉一人而失天下人心，是不應該的。」張濟從關中逃到南陽，他死後，侄子張繡統領他的人馬。

二年春正月，公到宛。張繡降，既而悔之[1]，復反。公與戰，軍敗，為流矢所中，長子昂、弟子安民遇害。公乃引兵還舞陰，繡將騎來鈔，公擊破之。繡奔穰，與劉表合。公謂諸將曰：「吾降張繡等，失不便取其質[2]，以至於此。吾知所以敗。諸卿觀之，自今已後不復敗矣。」遂還許。袁術欲稱帝於淮南，使人告呂布。布收其使，上其書。術怒，攻布，為布所破。秋九月，術侵陳，公東征之。術聞公自來，棄軍走，留其將橋蕤、李豐、梁綱、樂就；公到，擊破蕤等，皆斬之。術走渡淮。公還許。公之自舞陰還也，南陽、章陵諸縣復叛為繡，公遣曹洪擊之，不利，還屯葉，數為繡、表所侵。冬十一月，公自南征，至宛。表將鄧濟據湖陽。攻拔之，生擒濟，湖陽降。攻舞陰，下之。

注釋 [1]悔之：因為曹操強納張濟妻子為妾。[2]這是曹操自我開脫的說法。

譯文 建安二年（一九七）正月，曹公到達宛縣。張繡投降，事後又後悔，重又反叛。

曹公前往討伐，遭到失敗，自己被流矢射中，大兒子曹昂、侄子安民被殺死。曹公退回舞陰縣。張繡率騎兵抄襲，被曹公擊敗。張繡逃往穰縣，與劉表合兵。曹公對眾將說：「我讓張繡等人投降，卻犯了沒有立即扣押人質的錯誤，所以遭到了失敗。我明白了失敗的原因，請大家看着，從今以後我不會再失敗了。」便返回許都。袁術準備在淮南稱帝，派人告知呂布。呂布扣留了他的使者，把他的信呈送給朝廷。袁術大怒，派兵攻打呂布，被呂布擊敗。這年九月，袁術率軍進攻陳國，曹公率兵東征。袁術聽說曹公親自出馬，丟下軍隊逃走，留下部將橋蕤、李豐、梁綱、樂就；曹公一到，便擊敗了橋蕤等人，把他們全部斬殺。袁術逃回淮南，曹公回到許都。曹公從舞陰回來以後，南陽、章陵等縣重新反叛，歸附張繡，曹公派曹洪去征討，師出不利。曹洪撤軍，駐守葉縣，又多次遭到張繡、劉表的襲擊。十一月，曹公親自南征，來到宛城。劉表的部將鄧濟佔據湖陽，曹公活捉鄧濟，湖陽投降。又攻下舞陰。

三年春正月，公還許，初置軍師祭酒[1]。三月，公圍張繡於穰。夏五月，劉表遣兵救繡，以絕軍後。公將引還，繡兵來追，公軍不得進，連營稍前。公與荀彧書曰：「賊來追吾，雖日行數里，吾策之，到安眾，破繡必矣。」到安眾，繡與表兵合守險，公軍前後受敵。公乃夜鑿險為地道，悉過輜重，設奇兵。會明，賊謂公為遁也，悉軍來追。乃縱奇兵、步騎夾攻，大破之。秋七月，公還許。荀彧問公：「前以策賊必破，何也？」公曰：「虜遏吾歸師，而與吾死地戰，吾是以知勝矣。」呂布復為袁術使高順攻劉備，公遣夏侯惇救之，不利。備為順所敗。九月，公東征布。冬十月，屠彭城[2]，獲其相侯諧。進至下邳，布自將騎逆擊[3]。大破之，獲其驍將成廉。追至城下，布恐，欲降。陳宮等沮其計，求救于術，勸布出戰，戰又敗，乃還固守，攻之不下。時公連戰，士卒罷，欲還，用荀攸、郭嘉計，遂決泗、沂水以灌城。月餘，布將宋憲、魏續等執陳宮，舉城降，生禽[4]布、宮，皆殺之。太山[5]臧霸、孫觀、吳敦、尹禮、昌豨各聚眾。布之破劉備也，霸等悉從布。布敗，獲霸等，公厚納待，遂割青、徐二州附於海以委焉，分瑯邪、東海、北海為城陽、利城、昌慮郡。初，公為兗州，以東平畢諶為別駕。張邈之叛也，邈劫諶母弟妻子；公謝遣之，曰：「卿老母在彼，可去。」諶頓首無二心，公嘉之，為之流涕。既出，遂亡歸。及布破，諶生得，眾為諶懼，公曰：「夫人孝於其親者，豈不亦忠於君乎！吾所求也。」以為魯相。

注釋

1祭酒：負責軍事謀議。2屠：大肆屠殺。彭城：縣名，在江蘇徐州市。3將騎逆擊：帶領騎兵迎擊。4禽：通「擒」。5太山：泰山。

譯文

建安三年（一九八）正月，曹公回到許都，初次設置軍師祭酒之職。三月，曹公在穰縣包圍了張繡。五月，劉表救援張繡，派兵切斷曹軍的後路。曹公撤退，張繡追來，曹軍不能前行，於是結成連營，得以慢慢前進。曹公在給荀彧的信中寫道：「賊軍緊追我軍，雖然我們每天只能走幾里路，但我算計好了，到安眾縣時，一定會打敗張繡。」到了安眾縣，張繡和劉表聯軍守在險要地方，曹軍前後受敵，曹公派人乘天黑在險要處挖鑿一條地道，把輜重物資全部偷運過去，又設下伏兵。天亮時，賊軍認為曹公已逃走，全軍追趕。曹公派出步兵、騎兵兩面夾攻，把賊軍打得大敗。七月，曹公回到許都。荀彧問曹公：「戰前您料定一定會打敗賊兵，有何根據呢？」曹公回答：「敵人阻止我回歸的部隊，與我背水作戰，我由此而知一定會勝利。」呂布又幫助袁術，派高順攻打劉備，曹公派夏侯惇去救援，曹軍失利。劉備被高順擊敗。九月，曹公東征呂布。十月，屠殺了彭城，活捉了彭城國相侯諧。曹軍繼續前進，來到下邳。呂布親自率騎兵迎戰，結果被曹公打得大敗，他的勇將成廉也被活捉。曹軍乘勝追擊，直逼城下。呂布十分害怕，想要投降，遭到陳宮等人的勸阻，他們一邊向袁術請求救兵，一邊鼓勵呂布出城迎戰，再次失敗後，退回城中堅守。曹軍攻城，一時難以奏效。此時因連續作戰，曹軍已疲憊不堪，準備退兵。後來採用荀攸、郭嘉的計謀，挖開泗水和沂水，淹灌下邳城。過了一個多月，呂布的部將宋憲、魏續等人抓住陳宮，獻城投降。曹公活捉呂布、陳宮，把他們全部殺掉。太山郡臧霸、孫觀、吳敦、尹禮、昌豨等人的隊伍，在呂布攻打劉備時，都跟隨呂布。呂布失敗後，曹公擒獲了臧霸等人，對他們盛情款待，還分割青州、徐州靠近海邊的地方委任他們治理，又從瑯邪、東海、北海三個郡國中分出部分地區，設置城陽、利城、昌慮郡。當初，曹公做兗州牧時，任命東平人畢諶為別駕。張邈叛亂，劫走了畢諶的母親、弟弟、妻子和兒女，曹公便辭退畢諶，對他說：「你的老母親在叛賊那裏，你也可以離開我。」畢諶向曹公叩頭，表示決不因此而懷有二心，曹公十分讚賞他的行動，並感動得流下了眼淚。畢諶離開曹公後，就跑到張邈那裏，歸附了張邈。等到呂布被打敗，畢諶被活捉時，眾人為他擔心，曹公說：「凡是孝敬父母的人，難道不也是忠君之人嗎？這正是我所需要的人。」封他為魯國國相。

四年春二月，公還至昌邑。張楊將楊醜殺楊，眭固又殺醜，以其眾屬袁紹，

屯射犬[1]。夏四月，進軍臨河，使史渙、曹仁渡河擊之。固使楊故長史薛洪、河內太守繆尚留守，自將兵北迎紹求救，與渙、仁相遇犬城。交戰，大破之，斬固。公遂濟河，圍射犬。洪、尚率眾降，封為列侯，還軍敖倉。以魏种為河內太守，屬以河北事。初，公舉种孝廉。兗州叛，公曰：「唯魏种且不棄孤也。」及聞种走，公怒曰：「种不南走越、北走胡，不置汝也！」既下射犬，生禽种，公曰：「唯其才也！」釋其縛而用之。是時袁紹既并公孫瓚，兼四州之地，眾十餘萬，將進軍攻許，諸將以為不可敵，公曰：「吾知紹之為人，志大而智小，色厲而膽薄，忌克而少威，兵多而分畫不明，將驕而政令不一，土地雖廣，糧食雖豐，適足以為吾奉也。」秋八月，公進軍黎陽，使臧霸等入青州破齊、北海、東安，留于禁屯河上。九月，公還許，分兵守官渡。冬十一月，張繡率眾降[2]，封列侯。十二月，公軍官渡。袁術自敗於陳，稍困，袁譚自青州遣迎之。術欲從下邳北過，公遣劉備、朱靈要之。會術病死。程昱、郭嘉聞公遣備，言於公曰：「劉備不可縱[3]。」公悔，追之不及。備之未東也，陰與董承等謀反，至下邳，遂殺徐州刺史車冑，舉兵屯沛。遣劉岱、王忠擊之，不克。廬江太守劉勳率眾降，封為列侯。

注釋

1 射犬：地名，在河南沁陽市東北。2 用謀士賈詡的建議。3 劉備因此擺脫曹操，後成為他的主要對手。

譯文

建安四年（一九九）二月，曹公回到昌邑縣。張楊被部將楊醜殺死，楊醜又被眭固所殺，帶領他的部隊歸附袁紹，駐紮在射犬邑。四月，曹軍到了黃河岸邊，派史渙、曹仁渡過黃河進攻眭固。眭固命令張楊原來的長史薛洪和河內太守繆尚原地駐防，自己則領兵北行，迎接袁紹，請求援兵，不料卻和史渙、曹仁在犬城遭遇。兩軍交戰，曹軍大勝，眭固被斬首。曹公渡過黃河，包圍射犬。薛洪、繆尚率眾投降，被封為列侯。曹公回師敖倉，任命魏种為河內太守，把黃河以北的地方都委託給他治理。當初，曹公舉薦魏种為孝廉。兗州叛亂時，曹公說：「只有魏种不會反叛我。」當聽到魏种逃走的消息，曹公憤怒地說：「只要你魏种南逃不到越地，北逃不到胡地，我一定不會饒恕你！」等到攻下射犬，活捉魏种時，曹公又說：「只因他是個有才能的人啊！」便給他鬆綁，仍然重用他。這時袁紹已擊潰公孫瓚，兼併了青、冀、幽、并四州的土地，有士兵十多萬，準備進軍攻打許都。眾將都認為難以抵擋，曹公說：「我知道袁紹的為人，志大卻少謀，外強中乾，心胸狹窄，雖兵多但指揮不當，將領驕橫使政令不一，所以他雖然土地廣闊，糧食豐富，但這正好是我的禮物。」八月，曹公進軍黎陽縣，命臧霸等人進入青州，攻下齊國、北海國、東安國，留下于禁駐守在黃河邊上。九月，曹公回到許都，分兵防守官渡。十一月，張繡率眾投降，被封為列侯。十二月，曹公駐軍官渡。袁術自從在陳國失敗後，逐漸衰弱，袁譚從青州派人迎接他。袁術想從下邳北面通過，曹公派劉備、朱靈在途中攔阻，正巧袁術因病而死。程昱、郭嘉聽說曹公派出劉備，就對曹公說：「不該放走劉備。」曹公也後悔了，派人追趕卻沒有追上。劉備曾私下與董承等人商議謀反，到了下邳，便殺死徐州刺史車冑，領兵駐守沛縣。曹公派劉岱、王忠攻打劉備，沒有取勝。廬江太守劉勳率部投降，被封為列侯。

賞析與點評

袁紹是曹操爭霸的最強對手。曹操之所以能以弱勝強，除了自己個人條件外，對方的才幹與能力有限也十分關鍵。兵法有「知己知彼，百戰不殆」的說法。所以，曹方能克敵制勝，也與曹操對敵人的深刻了解有關。兩人年輕時已相識，也曾長期共事。他們在對付董卓時，讓曹操更加了解這個對手的性格和弱點。因此，曹操認為「紹之為人，志大而智小，色厲而膽薄，忌克而少威，兵多而分畫不明，將驕而政令不一」。這種對手，恰好是曹操走向成功的踏腳石。

五年春正月，董承等謀泄[1]，皆伏誅。公將自東征備，諸將皆曰：「與公爭天下者，袁紹也。今紹方來而棄之東，紹乘人後，若何？」公曰：「夫劉備，人傑也，今不擊，必為後患。袁紹雖有大志，而見事遲，必不動也。」郭嘉亦勸公，遂東擊備，破之，生禽其將夏侯博。備走奔紹，獲其妻子。備將關羽屯下邳，復進攻之，羽降。……公還官渡，紹卒不出。二月，紹遣郭圖、淳于瓊、顏良[2]攻東郡太守劉延於白馬，紹引兵至黎陽，將渡河。夏四月，公北救延。荀攸說公曰：「今兵少不敵，分其勢乃可。公到延津，若將渡兵向其後者，紹必西應之，然後輕兵襲白馬，掩其不備，顏良可禽也。」公從之。紹聞兵渡，即分兵西應之。公乃引軍兼行趣白馬，未至十餘里，良大驚，來逆戰。使張遼、關羽前登，擊破，斬良。遂解白馬圍，徙其民，循河而西。紹於是渡河追公軍，至延津南。公勒兵駐營南阪下，使登壘望之，曰：「可五六百騎。」有頃，復白：「騎稍多，步兵不可勝數。」公曰：「勿復白。」乃令騎解鞍放馬。是時，白馬輜重就道。諸將以為敵騎多，不如還保營。荀攸曰：「此所以餌敵，如何去之！」紹騎將文醜與劉備將五六千騎前後至。諸將復白：「可上馬。」公曰：「未也。」有頃，騎至稍多，或分趣輜重。公曰：「可矣。」乃皆上馬。時騎不滿六百，遂縱兵擊，大破之，斬醜。良、醜皆紹名將也，再戰，悉禽，紹軍大震。公還軍官渡。紹進保陽武。關羽亡歸劉備。

注釋　1 謀泄：董承曾與劉備密謀誅殺曹操。2 顏良：袁紹手下大將。

譯文　建安五年（二〇〇）正月，董承等人的陰謀敗露，都被處死。曹公計劃親率兵馬東征劉備，眾將都說：「與公爭奪天下的是袁紹，如今袁紹要來討戰，您卻不理，而要東征劉備。如果袁紹乘機偷襲，怎麼辦？」曹公說：「劉備是個大英雄，現在不除掉他，將來一定是心腹大患。袁紹雖然志向高遠，但行事遲疑，不會出兵的。」郭嘉也支持曹公，於是東征劉備，把他打敗，捉了他的部將夏侯博和他的妻兒。劉備逃走，投奔袁紹。劉備大將關羽駐守下邳，曹公乘勝進攻，關羽被迫投降。……曹公回到官渡，袁紹始終沒有出兵。二月，袁紹派郭圖、淳于瓊、顏良攻打駐守白馬的東郡太守劉延，自己則領兵到黎陽，準備渡過黃河。四月，曹公北上救援劉延。荀攸勸說曹公：「如今我軍兵少，打不過敵人，必須分散他們的兵力才行。公先領兵到延津，假裝要渡過黃河斷敵後路，袁紹一定會分兵向西應戰。然後，公以輕兵攻打白馬，攻其不備，一定能捉到顏良。」曹公聽從了他的建議。袁紹聽說曹公要渡黃河，就分兵西去應戰。曹公帶兵晝夜兼行，直奔白馬，離白馬還有十多里，顏良聞訊大感意外，慌忙迎戰。曹公命張遼、關羽先與敵軍交戰，擊敗敵軍，顏良被斬首，解了白馬之圍，把當地居民全部遷走，軍隊沿着黃河向西轉移。此時袁紹渡過黃河，追擊曹軍，到了延津關的南面。曹公停止前進，在白馬山南坡設營。他派人登高壘探望敵情，回報說：「袁軍約有騎兵五六百。」過了一會，又報告：「騎兵還在增多，步兵不計其數。」曹公說：「不要再報告了。」便命令騎兵解下馬鞍，放開戰馬。這時，從白馬繳獲的物資佈滿道路。眾將認為敵人騎兵太多，不如退回保守營寨，只有荀攸說：「這些可以引誘敵人，為何要退回呢？」袁紹的騎兵大將文醜與劉備帶着五六千騎兵先後趕到。眾將又說：「可以出兵了。」曹公卻說：「時候還未到。」一會，敵人的騎兵又增加了一些，有的去搶奪物資。曹公說：「可以上馬了。」於是，將士都上馬。當時，還不到六百的曹軍騎兵出擊，大敗敵軍，斬殺了文醜。顏良、文醜都是袁紹手下名將，兩次交鋒都被斬殺，震驚了袁紹的部隊。曹公回師官渡，袁紹進軍保衛陽武縣，關羽則逃回劉備那裏。

賞析與點評

袁紹和劉表在行事上都有猶疑不決的毛病，因此多次讓曹操能遊走於各大敵人之間，集中兵力攻破敵軍。曹操能統一北方，與能把握敵人這個弱點有很大關係。

八月，紹連營稍前。……公亦分營與相當，合戰不利。時公兵不滿萬[1]，傷者十二三。紹復進臨官渡，起土山地道。公亦於內作之，以相應。紹射營中，矢如雨下，行者皆蒙楯，眾大懼。時公糧少，與荀彧書，議欲還許。或以為「紹悉眾聚官渡，欲與公決勝敗。公以至弱當至彊，若不能制，必為所乘，是天下之大機也。且紹，布衣之雄耳，能聚人而不能用。夫以公之神武明哲而輔以大順[2]，何向而不濟！」公從之。孫策聞公與紹相持，乃謀襲許，未發，為刺客所殺[3]。汝南降賊劉辟等叛應紹，略許下。紹使劉備助辟，公使曹仁擊破之。備走，遂破辟屯。

注釋

1公兵不滿萬：曹操大軍不會只有此數，是史家極言其以少勝多的手法。有學者認為曹軍約有三四萬人。2輔以大順：以天子的名義討伐袁紹。3為刺客所殺：孫策是豪傑，但行事較輕率，獨行於山野間，故被刺客所殺。

譯文

八月，袁紹前後連營，稍稍推進。……曹公也展開陣營，與袁軍相對抗，但交戰失利。曹公的軍隊不到一萬，受傷的佔二三成。袁紹又重新進軍，進逼官渡，堆土山，挖地道。曹公也在營中堆山挖溝，以應付敵方。袁紹令士兵向曹營放箭，一時箭如雨下，營內走動的人都得舉着盾牌，眾人都很恐慌。這時曹軍缺糧，曹公寫信給荀彧，打算撤回許都。荀彧認為：「袁紹全部兵馬都集於官渡，準備與公決一勝負。公以最弱的兵力抵擋最強的對手，如果不能取勝，必將被打敗，這是成敗的關鍵。況且袁紹的才華只在平凡人之上，他能聚集人，卻不能好好利用。憑着公的聰明威武，雄才大略，再加上奉天子之命討伐叛亂，就會戰無不勝！」曹公聽從了他。孫策聽說曹公與袁紹相持，便策劃偷襲許都，但是還沒有出兵，就被刺客殺死。汝南投降的賊寇劉辟等再度叛亂，為袁紹做內應，搶劫許都一帶。袁紹派劉備去援助劉辟，曹公令曹仁出擊，打敗劉備。劉備逃回，於是曹軍攻破了劉辟的營寨。

袁紹運穀車數千乘至，公用荀攸計，遣徐晃、史渙邀擊，大破之，盡燒其車[1]。公與紹相拒連月，雖比戰斬將，然眾少糧盡，士卒疲乏。公謂運者曰：「卻十五日為汝破紹，不復勞汝矣。」冬十月，紹遣車運穀，使淳于瓊等五人將兵萬餘人送之，宿紹營北四十里。紹謀臣許攸貪財，紹不能足，來奔，因說公擊瓊等[2]。左右疑之，荀攸、賈詡勸公。公乃留曹洪守，自將步騎五千人夜往，會明至。瓊等望見公兵少，出陳門外。公急擊之，瓊退保營，遂攻之。紹遣騎救瓊。

左右或言「賊騎稍近，請分兵拒之」。公怒曰：「賊在背後，乃白！」士卒皆殊死戰，大破瓊等，皆斬之。

注釋

1這是第一次偷襲、燒毀袁紹大軍的糧草。2這是第二次偷襲，目標是淳于瓊軍所運的大批糧草。

譯文

這時，袁紹幾千輛運糧的軍車到達，曹公採用荀攸的計謀，派徐晃、史渙截擊，大敗袁軍，燒毀全部糧車。曹公與袁紹相持幾個月，雖然每次交戰都斬殺對方的將領，但兵少糧盡，士氣低落。曹公對運糧的人説：「半個月後，一定打敗袁紹，不再勞累你們。」十月，袁紹派兵運糧，命淳于瓊等五人帶一萬多兵護送，在袁紹大寨北面四十里的地方紮營。袁紹的謀士許攸貪財，袁紹不能滿足他，便來投奔曹公，勸説曹公派兵攻擊淳于瓊等人。曹公左右的人都不相信他，只有荀攸、賈詡二人同意曹公採納建議。曹公命曹洪留守大營，自己帶領五千騎兵連夜出發，在天亮前趕到。淳于瓊等看曹公的人少，就在營外擺開陣勢。曹公下令衝擊，淳于瓊退回營內固守，曹軍攻打營寨。袁紹派騎兵救援淳于瓊。左右有人説：「敵人騎兵越來越近了，請派兵迎敵。」曹公大怒説：「等敵人到了背後再來報告。」曹軍殊死奮戰，把淳于瓊等打得大敗，把他們殺死。

紹初聞公之擊瓊，謂長子譚曰：「就彼攻瓊等，吾攻拔其營，彼固無所歸矣！」乃使張郃、高覽攻曹洪。郃等聞瓊破，遂來降[1]。紹眾大潰，紹及譚棄軍走，渡河。追之不及，盡收其輜重圖書珍寶，虜其眾。公收紹書中，得許下及軍中人書，皆焚之。冀州諸郡多舉城邑降者。

注釋

1 這也是袁紹大敗的關鍵之一。

譯文

袁紹聞知曹公攻打淳于瓊，對大兒子袁譚說：「趁他攻打淳于瓊，我們偷襲他的大本營，他就無處可歸了。」便派張郃、高覽攻打曹洪。張郃等人聽說淳于瓊兵敗，就投降了曹公。袁紹的軍隊一敗塗地，袁紹和袁譚等棄軍逃跑，渡過黃河。曹軍追趕不及，但繳獲了他們的全部物資，圖冊藏書，珍珠寶物，俘虜了大量士兵。曹公在得到的袁紹的文件中，發現了許都的官員和自己軍隊裏的人給袁紹的信件，立即全部燒掉了。冀州各郡官員也紛紛獻城投降。

賞析與點評

官渡之戰是奠定曹操成為中原新主人的戰役，也是三國時代三大戰役的第一場。這場戰役相持了大半年，最後通過以奇兵突襲烏巢，使袁紹的軍心全面瓦解，主將張郃、高覽隨即向曹操投降。曹操能夠把握大局，與袁紹的謀士許攸叛歸有關。當時諸將對許攸有所懷疑，而曹營中的兩大謀士荀攸、賈詡卻能洞透敵情，勸說曹操採納許攸的建議，終於讓曹操打敗一生中最強的敵人。

六年夏四月，揚兵河上，擊紹倉亭軍，破之。紹歸，復收散卒，攻定諸叛郡縣。九月，公還許。紹之未破也，使劉備略汝南，汝南賊共都等應之。遣蔡揚擊都，不利，為都所破。公南征備。備聞公自行，走奔劉表，都等皆散。

譯文

建安六年（二〇一）四月，曹公在黃河邊顯示兵力，攻打袁紹在倉亭的駐軍，擊敗了袁軍。袁紹逃歸冀州後，又收集打散的士兵，攻克了那些叛變的郡縣。九月，曹公回到許都。袁紹未敗之時，曾派劉備攻打汝南郡，汝南的賊寇共都等都歸附劉備。曹公派蔡揚攻打共都，戰鬥失利，被共都所敗。曹公南征劉備。劉備聽說曹公親征，便逃奔劉表，共都等人也散去。

七年春正月，公軍譙，令曰：「吾起義兵[1]，為天下除暴亂。舊土人民，死喪略盡，國中終日行，不見所識，使吾悽愴傷懷。其舉義兵已來，將士絕無後者，求其親戚以後之，授土田，官給耕牛，置學師以教之。為存者立廟，使祀其先人，魂而有靈，吾百年之後何恨哉！」遂至浚儀，治睢陽渠，遣使以太牢祀橋玄。進軍官渡。紹自軍破後，發病歐血[2]，夏五月死。小子尚代，譚自號車騎將軍，屯黎陽。[3]秋九月，公征之，連戰。譚、尚數敗退，固守。

注釋

1義兵：為天下剷除殘賊，所以稱為「義兵」。2歐血：吐血。3袁紹以幼子袁尚繼位，導致兄弟相爭。

譯文

建安七年（二〇二）正月，曹公駐軍譙縣，下令說：「我高舉義旗，招收兵馬，是為了平定天下的暴亂。可是我的家鄉百姓差不多都死光了。我走了一天，沒有碰見一個相識的，真讓我悲傷！自從起兵以來，凡是將士犧牲而沒有後代的，讓他的親戚過繼作為他的後嗣，分給他們田地，配給耕牛，設置學校，派專人教育他們，給他們修建家廟，使他們祭祀祖先。如果天有眼，我死也不會後悔了！」一從這裏又到了浚儀縣，治理了睢陽渠，又派使者用三牲祭品祭祀了太尉橋玄。然後，又進軍官渡。袁紹自從部隊被擊潰以後，得病吐血，五月就死了，小兒子袁尚接替了職位，袁譚則自封為車騎將軍，駐守黎陽。這年九月，曹公征討袁氏兄弟，連打幾仗，袁譚、袁尚屢次敗退，死守黎陽城內。

八年春三月，攻其郭[1]，乃出戰，擊，大破之，譚、尚夜遁。夏四月，進軍鄴。五月還許，留賈信屯黎陽。己酉，令曰：「司馬法『將軍死綏』，故趙括之母，乞不坐括。是古之將者，軍破于外，而家受罪于內也。自命將征行，但賞功而不罰罪，非國典也。其令諸將出征，敗軍者抵罪，失利者免官爵。」秋七月，令曰：「喪亂已來，十有五年，後生者不見仁義禮讓之風，吾甚傷之。其令郡國各脩文學，縣滿五百戶置校官，選其鄉之俊造而教學之，庶幾先王之道不廢，而有以益于天下。」八月，公征劉表，軍西平。公之去鄴而南也，譚、尚爭冀州，譚為尚所敗，走保平原。尚攻之急，譚遣辛毗乞降請救。諸將皆疑，荀攸勸公許之，公乃引軍還。冬十月，到黎陽，為子整與譚結婚。尚聞公北，乃釋平原還鄴。東平呂曠、呂翔叛尚，屯陽平，率其眾降，封為列侯。

注釋　1 郭：外城。

譯文

建安八年（二〇三）三月，曹公攻打黎陽城外城，袁氏兄弟出戰，曹軍奮勇作戰，大敗袁軍，袁譚、袁尚連夜逃走。四月，曹公進軍鄴城。五月回許都，留賈信駐守黎陽。五月二十日，曹公下令說：「《司馬法》上規定，『將軍臨陣脱逃要處死』，所以有趙括母親請求不因兒子兵敗被連坐。自從我發施號令、命將出征以來，只獎賞有功的人，而不處分犯錯的人，這不是國家的制度。現在下令：以後眾將出征，打敗仗的要依法治罪，作戰失敗的要免去爵位。」七月，曹公又頒佈政令：「自戰亂以來，已有十五年了，年輕的人看不到仁義禮讓的風尚，我為此非常痛心。現在下令：各郡國都要提倡文化教育，有五百戶的縣就要設置學校，選拔優秀學生入學校，使聖賢的思想不致廢棄，必對天下有益。」八月，曹公征討劉表，駐軍西平縣。當初曹公離開鄴城南下時，袁譚、袁尚兄弟為爭奪冀州的控制權交戰，袁譚被袁尚打敗，逃到平原縣固守。袁尚攻城很急，袁譚派辛毗到曹公處投降，請求救兵。眾將都存有疑慮，荀攸卻勸說曹公答允，於是曹公帶兵返回。十月，曹公到達黎陽，為兒子曹整娶袁譚的女兒為妻。袁尚聽到曹公北返的消息，撤走了平原的圍兵，回到鄴城。東平縣呂曠、呂翔叛離袁尚，駐軍陽平縣，帶着部隊投降曹公，兩人被封為列侯。

九年春正月，濟河，遏淇水入白溝以通糧道。二月，尚復攻譚，留蘇由、審配守鄴。公進軍到洹水[1]，由降。既至，攻鄴，為土山、地道。武安長尹楷屯毛城，通上黨[2]糧道。夏四月，留曹洪攻鄴，公自將擊楷，破之而還。尚將沮鵠守邯鄲，又擊拔之。易陽令韓範、涉長梁岐舉縣降，賜爵關內侯。五月，毀土山、地道，作圍塹，決漳水灌城；城中餓死者過半。秋七月，尚還救鄴，諸將皆以為「此歸師，人自為戰，不如避之」。公曰：「尚從大道來，當避之；若循西山來者，此成禽耳。」尚果循西山來，臨滏水為營。夜遣兵犯圍，公逆擊破之，遂圍其營。未合，尚懼，遣故豫州刺史陰夔及陳琳[3]乞降，公不許，為圍益急。尚夜遁，保祁山，追擊之。其將馬延、張顗等臨陳降，眾大潰，尚走中山。盡獲其輜重，得尚印綬節鉞，使尚降人示其家，城中崩沮。

注釋

1 洹水：在鄴城南面約十五公里。洹水南岸即殷墟文化遺產所在地。2 上黨：郡名。在山西長治市北。3 陳琳：後來歸附曹操，是建安七子之一。

譯文

建安九年（二〇四）正月，曹公帶兵渡過黃河，截斷淇水，引入白溝，以便利運糧。二月，袁尚再攻打袁譚，只留下蘇由、審配守衛鄴城。曹公便帶兵到洹水，蘇由投降。到了鄴城，曹軍就發動攻勢，堆起土山，挖掘地道。武安縣令尹楷駐守毛城，保護通往上黨的糧道暢通。四月，曹公留下曹洪攻打鄴城，自己帶兵攻打尹楷，打敗後又回師鄴城。袁尚的部將沮鵠據守邯鄲，被曹軍攻克。易陽縣令韓範、涉縣縣長梁岐獻城投降，都賜給關內侯的封爵。五月，曹軍毀去土山和地道，繞鄴城挖了深溝，挖開漳水河淹灌鄴城；城中的人餓死了一大半。七月，袁尚回兵救鄴城，眾將都認為：「這是回返駐地的部隊，人人都會拚死作戰，不如避開他們。」曹公說：「袁尚如果從大路趕來，便應該避讓；如果沿着西山趕來，就會被俘虜。」袁尚果然沿着西山趕來，靠着滏水紮營，半夜裏派兵偷襲圍城的曹軍。曹公迎戰，大敗袁軍，並下令包圍他們的營寨。還沒等到合圍，袁尚就害怕了，派原來的豫州刺史陰夔和陳琳求降。曹公沒有答應，加緊圍攻。袁尚連夜逃走，退守祁山，曹軍追擊不止。袁尚部將馬延、張青等人臨陣投降，袁軍瓦解，袁尚逃往中山國。曹軍繳獲了袁軍全部物資，還得到了袁尚的印綬、符節和斧鉞，又讓袁軍降兵舉着這些東西讓袁尚的家屬看，城中人心慌亂。

八月，審配兄子榮夜開所守城東門內兵。配逆戰，敗，生禽配，斬之，鄴定。公臨祀紹墓，哭之流涕[1]；慰勞紹妻，還其家人寶物，賜雜繒絮，廩食之。

初，紹與公共起兵，紹問公曰：「若事不輯，則方面何所可據？」公曰：「足下意以為何如？」紹曰：「吾南據河，北阻燕、代，兼戎狄之眾，南向以爭天下，庶可以濟乎？」公曰：「吾任天下之智力，以道御之，無所不可。」九月，令曰：「河北罹袁氏之難，其令無出今年租賦！」重豪彊兼并之法[2]，百姓喜悅。天子以公領冀州牧，公讓還兗州。公之圍鄴也，譚略取甘陵、安平、勃海、河間。尚敗，還中山。譚攻之，尚奔故安，遂并其眾。公遺譚書，責以負約，與之絕婚，女還，然後進軍。譚懼，拔平原，走保南皮。十二月，公入平原，略定諸縣。

注釋

1這是曹操虛偽的一個例證。2重豪彊兼并之法：加重對豪強兼併土地的處罰。

譯文

八月，審配哥哥的兒子審榮趁夜打開自己守衛的東門，引曹軍入城。審配迎戰失敗，被活捉後斬首，鄴城平定了。曹公親自到袁紹墓旁祭祀，痛哭不已；還慰藉袁紹的妻子，送還他家的僕人和珍寶，又賜給各種絲綢棉絮，令官府供給他們糧食。當初袁紹與曹公一起舉兵，袁紹曾問曹公：「如果功業不成，那麼甚麼地方可以據守呢？」曹公反問：「您認為怎麼辦好呢？」袁紹回答：「我南面據守黃河，北面依靠燕、代的險要，再加以戎、狄的兵力，然後南向爭奪天下，這樣或許可以成大事了吧？」曹公回答：「我運用天下一切有才智的人，用道義來統率他們，就能百戰百勝。」九月，曹公頒佈命令：「黃河以北遭受袁氏父子之害的百姓，免除今年的田租、戶調。」又重罰豪強兼併土地，百姓都很高興。獻帝下令讓曹公任冀州牧，曹公推辭就任兗州牧。曹公包圍鄴城的時候，袁譚攻佔了甘陵縣、安平國、勃海國、河間國幾個地方。袁尚戰敗後，逃回中山國。袁譚又進攻中山國，袁尚只得逃往固安縣，他的部隊被袁譚吞併。曹公寫信給袁譚，譴責他違背和約，並斷絕兒女婚姻關係，讓她的女兒回去，然後進軍討伐。袁譚很害怕，從平原縣撤出，跑到南皮縣。十二月，曹公進入平原縣，收回被袁譚攻佔的郡縣。

十年春正月，攻譚，破之，斬譚，誅其妻子，冀州平。下令曰：「其與袁氏同惡者，與之更始。」令民不得復私讎，禁厚葬，皆一之于法。是月，袁熙大將焦觸、張南等叛攻熙、尚，熙、尚奔三郡烏丸。觸等舉其縣降，封為列侯。……四月，黑山賊張燕率其眾十餘萬降，封為列侯。故安趙犢、霍奴等殺幽州刺史、涿郡太守。三郡烏丸攻鮮于輔於獷平。秋八月，公征之，斬犢等，乃渡潞河救獷平，烏丸奔走出塞。……冬十月，公還鄴。初，袁紹以甥高幹領并州牧，公之拔鄴，幹降，遂以為刺史。幹聞公討烏丸，乃以州叛，執上黨太守，舉兵守壺關口[1]。遣樂進、李典擊之，幹還守壺關城。

注釋

1壺關口：縣名。縣治在山西長治市北。

譯文

建安十年（二〇五）正月，曹公進攻袁譚，打敗了他，把他斬首，並誅殺了他的妻兒，平定了冀州。曹公又頒佈命令：「凡曾是與袁氏一同作惡的人，允許改過自新。」又命令百姓不得報私仇，禁止厚葬，違者一概依法懲處。這個月內，袁熙的大將焦觸、張南等反叛，攻打袁熙、袁尚，他們二人逃往三郡烏丸地區。焦觸等人獻城投降，被封為列侯。……這年四月，黑山賊寇張燕率領十多萬人投降，被封為列侯。故安趙犢、霍奴等人殺死了幽州刺史、涿郡太守。三郡的烏丸族在獷平攻打鮮于輔。八月，曹公帶兵出征，把趙犢等人斬首，又渡過潞河救援獷平。烏丸人逃到塞外。……冬十月，曹公回到鄴城。當初，袁紹讓他的外甥高幹做并州牧，曹公攻克鄴城的時候，高幹投降，曹公讓他做刺史。高幹聽說曹公討伐烏丸人，便趁機在并州叛亂，挾持了上黨太守，派兵守住壺關口。曹公派樂進、李典二人前去平叛。高幹退到壺關縣城固守。

十一年春正月，公征幹。幹聞之，乃留其別將守城，走入匈奴，求救於單于，單于不受。公圍壺關三月，拔之。幹遂走荊州，上洛都尉王琰捕斬之。秋八月，……三郡烏丸承天下亂，破幽州，略[1]有漢民合十餘萬戶。袁紹皆立其酋豪為單于，以家人子為己女，妻焉。遼西單于蹋頓尤彊，為紹所厚，故尚兄弟歸之，數入塞為害。公將征之，鑿渠，自呼沲[2]入泒水[3]。名平虜渠；又從泃河[4]口鑿入潞河，名泉州渠，以通海。

注釋

1 略：劫掠。2 呼沲（粵：駝；普：tuó）：即今滹沱河，發源於山西，流經河北。3 泒（粵：姑；普：gū）水：滹沱河上游支流。4 泃（粵：枸；普：jū）河：俗稱「錯河」，亦稱「泃水」，流經河北省。

譯文

建安十一年（二〇六）正月，曹公親自領兵征討高幹。高幹聞訊，就留下將領守壺關城，自己逃到匈奴，向匈奴單于求救，但單于沒有出兵。曹公圍困壺關城三個月後攻下了它。於是高幹逃到荊州，被上洛縣都尉王琰捉住並斬首。八月，三郡烏丸趁天下大亂之機，攻破幽州，劫掠漢族百姓十多萬戶。袁紹曾把他們的酋長和首領都立為單于，並把本族人的女兒作為自己的女兒，嫁給他們為妻。其中遼西單于蹋頓勢力最大，最受袁紹厚愛，所以袁尚兄弟來投奔他，他們多次侵入邊塞。曹公準備征討烏丸，先開鑿河渠，從呼沲河直到泒水，命名平虜渠。又從泃河口入海處鑿河渠到潞河，名叫泉州渠，以便通向大海。

十二年春二月，公自淳于還鄴。丁酉，令曰：「吾起義兵誅暴亂，於今十九年，所征必克，豈吾功哉？乃賢士大夫之力也。天下雖未悉定，吾當要與賢士大夫共定之；而專饗其勞，吾何以安焉！其促定功行封。[1]」於是大封功臣二十餘人，皆為列侯，其餘各以次受封，及復死事之孤，輕重各有差。將北征三郡烏丸，諸將皆曰：「袁尚，亡虜耳，夷狄貪而無親，豈能為尚用？今深入征之，劉備必說劉表以襲許。萬一為變，事不可悔。」惟郭嘉策表必不能任備[2]，勸公行。夏五月，至無終。秋七月，大水，傍海道不通，田疇請為鄉導，公從之。引軍出盧龍塞，塞外道絕不通，乃塹山堙谷五百餘里，經白檀，歷平岡，涉鮮卑庭，東指柳城。未至二百里，虜乃知之。尚、熙與蹋頓、遼西單于樓班、右北平單于能臣抵之等將數萬騎逆軍。八月，登白狼山，卒與虜遇，眾甚盛。公車重在後，被甲者少，左右皆懼。公登高，望虜陳不整，乃縱兵擊之，使張遼為先鋒，虜眾大崩，斬蹋頓及名王已下，胡、漢降者二十餘萬口。遼東單于速僕丸及遼西、北平諸豪，棄其種人，與尚、熙奔遼東，眾尚有數千騎。初，遼東太守公孫康恃遠不服。及公破烏丸，或說公遂征之，尚兄弟可禽也。公曰：「吾方使康斬送尚、熙首，不煩兵矣。」九月，公引兵自柳城還，康即斬尚、熙及速僕丸等，傳其首。諸將或問：「公還而康斬送尚、熙，何也？」公曰：「彼素畏尚等，吾急之則并力，緩之則自相圖，其勢然也。」十一月至易水，代郡烏丸行單于普富盧、上郡烏丸行單于那樓將其名王來賀。

注釋

1定功行封：論功行賞，以為奪取天下的一個重要步驟。2不能任備：劉備投奔劉表多年，均不獲重用，所以郭嘉認為此事不會發生。

譯文

建安十二年（二〇七）二月，曹公自淳于返回鄴城。二月初五，下令說：「自我舉起義旗平亂到現在，已整整十九年，這期間每戰必勝，難道這是我一個人的功勞嗎？這都是賢才智士、文武百官盡忠盡力的結果呀！現在雖然天下還沒有完全太平，還需我和他們進行，但是我獨享功勞，怎能安心呢！應該儘快論功行賞。」於是大封功臣，功勞卓著的二十多人封為列侯，其餘的也論功行賞，還免除為國死難者子女的傜役租稅，輕重各有等差。曹公想要北征三郡烏丸，眾將說：「袁尚只不過是個逃走的敵人，烏丸人又貪財忘義，不講究親朋交情，怎會被袁尚利用？

如今大兵深入其境，劉備一定會勸說劉表襲擊許都。萬一發生變故，就悔恨不及。」惟有郭嘉斷定劉表不會重用劉備，鼓勵曹公出兵。五月，曹公帶兵來到無終縣。七月，因大雨而發水，靠海邊的道路都不通，田疇請求當嚮導，曹公答應了。田疇帶領大軍出了盧龍塞，塞外道路也斷絕不通。軍隊挖山填谷五百多里，經過白檀、平岡等縣，深入鮮卑族單于的駐地，向東直奔柳城縣。距柳城二百多里，敵人已得知消息。袁尚、袁熙與蹋頓，以及遼西單于樓班、右北平單于能臣抵之等帶幾萬騎兵前來迎戰。八月，曹公登上白狼山，突然與敵兵遭遇，敵人數量很多。當時曹公的物資都在後面，穿戰甲的人很少，左右隨從有些害怕。曹公登上高處，望見敵軍隊伍混亂不整，便命張遼為先鋒，率先主動向敵人發動攻擊，敵軍四散崩潰，蹋頓以及部族中許多名王都被斬首，胡、漢兩族投降的共有二十多萬人。遼東單于速僕丸及遼西、右北平的首領，丟棄他們的族人，與袁尚、袁熙逃往遼東，剩下幾千騎兵。當初，遼東太守公孫康自恃地域偏遠，不服從朝廷。等到曹公打敗了烏丸，有人勸曹公應該征伐公孫康，活捉袁氏兄弟。曹公說：「我正要叫公孫康砍掉袁尚、袁熙的腦袋送來，不用再派兵了。」九月，曹公帶兵從柳城回返，公孫康立即把袁尚、袁熙、速僕丸等人斬首，把腦袋送到曹公軍營。有的將領問：「主公回兵，而公孫康卻砍下他們腦袋送來，這是甚麼原因？」曹公說：「公孫康平日就懼怕袁尚等人，攻得太急，他們就會合力反抗；暫緩進攻，他們就會自相殘殺，這是必然的！」十一月，曹公到達易水岸邊，代郡的烏丸代理單于普富盧、上郡烏丸代理單于那樓帶領本族的頭目趕來慶賀。

賞析與點評

經過多年的努力，袁氏家族的勢力始徹底被殲滅，可見袁術、袁紹家族絕非虛有其表的對手。袁紹除了個人能力上的缺陷外，他以幼子為繼任人更是讓袁氏長期陷入內部分崩離析的困境，不能自拔。古今中外擁有權位的人，最難處理的課題，恐怕就是挑選繼任人了。

十三年春正月，公還鄴，作玄武池以肄舟師。漢罷三公官，置丞相、御史大夫。夏六月，以公為丞相。秋七月，公南征劉表。八月，表卒，其子琮代，屯襄陽，劉備屯樊。九月，公到新野，琮遂降，備走夏口。公進軍江陵，下令荊州吏民，與之更始。乃論荊州服從之功，侯者十五人，以劉表大將文聘為江夏太守，使統本兵，引用荊州名士韓嵩、鄧義等。益州牧劉璋始受徵役，遣兵給軍。十二月，……公至赤壁，與備戰，不利。於是大疫，吏士多死者，乃引軍還。[1]備遂有荊州、江南諸郡。

注釋

1 作者寫得較隱晦，不足以說明實況。可參看本書〈諸葛亮傳〉、〈周瑜傳〉及〈魯肅傳〉。

譯文

建安十三年（二〇八）正月，曹公返回鄴城，開鑿玄武池訓練水軍。這時，朝廷改制，廢除三公，設置丞相、御史大夫。六月，任命曹公為丞相。七月，曹公南征劉表。八月，劉表病死，幼子劉琮繼任，駐守襄陽，劉備則駐守樊城。九月，曹公率兵抵達新野縣，於是劉琮投降，劉備逃往夏口。曹公進駐江陵，命荊州官吏和百姓服從新法規。又評定荊州投降官員的功勞，十五人封侯，任命劉表的大將文聘為江夏太守，讓他領管自己的兵馬，並任用了荊州名士韓嵩、鄧義等人。益州牧劉璋開始接受徵調壯丁的任務，遣送士兵補充軍隊。十二月，曹公抵達赤壁，與劉備交戰，戰鬥失利。這時發生大瘟疫，官兵死亡很多，曹公便帶兵北回。於是劉備佔領了荊州所轄的江南各郡縣。

賞析與點評

史家常說陳壽以曲筆處理曹氏和司馬氏的相關記載，這是最明顯例證之一。赤壁之戰是三國第二場大戰，導致天下三分的結局。雖然詳略之間可以稍加取捨，但作為北方主帥的曹操，在這場關鍵的戰役上，以「十二月，公至赤壁，與備戰，不利。於是大疫，吏士多死者，乃引軍還」二十五字輕輕帶過。再以官渡之戰的紀錄加以對比，那種「為尊者諱」的意圖真是明顯之極。真是愧對董狐和司馬遷了。

十四年春三月，軍至譙，作輕舟，治水軍。秋七月，自渦入淮，出肥水，軍合肥。辛未，令曰：「自頃已來，軍數征行，或遇疫氣，吏士死亡不歸，家室怨曠，百姓流離，而仁者豈樂之哉？不得已也。其令死者家無基業不能自存者，縣官勿絕廩，長吏存恤撫循，以稱吾意。」置揚州郡縣長吏，開芍陂屯田[1]。十二月，軍還譙。

注釋

1 目的是改善攻打吳國時的糧食補給。

譯文

建安十四年（二〇九）三月，曹公帶兵到譙縣，製造快船，操習水軍。七月間，曹軍從渦水進入淮河，經過肥水，在合肥駐紮。八月二十四日，曹公下令說：「近年來，軍隊多次遠征，官兵都有死亡，有時還遇到瘟疫，不能再回家鄉，夫妻難以團聚，百姓流離失所，這可不是仁者願意看到的？只是不得已的。特此命令：凡是死的士兵家中沒有產業，難以維持生活的，政府不得停止供應食糧，官吏必須慰問救濟他們，這才合我意。」這年又在揚州設置郡縣長官，開墾芍陂屯田。十二月，返回譙縣。

十五年春，下令曰：「自古受命及中興之君，曷嘗不得賢人君子與之共治天下者乎！及其得賢也，曾不出閭巷，豈幸相遇哉？上之人不求之耳。今天下尚未定，此特求賢之急時也。『孟公綽為趙、魏老則優，不可以為滕、薛大夫』。若必廉士而後可用，則齊桓其何以霸世！今天下得無有被褐懷玉而釣于渭濱者乎？又得無盜嫂受金而未遇無知者乎？二三子其佐我明揚仄陋，唯才是舉，吾得而用之。」[1]冬，作銅雀臺。

注釋

1 這是著名的「魏武三令」的第一篇，強調選拔人才以才能為主，針對非才德兼備的人也可以有重大貢獻，如春秋時的管仲和漢初的陳平。

譯文

建安十五年（二一〇）春天，又頒令說：「自古以來，開國和中興的君主，無不靠賢人君子一起治理天下！君主得到賢才，足不出巷，這難道是僥倖碰上的嗎？是在上的執政者不去尋訪。如今天下還未平定，正需要賢才的時候。孔子說：『孟公綽作趙、魏兩家的家臣之長，是綽綽有餘，卻不勝任滕、薛二小國的大夫。』假如只任用廉潔之士，那齊桓公怎能稱霸？難道現在真沒有像呂尚那樣富有才華，卻穿着破衣服在渭水邊垂釣的人嗎？又有沒有像陳平那樣被誣與嫂子私通，接受賄賂卻還沒有遇到識才的人嗎？各位一定要舉薦出身低微而有才華的人，只要有才就舉薦，使我能夠重用他們。」這年冬天，建銅雀臺。

十六年春正月，天子命公世子丕為五官中郎將，置官屬，為丞相副。……張魯據漢中，三月，遣鍾繇討之。公使淵等出河東與繇會。是時關中諸將疑繇欲自襲，馬超遂與韓遂、楊秋、李堪、成宜等叛。遣曹仁討之。超等屯潼關，公勅諸將：「關西兵精悍，堅壁勿與戰。」秋七月，公西征，與超等夾關而軍。公急持之，而潛遣徐晃、朱靈等夜渡蒲阪津，據河西為營。公自潼關北渡，未濟，超赴船急戰。校尉丁斐因放牛馬以餌賊，賊亂取牛馬，公乃得渡，循河為甬道而南。賊退，拒渭口，公乃多設疑兵，潛以舟載兵入渭，為浮橋，夜，分兵結營于渭南。賊夜攻營，伏兵擊破之。超等屯渭南，遣信求割河以西請和，公不許。九月，進軍渡渭。超等數挑戰，又不許；固請割地，求送任子，公用賈詡計，偽許之。韓遂請與公相見，公與遂父同歲孝廉，又與遂同時儕輩，於是交馬語移時，不及軍事，但說京都舊故，拊手歡笑。既罷，超等問遂：「公何言？」遂曰：「無所言也。」超等疑之。他日，公又與遂書，多所點竄，如遂改定者；超等愈疑遂。公乃與克日會戰，先以輕兵挑之，戰良久，乃縱虎騎夾擊，大破之，斬成宜、李堪等。遂、超等走涼州，楊秋奔安定，關中平。……十二月，自安定還，留夏侯淵屯長安。

譯文

建安十六年（二一一）正月，漢獻帝任命曹公的世子曹丕作五官中郎將，並安置所屬官員，讓他做副丞相。張魯佔據漢中郡。三月，曹公派鍾繇前去征討，又命令夏侯淵等人從河東郡出兵，與鍾繇會合。這時，關中的各將都懷疑鍾繇要襲擊自己，於是，馬超與韓遂、楊秋、李堪、成宜等人起兵反叛。曹公派曹仁去征討。馬超等人駐守潼關；曹公告誡眾將說：「關西兵勇敢強悍，你們堅守營寨，不得交戰。」七月，曹公西征，與馬超的軍隊隔着潼關對峙。曹公拖住馬超的部隊，暗中派徐晃、朱靈等將乘天黑渡過蒲阪津，佔領黃河以西，安營紮寨。曹公在潼關北面強渡黃河，渡了一半，馬超趕來，猛攻曹軍船隻。校尉丁斐見情況危急，放出大批牛馬引誘賊兵，賊兵爭搶牛馬，隊形大亂，曹公才得以渡過黃河，沿河邊向南修築通道。賊兵敗退，佔據渭口抵抗，曹公便多設疑兵，暗中用船將部隊送入渭水，架設浮橋，乘夜分兵在渭水南岸紮營。賊軍在夜間偷襲曹營，曹公派伏兵將他們擊敗。馬超等人駐守渭南，派人送信，以割讓黃河以西為條件求和，曹公不應。九月，大軍渡過渭水，馬超等人多次挑戰，曹公並不應戰；再三請求割地，並讓自己的兒子做人質求和，曹公聽從賈詡之計，假意答允。韓遂請求與曹公會面。曹公與韓遂的父親同一年被薦舉為孝廉，與韓遂是平輩，因此兩人馬靠馬在陣前談了很長時間，不談軍事，只敘朋友舊事，說到高興處，二人拍手大笑。會見結束後，馬超問韓遂：「曹公說了些甚麼？」韓遂回答：「沒說甚麼。」於是馬超等人對他產生了猜疑。過了幾天，曹公又給韓遂寫了封信，上面故意塗改許多地方，好像是韓遂改的。馬超等人更加懷疑。於是曹公與他們約定日期會戰，先用輕裝部隊挑逗敵軍，打了很長時間後，派出精銳騎兵夾攻，大敗他們，成宜、李堪等都被斬首。韓遂、馬超等人逃到涼州，楊秋到安定郡，關中平定了。……十二月，從安定返回，留下夏侯淵駐守長安。

十七年春正月，公還鄴。天子命公贊拜不名，入朝……如蕭何故事。馬超餘眾梁興等屯藍田，使夏侯淵擊平之。……冬十月，公征孫權。

譯文

建安十七年（二一二）正月，曹公回到鄴城。漢獻帝命令曹公朝拜時贊禮官不必在旁點名唱禮，入朝時……像西漢丞相蕭何那樣。馬超的餘黨梁興等人駐守藍田縣，曹公命令夏侯淵出兵征伐，平定了他們。……十月，曹公征討孫權。

十八年春正月，進軍濡須口[1]，攻破權江西營，獲權都督公孫陽，乃引軍還。詔書并十四州，復為九州。夏四月，至鄴。五月丙申，天子使御史大夫郗慮持節策命公為魏公。[2]……秋七月，始建魏社稷宗廟。天子聘公三女為貴人，少者待年于國。九月，作金虎臺，鑿渠引漳水入白溝以通河。冬十月，分魏郡為

東西部，置都尉。十一月，初置尚書、侍中、六卿。馬超在漢陽，復因羌、胡為害，氐王千萬[3]叛應超，屯興國。使夏侯淵討之。

注釋

1 濡須口：濡須水入長江處。兩年前，孫權攻佔此地，隨即修建塢壁屯駐重兵，以保障長江至巢湖水道。2 東漢只有同姓宗室才能封王封公，曹操封公是不尋常的，表明曹氏正在謀取帝位。3 千萬：氐族首領名叫「千萬」。

譯文

建安十八年（二一三）正月，曹公進軍濡須口，攻破孫權在長江以西的營寨，抓住了孫權的都督公孫陽，然後回師。此時，漢獻帝下詔合併十四州，恢復九州的建制。四月，曹公回到鄴城。五月初十，漢獻帝派御史大夫郗慮拿着皇帝的符節到鄴城，策封曹公為魏公。……這年秋七月，開始修建魏國的社稷和宗廟。漢獻帝聘娶了曹公的三個女兒，封他們為貴人，其中年紀最小的暫時留在魏國。九月，曹公修築金虎臺，開鑿管道，把漳河水引入白溝，流入黃河。十月，把魏郡分為東西兩部，設置都尉。十一月，魏國開始設置尚書、侍中、六卿等官職。馬超在漢陽郡，又依靠羌人和其他少數民族作亂，氐王千萬回應馬超，也叛變了。他們駐守在興國。曹公命夏侯淵討伐他們。

十九年春正月，始耕籍田。南安趙衢、漢陽尹奉等討超，梟其妻子，超奔漢中。韓遂徙金城，入氐王千萬部，率羌、胡萬餘騎與夏侯淵戰，擊，大破之，遂走西平。淵與諸將攻興國，屠之。……三月，天子使魏公位在諸侯王上，改授金璽，赤紱、遠遊冠。秋七月，公征孫權。……冬十月，……公自合肥還。十一月，漢皇后伏氏坐昔與父故屯騎校尉完書，云帝以董承被誅怨恨公，辭甚醜惡，發聞，后廢黜死，兄弟皆伏法。[1]十二月，公至孟津。……乙未，令曰：「夫有行之士未必能進取，進取之士未必能有行也。陳平豈篤行，蘇秦豈守信邪？而陳平定漢業，蘇秦濟弱燕。由此言之，士有偏短，庸可廢乎！有司明思此義，則士無遺滯，官無廢業矣。」又曰：「夫刑，百姓之命也，而軍中典獄者或非其人，而任以三軍死生之事，吾甚懼之。其選明達法理者，使持典刑。」於是置理曹掾屬。

注釋

1伏皇后及其家族被屠殺，說明曹操已完全目無天子。裴松之引〈曹瞞傳〉說：公遣華歆勒兵入宮收后，后閉戶匿壁中。歆壞戶發壁，牽后出。帝時與御史大夫郗慮坐，后被髮徒跣過，執帝手曰：「不能復相活邪？」帝曰：「我亦不自知命在何時也。」帝謂慮曰：「郗公，天下寧有是邪！」遂將后殺之，完及宗族死者數百人。

譯文

建安十九年（二一四）正月，曹公開始親耕籍田。南安郡趙衢、漢陽郡尹奉等人率兵討伐馬超，殺了他的家人，馬超逃往漢中。韓遂遷移到金城，進入氐王千萬的部落裏，率領羌族一萬多騎兵與夏侯淵交戰，被夏侯淵打得大敗，韓遂逃往西平郡。夏侯淵與眾將進攻興國，屠戮金城。……三月，漢獻帝把魏公的地位遷升到諸侯王之上，改授給他金印章、紅色綬帶和遠遊冠。七月，曹公征討孫權。……十月，……曹公從合肥回到鄴城。十一月，漢獻帝皇后伏氏因從前給她做屯騎校尉的父親伏完的一封信而犯罪，信上說獻帝因董承被殺而怨恨曹公，言辭十分惡毒，被發覺後，伏氏被取消皇后稱號，處以死刑，她的兄弟同被誅殺。十二月，曹公到達孟津。……十二月十九日，曹公下令說：「有德之士，未必能夠上進；上進之士，未必都能有德。陳平難道有純厚的德行嗎？蘇秦難道堅守信義嗎？但陳平穩定了漢朝的基業，蘇秦拯救弱小的燕國。由此而論，才智之士即使有缺點，豈能棄而不用？各級官府明白這一點，有才能的人就不致被埋沒，公務也不致荒廢。」又說：「刑罰，有關百姓的生命，如果軍隊中主管刑獄的官員有不稱職的，卻把三軍將士生死之大權委任給他，我非常害怕。應該選用通曉法律的人，讓他主持刑罰。」因此又設理曹掾屬之職。

賞析與點評

人才是很重要，特別是在戰爭時期。曹操說：「士有偏短，庸可廢乎！」也不能認為是錯，不應以人廢言。孔子對人才也不求全責備。但是，曹操卻多次以此號召天下，不能不產生惡劣的影響。東漢黨錮之禍已對有氣節的讀書人多加摧殘，再加上這種純功利價值觀的鼓吹，道德淪喪，社會倫理蕩然無存。豈不可哀！孔子曾說：「始作俑者，其無後乎！」曹氏子孫，似乎也逃不過這個詛咒！

二十年春正月，天子立公中女為皇后。……三月，公西征張魯，至陳倉，將自武都入氐；氐人塞道，先遣張郃、朱靈等攻破之。夏四月，公自陳倉以出散關，至河池。氐王竇茂眾萬餘人，恃險不服，五月，公攻屠之。西平、金城諸將麴演、蔣石等共斬送韓遂首。秋七月，公至陽平。張魯使弟衛與將楊昂等據陽平關，橫山築城十餘里，攻之不能拔，乃引軍還。賊見大軍退，其守備解散。公乃密遣解㦎、高祚等乘險夜襲，大破之，斬其將楊任，進攻衛，衛等夜遁，魯潰奔巴中。公軍入南鄭，盡得魯府庫珍寶。巴、漢皆降。……八月，孫權圍合肥，張遼、李典擊破之。九月，巴七姓夷王朴胡、賨邑侯杜濩舉巴夷、賨民來附，於是分巴郡，以胡為巴東太守，濩為巴西太守，皆封列侯。天子命公承制封拜諸侯守相。冬十月，始置名號侯至五大夫，與舊列侯、關內侯凡六等，以賞軍功。十一月，魯自巴中將其餘眾降。封魯及五子皆為列侯。劉備襲劉璋，取益州，遂據巴中；遣張郃擊之。十二月，公自南鄭還，留夏侯淵屯漢中。

譯文

建安二十年（二一五）正月，漢獻帝冊立曹公二女兒為皇后。……三月，曹公西征張魯，抵達陳倉，準備從武都郡進入氐族部落；氐族人擋住道路，曹公派張郃、朱靈等人進攻並擊敗他們。四月，曹公從陳倉出發，經大散關，到達河池縣。氐王竇茂帶領手下一萬多人，倚仗險要地勢，並不服從。五月，曹公向他們發動進攻，將他們全部誅殺。西平、金城將領麴演、蔣石等殺了韓遂，把首級獻給曹公。七月，曹公到達陽平。張魯讓他的弟弟張衛和部將楊昂佔據陽平關，沿山腰修築十多里長的城牆，曹軍難以攻克，便撤軍而走。賊兵見曹公領兵退走，便解除了防備。曹公暗中派解慓、高祚等人冒險乘夜偷襲，把敵軍打得大敗，殺了楊任，又攻打張衛，張衛等人連夜逃走。張魯潰不成軍，逃往巴中。曹公大軍進入南鄭縣，張魯府庫中的珍寶全被繳獲。巴郡、漢中郡全部投降。……八月，孫權圍攻合肥，被張遼、李典擊敗。九月，巴郡的七姓夷王朴胡、賨邑侯杜濩率巴地夷人和賨民前來歸附，於是把巴郡分為東西兩部分，讓朴胡作巴東太守，杜濩作巴西太守，都封為列侯。漢獻帝特許曹公可以秉承天子的意旨，分封諸侯和任命太守、國相。十月，開始設置直到五大夫的各種爵位，與以前的列侯、關內侯加在一起共六等，用來封賞有戰功的人。十一月，張魯從巴中率殘部來降。曹公封張魯及其五個兒子為列侯。劉備襲擊劉璋，奪取益州，佔領巴中；曹公派張郃前去征討。十二月，曹公自南鄭返回，留下夏侯淵駐守漢中。

賞析與點評

伏皇后及其家族遭受殘殺的事件，在歷史上極為罕見。這說明曹氏已完全漠視漢獻帝。這種光天化日下的暴行，讓天下人切齒憤怒。劉備、諸葛亮提出「興復漢室」，周瑜指斥曹操「名為漢相，實則漢賊」，都成為反曹的重要口號。強悍的曹公始終不能平定天下，在這裏可以找到一些啟示。

二十一年春二月，公還鄴。三月壬寅，公親耕籍田。夏五月，天子進公爵為魏王。代郡烏丸行單于普富盧與其侯王來朝。天子命王女為公主，食湯沐邑。秋七月，匈奴南單于呼廚泉將其名王來朝，待以客禮，遂留魏，使右賢王去卑監其國。八月，以大理鍾繇為相國。冬十月，治兵，遂征孫權，十一月至譙。

譯文

建安二十一年（二一六）二月，曹公回到鄴城。三月初三，他親自到籍田中耕種。五月，漢獻帝加封曹公為魏王。代郡烏丸代理單于普富盧和部下的侯王來朝見漢獻帝。獻帝封魏王的女兒為公主，讓她享有湯沐邑。七月，匈奴南單于呼廚泉率領他的名王來朝賀，魏王用客禮款待他們，並留他們住在魏國，讓右賢王去卑監管他們的國家。八月份，魏王任命大理鍾繇作魏國國相。十月，魏王訓練軍隊，然後征伐孫權，十一月到了譙縣。

二十二年春正月，王軍居巢，二月，進軍屯江西郝谿。權在濡須口築城拒守，遂逼攻之，權退走。三月，王引軍還，留夏侯惇、曹仁、張遼等屯居巢。夏四月，天子命王設天子旌旗，出入稱警蹕。五月，作泮宮。六月，以軍師華歆為御史大夫。冬十月，天子命王冕十有二旒，乘金根車，駕六馬，設五時副車，以五官中郎將丕為魏太子。

譯文

建安二十二年（二一七）正月，魏王駐軍居巢，二月進軍，駐紮在江西郝溪。孫權在濡須口修築城牆抵抗，魏王帶兵猛攻，孫權敗退。三月，魏王帶兵返回，留下夏侯惇、曹仁、張遼等人駐守居巢。四月，漢獻帝命令魏王使用天子專用的旌旗，出入時和皇帝一樣加強警戒，清理道上行人。五月，建造學宮。六月，魏王任命軍師華歆作魏國的御史大夫。十月，漢獻帝命令魏王冠冕上用只有皇帝才能用的十二根玉串，乘坐特製的金根車，套着六匹馬，配着五彩從車；同時，還任命五官中郎將曹丕為魏王的太子。

二十三年春正月，漢太醫令吉本與少府耿紀、司直韋晃等反[1]，攻許，燒丞相長史王必營，必與潁川典農中郎將嚴匡討斬之。……夏四月，代郡、上谷烏丸無臣氐等叛，遣鄢陵侯彰討破之。……秋七月，治兵，遂西征劉備，九月，至長安。冬十月，宛守將侯音等反，執南陽太守，劫略吏民，保宛。初，曹仁討關羽，屯樊城，是月使仁圍宛。

注釋

1這是漢朝官員最後反擊曹氏的嘗試。由於力量微弱，事件很快被平息了。

譯文

建安二十三年（二一八）正月，漢朝太醫令吉平與少府耿紀、司直韋晃等密謀反叛，偷襲許都，火燒丞相長史王必的兵營，王必和潁川典農中郎將嚴匡帶兵討伐，將他們全部斬首。……四月，代郡、上谷烏丸族無臣氏等人反叛，魏王派鄢陵侯曹彰領兵征討，擊敗他們。……七月，魏王訓練士兵，然後西征劉備，九月，到了長安。十月，宛城守將侯音等人反叛，擒獲南陽太守，搶劫官吏和百姓，據守宛城。當初，曹仁征討關羽，駐紮在樊城，這時便派了曹仁包圍宛城。

二十四年春正月，仁屠宛，斬音。夏侯淵與劉備戰於陽平，為備所殺。三月，王自長安出斜谷，軍遮要以臨漢中，遂至陽平。備因險拒守。夏五月，引軍還長安。秋七月，以夫人卞氏為王后。遣于禁助曹仁擊關羽。八月，漢水溢，灌禁軍，軍沒，羽獲禁，遂圍仁。使徐晃救之。九月，相國鍾繇坐西曹掾魏諷反免。冬十月，軍還洛陽。孫權遣使上書，以討關羽自效。王自洛陽南征羽，未至，晃攻羽，破之，羽走，仁圍解。王軍摩陂。

譯文　建安二十四年（二一九）正月，曹仁破宛城後進行大屠殺，侯音被斬首。夏侯淵與劉備在陽平開戰，被劉備殺死。三月，魏王從長安出兵經過斜谷，派出先頭部隊扼守險要之處，再向漢中進軍。劉備憑藉險要地勢抵抗。五月，魏王回師長安。七月，魏王的夫人卞氏被立為王后。魏王派于禁協助曹仁攻打關羽。八月，漢水氾濫，淹灌了于禁的軍隊，全軍覆沒後，于禁被活捉，關羽乘機包圍了曹仁。魏王派徐晃去救援。九月，魏相國鍾繇因為西曹掾魏諷謀反而被解職。十月，大軍回師洛陽。孫權派使者來送信，希望征討關羽以示自己的忠心。魏王從洛陽發兵南征關羽，大軍還未到，徐晃向關羽進攻，並將他打敗，關羽逃走，曹仁被解圍。魏王在摩陂駐紮。

二十五年春正月，至洛陽。權擊斬羽，傳其首。庚子，王崩于洛陽，年六十六。遺令曰：「天下尚未安定，未得遵古也。葬畢，皆除服。其將兵屯戍者，皆不得離屯部。有司各率乃職。斂以時服，無藏金玉珍寶。」謚曰武王。二月丁卯，葬高陵。

譯文　建安二十五年（二二〇）正月，魏王到洛陽。孫權打敗關羽並將他斬首，獻上了他的首級。正月二十三日，魏王在洛陽去世，終年六十六歲。遺命說：「天下還未安定，不能遵循古制。下葬以後，即便除去喪服。凡是帶兵在外戍守的將領，都不准離開駐守之地。官吏要各盡其職。裝殮用當時所穿的衣服，不要放金銀珠寶作陪葬。」魏王謚號為「武王」。二月二十一日，安葬在高陵。

賞析與點評

陳壽評曹操為「非常之人，超世之傑」，尚算恰當。曹操能擊敗袁紹，統一北方，並逼降劉表幼子劉琮，大有席捲天下之勢。可是，曹操終因急於求成，冒進江東，促使孫權、劉備合作，最後被周瑜等大敗於赤壁。晚年更為完成其篡位之準備，苛迫人主，屠殺伏后，使漢獻帝控訴說：「天下寧有是邪！」古人說：「得人心者得天下！」豈此等奸雄所能理解！

文帝紀

本篇導讀——

魏文帝曹丕（一八七——二二六）是曹操的次子，建安十六年（二一一）為五官中郎將、副丞相。二十二年，立為魏太子。曹操卒，嗣位為丞相、魏王，旋篡漢稱帝，國號魏，改元黃初。在位七年間，依陳羣建議，立九品中正制。他受父親的影響，亦擅長文學，〈燕歌行〉二首為我國文人七言詩之始。學術上亦有成就，曾著《典論》一書，其中〈論文〉一篇更傳誦千古。政治上，文帝表現尚算不俗，可惜年壽較短，導致明帝繼位時年紀不大，造就了司馬懿輔政的機會。

文皇帝，諱丕，字子桓，武帝太子也。……太祖崩，嗣位為丞相、魏王。尊王后曰王太后。改建安二十五年為延康元年。……十月，……漢帝以眾望在魏，乃召羣公卿士，……乃為壇於繁陽。……王升壇即阼，……改延康為黃初，大赦。……十一月，……奉漢帝為山陽公，……追尊孝武王為孝武帝，尊王太后為皇太后。……二年三月，……初復五銖錢[1]。夏四月，初令郡國口滿十萬者，歲察孝廉一人；其有秀異，無拘戶口。秋八月，孫權遣使奉章，并遣于禁等還。丁巳，使太常邢貞持節拜權為大將軍，封吳王，加九錫。冬十月，……以穀貴，罷五銖錢。

注釋

1 五銖錢：漢武帝時開始鑄造的銅錢，二十四銖為一兩。後來被董卓廢止使用。

譯文

魏文帝，名丕，字子桓，魏武帝曹操的太子。……太祖死後，他繼位為丞相、魏王。尊魏王后為王太后。改建安二十五年為延康元年。……十月，……漢獻帝因人心歸屬於魏，便召集文武百官，把皇位禪讓給魏王，……於是在繁陽修築拜天的祭壇。……魏王登上祭壇，接受了皇位，……把年號延康改為黃初，大赦天下。……十一月，……尊漢獻帝為山陽公，……又追尊父親為武皇帝，尊稱母親卞氏為皇太后。……黃初二年（二二一）三月，……重新恢復使用五銖錢。四月，詔令各郡國：凡是戶口滿十萬的，每年推舉孝廉一人；如有優秀卓越之人，不受戶口限制。八月，孫權派使節送來奏章，並送回于禁等人。十九日，文帝派太常邢貞為特使，封孫權為吳王，賞賜九錫。十月，……因為穀物價貴，停止使用五銖錢。

三年春正月，……詔曰：「今之計、孝，古之貢士也；十室之邑，必有忠信，若限年然後取士，是呂尚、周晉不顯於前世也。其令郡國所選，勿拘老幼；儒通經術，吏達文法，到皆試用。有司糾故不以實者。」二月，鄯善、龜茲、于闐王各遣使奉獻，詔曰：「西戎即敍，氐、羌來王，詩、書美之。頃者西域外夷並款塞內附，其遣使者撫勞之。」是後西域遂通，置戊己校尉[1]。……五月，以荊、揚、江表八郡為荊州，孫權領牧故也；荊州江北諸郡為郢州。閏月，孫權破劉備於夷陵。初，帝聞備兵東下，與權交戰，樹柵連營七百餘里，謂羣臣曰：「備不曉兵，豈有七百里營可以拒敵者乎！『苞原隰險阻而為軍者為敵所禽』，此兵忌也。孫權上事今至矣。」後七日，破備書到[2]。……九月甲午，詔曰：「夫婦人與政，亂之本也。自今以後，羣臣不得奏事太后[3]，后族之家不得當輔政之任，又不得橫受

茅土之爵；以此詔傳後世，若有背違，天下共誅之。」庚子，立皇后郭氏。賜天下男子爵人二級；鰥寡篤癃及貧不能自存者賜穀。

注釋

1漢末大亂，中國與西域交通中斷，至今重新恢復。2劉備戰敗，從此蜀漢政權再沒重奪荊州。3後來司馬懿發動政變，攫取大權，就是通過郭太后達成的。

譯文

黃初三年（二二二）正月五日，……文帝發佈詔令：「現在的計吏、孝廉，就是古代的貢士；十戶的村鎮，一定會有忠信的人，如果限制年齡來取士，那麼姜太公呂尚、周太子晉就不會在前代獲得顯赫的功業。特令各郡國選士，不分老幼；只要儒生通曉經術，吏士明達文法，都可以試用。官府檢舉那些推薦不實的人。」二月，鄯善、龜茲、于闐各族首領都派使臣來進獻貢品，文帝下詔說：「從前西戎各國臣服，氐族、羌族來朝稱臣，《詩》、《書》都大為讚美。現在西域各族都來到邊塞，請求歸附，特派使者去慰勞、安撫。」以後，便再與西域通好，設置戊己校尉。……五月，把荊、揚以及長江以南的八郡合併為荊州，孫權任荊州牧。荊州江北各郡歸郢州。閏六月，孫權在夷陵打敗了劉備。當初，文帝聽說劉備大軍東下，與孫權交戰，圍柵欄連接營寨七百多里，便對羣臣說：「劉備不懂兵法，難道有用七百里連營抵抗敵軍的嗎？『在大片低洼和險要地區駐紮軍隊的，容易被敵人擒獲』，這是兵家大忌。孫權的捷報馬上就要到了。」七天後，孫權打敗劉備的奏書果然到了。……九月三日，文帝下詔說：「婦人參政，是禍亂的根源。從今以後，大臣不得對太后奏報政事，外戚不能在朝中擔任輔政的職務，也不能無故接受封爵；把這條法令傳給後世，如果有人違背了，天下共誅之。」九日，立郭氏為皇后。賞賜全國男子進爵二級；鰥夫、寡婦、病重、殘疾和貧苦難以生活的人，國家賜給糧食。

賞析與點評

曹丕篡位後以鞏固新政權為首要，不急於發動統一戰爭。其時，劉備為報關羽被殺之仇，與孫權爭奪荊州，雙方關係極為惡劣。結果劉備大敗，最後在白帝城駕崩，繼任的後主劉禪由諸葛亮輔助，才重修與東吳的關係。曹丕控制北方，坐觀孫劉成敗，形勢較敵人為優勝。

五年春正月，初令謀反大逆乃得相告，其餘皆勿聽治；敢妄相告，以其罪罪之。……夏四月，立太學，制五經課試之法，置春秋穀梁博士。五月，有司以公

卿朝朔望日，因奏疑事，聽斷大政，論辨得失。……冬十一月庚寅，以冀州饑，遣使者開倉廩振之。……十二月，詔曰：「先王制禮，所以昭孝事祖，大則郊社，其次宗廟，三辰五行，名山大川，非此族也，不在祀典。叔世衰亂，崇信巫史，至乃宮殿之內，戶牖之間，無不沃酹，甚矣其惑也。自今，其敢設非祀之祭，巫祝之言，皆以執左道論，著於令典。」

譯文

黃初五年（二二四）正月，詔命天下揭發和控告只限謀反的大逆不道之罪，其餘罪名不再受理；有敢誣陷別人的人，就用他誣陷別人的罪行來懲治他。……四月，設立太學，制定五經考試的方法，設置《春秋穀梁傳》博士。五月，有關部門制訂在初一、十五兩天，大臣朝見皇帝時，上奏有疑問的事情，聽取決斷大政方針，議論朝政得失。……十一月十一日，因為冀州發生饑荒，派使者開倉放糧，賑濟飢民。……十二月，文帝發佈詔令說：「先王制定祭祀的禮規，是為了表明對祖先的孝順，重大的到郊社去祭祀，其次到宗廟中去祭祀，日月星辰、名山大川，祀典中不包括它們。末世衰微，迷信巫史，以至於宮殿內，門窗間，到處置酒祭祀，迷惑眾人已經到了不能容忍的地步。自今以後，有人敢舉行不該舉行的祭祀，以及巫祝的活動，一律當作旁門邪道論處，把此令寫入法律條文。」

七年夏五月丙辰，帝疾篤，召中軍大將軍曹真、鎮軍大將軍陳羣、征東大將軍曹休、撫軍大將軍司馬宣王[1]，並受遺詔輔嗣主。遣後宮淑媛、昭儀已下歸其家。丁巳，帝崩於嘉福殿，時年四十。……初，帝好文學，以著述為務，自所勒成垂百篇。又使諸儒撰集經傳，隨類相從，凡千餘篇，號曰《皇覽》。

注釋

1 司馬宣王：即司馬懿，他是曹丕的親信。這次奉遺召輔政，是司馬氏篡奪曹魏政權的轉折點之一。

譯文

黃初七年（二二六）五月十六日，文帝病勢垂危，召見中軍大將軍曹真、鎮軍大將軍陳羣、征東大將軍曹休、撫軍大將軍司馬懿，他們一齊領受遺詔，輔助繼位的幼主。把後宮中淑媛、昭儀以下的嬪妃遣送回家。十七日，文帝在嘉福殿駕崩，終年四十歲。……當初，文帝愛好文學，以著述為業，自己的作品近百篇。又命令眾儒生收集經傳，按類排列在一起，合共一千多篇，稱為《皇覽》。

賞析與點評

陳壽很稱讚曹丕的文學才華，他的〈典論．論文〉和〈燕歌行〉在文學史上佔有重要地位。曹丕稱帝後，多次對其親兄弟加以迫害。除毒死曹彰外，對曹植也不曾放過。心胸狹窄，手段殘忍，使曹魏政權欠缺宗藩的屏衛，而其信任的司馬懿得以執掌軍政大權。司馬懿老謀深算，把握了這個可乘之機。曹魏政權的短速，與此關係最大。

明帝紀

本篇導讀——

魏明帝曹叡（二〇五—二三九）是曹魏第二任皇帝，即位時只有十七歲。即位之初，即為生母甄夫人恢復名譽，並追封為文昭皇后。在位共十八年，軍國大事多倚重宗室曹真。自曹真死後，軍事上便完全倚重司馬懿。他一生大興土木，留意玩飾，給魏國經濟造成沉重負擔。他也擅詩文，長於樂府，但成就及不上祖父和父親。魏國政權的逐漸旁落，本篇中已能找到一些蛛絲馬跡。

明皇帝諱叡，字元仲，文帝太子也。……黃初三年為平原王，以其母誅[1]，故未建為嗣。七年夏五月，帝病篤，乃立為皇太子。丁巳，即皇帝位，大赦。……癸未，追謚母甄夫人曰文昭皇后。

注釋

1 其母誅：明帝生母甄氏失寵，被曹丕處死。

譯文

明皇帝名叡，字元仲，是文帝曹丕所立的太子。……黃初三年（二二〇），被封為平原王，由於生母甄氏被文帝賜死，他未被確立為繼嗣。……黃初七年（二二六）五月十六日，文帝病危，才被正式冊封為太子。次日文帝駕崩，叡遂即位。詔令大赦天下。……六月十四日，追謚生母甄夫人為文昭皇后。

賞析與點評

明帝的生母甄氏，被曹丕以私怨處死。曹叡繼位後為她恢復名譽，盡了一個兒子應盡的責任。這位甄后國色天姿、雍容懿雅，關於她的傳聞特別多，其中之一是曹植名篇〈洛神賦〉所擬寫的神人，為曹魏政權增添了淒美的一頁。甄氏原來是袁紹的媳婦，在曹操攻佔鄴城後，被迫改嫁給曹丕。《世說新語・惑溺》篇說：「甄后惠而有色，先為袁熙妻，甚獲寵。曹公之屠鄴也，令疾召甄，左右白：「五官中郎已將去。」公曰：「今年破賊正為奴。」……《魏氏春秋》曰：

「五官將納熙妻也，孔融與太祖書曰：『武王伐紂，以妲己賜周公。』太祖以融博學，真謂書傳所記。後見融問之，對曰：『以今度古，想其然也。』」

太和元年春正月，郊祀武皇帝以配天，宗祀文皇帝於明堂以配上帝。……二月辛未，帝耕於籍田。辛巳，立文昭皇后寢廟於鄴。……夏四月乙亥，行五銖錢。……十一月，立皇后毛氏。……十二月，……新城太守孟達反，詔驃騎將軍司馬宣王討之。

譯文

太和元年（二二七）正月，明帝去郊外祭天，以太祖武皇帝配享；又率宗族在明堂奉祀天帝，以文皇帝配享。……二月五日，明帝以示重農，鼓勵農耕，照例在這天到屬於他名下的籍田中從事象徵性的耕作勞動。十五日，詔令在鄴城修建文昭皇后寢廟。……四月十日，發行五銖錢。……十一月，立毛氏為皇后。……十二月，……新城太守孟達叛亂，詔令驃騎將軍司馬懿討伐。

二年春正月，宣王攻破新城，斬達，傳其首。……蜀大將諸葛亮寇邊，天水、南安、安定三郡吏民叛應亮。遣大將軍曹真都督關右，並進兵。右將軍張郃擊亮於街亭[1]，大破之。亮敗走，三郡平。……夏六月，詔曰：「尊儒貴學，王教之本也。自頃儒官或非其人，將何以宣明聖道？其高選博士，才任侍中常侍者。申敕郡國，貢士以經學為先。」……冬十二月，諸葛亮圍陳倉，曹真遣將軍費曜等拒之。

注釋

1街亭之戰，蜀軍因蜀將馬謖違背諸葛亮的部署，招致慘敗。

譯文

太和二年（二二八）正月，司馬懿率兵攻破新城，斬殺叛將孟達，首級送往京師。……蜀國丞相諸葛亮率部侵犯邊境，天水、南安、安定三郡的官吏和百姓皆叛變，歸順諸葛亮。明帝派大將軍曹真督師出兵關右，又派右將軍張郃在街亭進攻諸葛亮，蜀軍大敗，退回漢中，於是三郡重新平定。……六月，明帝下詔說：「尊崇儒學，重視學者，是推行王道教化的根本。近來，有些儒官很不稱職，像這樣何以傳播聖道？惟有通過嚴格選拔的博學之士，才可以擔任侍中、散騎常侍。今特告天下：今後向朝廷舉薦的人才必以精通儒家經典為先決條件。」……十二月，諸葛亮率蜀軍包圍陳倉。大將軍曹真遣將軍費曜等人帶兵阻擊。

賞析與點評

曹叡主要面對蜀漢諸葛亮在關中的威脅。當時主將曹真較有軍事經驗，成功地抵御了對方的攻擊，最後出現了「諸葛亮揮淚斬馬謖」的一幕悲劇。

三年冬十月，改平望觀曰聽訟觀。帝常言「獄者，天下之性命也」，每斷大獄，常幸觀臨聽之。……四年春二月壬午，詔曰：「世之質文，隨教而變。兵亂以來，經學廢絕，後生進趣，不由典謨。豈訓導未洽，將進用者不以德顯乎？其郎吏學通一經，才任牧民，博士課試，擢其高第者，亟用；其浮華不務道本者，皆罷退之。」戊子，詔太傅三公：以文帝《典論》刻石，立於廟門之外。……冬十二月辛未，改葬文昭甄后於朝陽陵。丙寅，詔公卿舉賢良。

譯文

太和三年（二二九）十月，把平望觀改名為聽訟觀。明帝常說：「審理案件，關係天下人的性命。」因此，每逢審斷重大案件，他常親自前往聽訟觀審。……太和四年（二三〇）二月四日，明帝詔令說：「世上樸實有用的文章，都是深受王教的影響。自漢末戰亂以來，儒家經典衰微，年輕人的興趣和追求，也不放在經典的學習和研究上，這豈不是官府訓導不力，在官員的選拔任用上不重德行造成的嚴重後果嗎?官吏只有真正學通一部經典，其才識方可勝任管理百姓的能力。對博學高才者要嚴格考核，從中選拔真正的優秀者立即予以重用，而對那些華而不實的無能之輩，則一律予以罷退。」十日，明帝又傳令太傅三公，將文帝所著《典論》一書刻在石碑上，立於宗廟門外。……十二月，改葬文昭甄皇后於朝陽陵。二十三日，詔令公卿為朝廷舉薦賢良之人。

五年春正月，帝耕于籍田。三月，大司馬曹真薨。諸葛亮寇天水，詔大將軍司馬宣王拒之。……秋七月丙子，以亮退走，封爵增位各有差。……八月，詔曰：「古者諸侯朝聘，所以敦睦親親、協和萬國也。先帝著令，不欲使諸王在京都者，謂幼主在位，母后攝政，防微以漸，關諸盛衰也。朕惟不見諸王十有二載，悠悠之懷，能不興思！其令諸王及宗室公侯各將適子一人朝。後有少主、母后在宮者，自如先帝令，申明著於令。」

譯文

太和五年（二三一）正月，明帝舉行親自耕田的儀式。三月，大司馬曹真病死。諸葛亮率蜀軍進犯天水一帶，明帝詔令大將軍司馬懿帶兵抗擊。……七月六日，蜀軍自動回撤，有功將士受到加官進爵的獎勵。……八月，明帝下令：「古代諸侯們交往甚密，所以大家能和睦相處，各國也能相保安平。本朝先帝立下法令，不讓分到封地的諸王住在京都，說幼主在位，母后掌權，為了防止諸侯王篡位，這是關係到國家安危盛衰的大事。由於這個原因，我已有十二年沒見到各位諸侯王了。手足之情切切，怎能不讓我格外思念！今特令諸王及公侯各將其嫡子一人送到都城來見我。以後有少主、母后在宮中者，則仍按照先帝的法令。此規定申明天下並著之於典冊。」

賞析與點評

曹真死後，曹魏軍權便落在大將軍司馬懿手上。對其日後獨攬大權，這是一個關鍵的時刻。

六年春二月，詔曰：「古之帝王，封建諸侯，所以藩屏王室也。詩不云乎，

『懷德維寧，宗子維城』。秦、漢繼周，或彊或弱，俱失厥中。大魏創業，諸王開國，隨時之宜，未有定制，非所以永為後法也。其改封諸侯王，皆以郡為國。」三月癸酉，行東巡，所過存問高年鰥寡孤獨，賜穀帛。

譯文

太和六年（二三二）二月，明帝詔令說：「古代的帝王分封自己的兄弟親族為四方諸侯，故而他們能齊心協力拱衛王室。大魏王朝創業之初，全是靠諸王奮力打天下。當時的分封都是依據實際決定的，並無定制，也不足以為後世效法。今決定將諸王改封為諸侯王，各以自己所管轄的郡為諸侯國。」三月七日，明帝東巡，所經之處，沿途慰問老年人、鰥夫、寡婦、孤兒和年老無依的人，並賜給穀物和衣帛。

青龍二年夏四月，……諸葛亮出斜谷，屯渭南，司馬宣王率諸軍拒之。詔宣王：「但堅壁拒守以挫其鋒，彼進不得志，退無與戰，久停則糧盡，虜略無所獲，則必走矣。走而追之，以逸待勞，全勝之道也。」五月，……孫權入居巢湖口，向合肥新城，又遣將陸議、孫韶各將萬餘人入淮、沔。六月，征東將軍滿寵進軍拒之。……秋七月壬寅，帝親御龍舟東征，權攻新城，將軍張穎等拒守力戰，帝軍未至數百里，權遁走，議、韶等亦退。羣臣以為大將軍方與諸葛亮相持未解，車駕可西幸長安。帝曰：「權走，亮膽破，大將軍以制之，吾無憂矣。」遂進軍幸壽春，錄諸將功，封賞各有差。八月，……司馬宣王與亮相持，連圍積日，亮數挑戰，宣王堅壘不應。會亮卒，其軍退還。……三年春正月戊子，以大將軍司馬宣王為太尉。……是時，大治洛陽宮，起昭陽、太極殿，築總章觀。[1]百姓失農時，直臣楊阜、高堂隆等各數切諫，雖不能聽，常優容之。……四年夏四月，置崇文觀，徵善屬文者以充之。

注釋

1 明帝濫用民力，大興工役，給魏國政權產生了很壞的影響。

譯文

青龍二年（二三四）四月，……諸葛亮率大軍經由斜谷，進駐渭南。司馬懿指揮魏軍迎戰，兩軍在渭水對峙。明帝傳詔司馬懿說：「我軍只要扼要據守，避免與蜀軍交鋒，使他們進不能攻，退不能戰，長期停留就會糧草不繼，四處搶掠也搶不到東西，最後只得退兵。我軍主動追擊，以逸待勞，必然大敗蜀軍！」五月，……東吳孫權率軍北上到達居巢湖，向合肥新城發起進攻；同時派將軍陸議、孫韶各帶一萬多人馬分別進入淮河和漢水。六月，征東將軍滿寵率部在新城抗擊吳軍。……七月十九日，明帝親乘龍舟率師出征。孫權軍隊圍攻新城多日，魏將張穎等拒守力戰，吳軍難以破城。聽聞明帝親率大軍而來，吳軍趕緊撤走了。孫權一退，陸議和孫韶兩路兵馬也不敢戀戰。魏國羣臣認為西邊渭水大將軍司馬懿正與諸葛亮重兵對峙難決勝負，皇帝可乘機西巡長安。明帝說：「孫權敗北，諸葛亮已魂不附身，西邊有大將軍就足夠，我不必再操心。」於是率大軍到壽春，對參戰諸將各記其功，論功行賞。八月，……大將軍司馬懿率魏軍與諸葛亮對峙曠日持久，蜀軍三番五次向魏軍挑戰，司馬懿只是緊閉營壘堅守不出。後來諸葛亮勞累過度，在軍中病逝，蜀軍才撤兵退還。……青龍三年（二三五）正月八日，任命大將軍司馬懿為太尉。……此時，明帝詔令大修洛陽宮，新建昭陽殿和太極殿，築總章觀。這樣大興土木，許多百姓貽誤農時而影響耕種。耿直的朝臣楊阜、高堂隆等人曾多次直諫，明帝雖未納諫，可他倒也和顏悅色對待諫臣。……青龍四年（二三六）四月，明帝詔令設置崇文觀，徵召天下善於撰寫文章的人進觀。

賞析與點評

在戰爭不斷的年代，曹叡好治宮室，大興土木，讓百姓罷弊不堪，動搖國家的基礎。曹魏政權不得民心，自然為司馬懿奪取大權提供更佳的機會。

景初元年六月，……有司奏：武皇帝撥亂反正，為魏太祖，樂用武始之舞。文皇帝應天受命，為魏高祖，樂用咸熙之舞。帝制作興治，為魏烈祖，樂用章斌之舞。三祖之廟，萬世不毀。其餘四廟，親盡迭毀，如周后稷、文、武廟祧之制。……二年春正月，詔太尉司馬宣王帥眾討遼東。……秋八月，……司馬宣王圍公孫淵於襄平，大破之，傳淵首於京都，海東諸郡平。……三年春正月丁亥，太尉宣王還至河內，帝驛馬召到，引入臥內，執其手謂曰：「吾疾甚，以後事屬君，君其與爽輔少子。吾得見君，無所恨！」宣王頓首流涕。即日，帝崩於嘉福殿，時年三十六。癸丑，葬高平陵。

譯文

景初元年（二三七）六月，……朝中主管禮樂的官員說：「武皇帝撥亂反正，是為魏國太祖，用武始舞作為祭樂。文皇帝順應天意，接受天命，是為魏國高祖，用咸熙舞為祭樂。陛下制禮作樂，大興文治，是為魏國烈祖，用章斌舞作為樂舞。這三祖的祭廟，萬代不毀。其餘四位祖先的祭廟，與在位皇帝的親屬關係疏遠後就銷毀更換，就好像周朝祭祀后稷、文王、武王的制度一樣。」……景初二年（二三八）正月，明帝下詔命太尉司馬懿統率大軍征討割據遼東的公孫淵。……八月，……太尉司馬懿揮師將公孫淵包圍在襄平，全殲敵軍，公孫淵的首級被砍下送到洛陽示眾。戰後，遼東，諸郡重歸屬於朝廷。……景初三年（二三九）正月初一，太尉司馬懿率師從遼東回到河內郡駐紮。明帝傳令以驛馬急召司馬懿入朝。待司馬懿匆匆趕到，馬上被引入內宮。明帝拉着他的手說：「我的病看來是沒治了。現在把後事託付給您。你和大將軍曹爽共同輔佐太子吧！死前能見到你，我沒甚麼遺憾了。」司馬懿磕頭流淚。當天，明帝在嘉福殿駕崩，年僅三十六歲。正月二十七日，安葬在高平陵。

三少帝紀　齊王芳　高貴鄉公髦　陳留王奐

本篇導讀——

齊王芳（二三二—二七四）八歲即位，二十三歲被廢。高貴鄉公髦（二四一—二六〇）十四歲即位，二十歲被弒。陳留王奐（二四六—三〇二）十五歲即位，二十歲禪位於司馬炎。自魏明帝駕崩至司馬氏建立晉朝，前後共二十七年，其間以正始十年正月的「高平陵之變」為分水嶺。前段曹氏宗室仍掌握相當實力。事變之後，司馬氏家族手握大權，改元嘉平，逐步鏟除殘餘的敵對力量。他們先後平定王淩、毌丘儉、諸葛誕的反叛，清除大臣李豐與皇后父張緝的反抗計劃，並廢曹芳、弒曹髦二帝。到了平定蜀漢，建立了重大功業後，便安排曹奐禪位，改國號晉。《晉書》卷四十九〈阮籍傳〉稱「魏晉之際，天下多故，名士鮮有全者」，便是指這個波譎雲詭、變幻莫測、紛亂如麻的時代。

齊王諱芳，字蘭卿。明帝無子，養王及秦王詢；宮省事祕，莫有知其所由來者。青龍三年，立為齊王。景初三年正月丁亥朔，帝甚病，乃立為皇太子。是日，即皇帝位，大赦。尊皇后曰皇太后。大將軍曹爽、太尉司馬宣王輔政。詔曰：「……諸所興作宮室之役，皆以遺詔罷之。」[1]……二月，西域重譯獻火浣布。

注釋

1 這個詔令由司馬懿提出。

譯文

齊王名芳，字蘭卿。明帝無子，抱養了齊王芳和秦王詢。此為宮中的祕密，無人知其底細。景初三年（二三九）正月初一，明帝病重，齊王被立為皇太子。這天明帝駕崩，曹芳登基稱帝，傳詔大赦天下，尊皇后為皇太后，大將軍曹爽和太尉司馬懿輔佐朝政。少帝下詔說：「……現在各項動工的宮殿臺閣，遵先帝遺詔一概罷免。」……二月，西域邊國通過多重翻譯，進獻火浣布。

正始元年春二月乙丑，加侍中中書監劉放、侍中中書令孫資為左右光祿大夫。[1]……二年春二月，帝初通《論語》，使太常以太牢祭孔子於辟雍[2]，以顏淵配。……五年春二月，詔大將軍曹爽率眾征蜀。……夏五月癸巳，講《尚書經》通。……九月，鮮卑內附，置遼東屬國，立昌黎縣以居之。……七年冬十二月，講《禮記》通。

注釋

1兩人都是司馬氏的支持者。2辟雍：太學。

譯文

正始元年（二四〇）二月十五日，加封侍中中書監劉放、侍中中書令孫資為左右光祿大夫。……正始二年（二四一）二月，皇帝稍能讀懂《論語》，派掌管宗祀禮儀的太常以豬、牛、羊作為祭品，在太學館祭祀孔子，以顏淵配享祭祀。……正始五年（二四四）二月，皇帝委派大將軍曹爽率兵征討西蜀。……五月十八日，天子學習了《尚書》。……九月，北方鮮卑部落南下歸附天子，朝廷把他們安置在遼東屬國，設立昌黎縣讓他們生活居住。……正始七年（二四六）十二月，天子通曉了《禮記》。

八年秋七月，尚書何晏奏曰：「善為國者必先治其身，治其身者慎其所習。所習正則其身正，其身正則不令而行；所習不正則其身不正，其身不正則雖令不從。是故為人君者，所與游必擇正人，所觀覽必察正象，放鄭聲而弗聽，遠佞人而弗近，然後邪心不生而正道可弘也。季末闇主，不知損益，斥遠君子，引近小人，忠良疏遠，便辟褻狎，亂生近暱，譬之社鼠；考其昏明，所積以然，故聖賢諄諄以為至慮。舜戒禹曰『鄰哉鄰哉』，言慎所近也，周公戒成王曰『其朋其朋』，言慎所與也。書云：『一人有慶，兆民賴之。』可自今以後，御幸式乾殿及游豫後園，皆大臣侍從，因從容戲宴，兼省文書，詢謀政事，講論經義，為萬世法。」[1]

注釋

1 何晏是曹爽親信，曾主持編纂《論語集解》。這篇奏章與周公旦的〈無逸〉相類似，都是勸勉年輕君主不要耽於逸樂。

譯文

正始八年（二四七）七月，尚書何晏上書說：「善於治理國家者必先修身，善於修身者則要謹慎選擇自己親近的人。親近的人正直則自身公正，自身公正則不令而行；親近的人不正直則自身也難於公正，自身不公正則雖令不行。所以作為人君，交遊必須選擇正人君子，觀覽時必須選看端正形象，拋棄淫蕩的靡靡之音，疏遠佞人而不去接近，然後可以不生邪心，專門弘揚正道。末代昏庸的帝王，不知利弊、排斥君子，寵倖小人、疏遠忠良、寵信佞邪，前人把這種帝王身邊仗勢作惡的小人，比作社廟中的老鼠。考察帝王的昏昧或聖明，就是把這些事情積累起來，所以聖賢對此諄諄教誨，認為是最大的憂慮。舜告誡大禹說『鄰哉鄰哉』，是說要謹慎選擇所親近的臣子。周公告誡成王說『孺子其朋，孺子其朋』，是說交遊時要謹慎，切忌朋黨。《書經》中說：『天子一人作善事，天下百姓都受到好處。』從今以後，陛下駕幸式乾殿以及到後園遊樂時，都由大臣陪同，在遊戲、宴飲的同時，可以閱覽文書，商議政事，回答陛下的詢問。還可以講解儒家經義。可以把這定為萬代的制度。」

賞析與點評

司馬懿奉遺詔與曹爽共同輔政，表面上地位不及曹爽，在最初數年也被迫稍作退讓，甚至裝病。事實上，這只是司馬懿以退為進的手段。他是在施展詭計以削弱敵人的警覺性，最後才伺機出擊，一舉殲滅對方。

嘉平元年春正月甲午，車駕謁高平陵。太傅司馬宣王奏免大將軍曹爽、爽弟

中領軍羲、武衛將軍訓、散騎常侍彥官，以侯就第。[1]戊戌，有司奏收黃門張當付廷尉，考實其辭，爽與謀不軌。又尚書丁謐、鄧颺、何晏、司隸校尉[2]畢軌、荊州刺史李勝、大司農桓範皆與爽通姦謀，夷三族。語在爽傳。丙午，大赦。丁未，以太傅司馬宣王為丞相，固讓乃止。

注釋

1 這次政變之後，司馬懿掌握了大權。2 司隸校尉：負責糾察京師百官及所管轄附近各郡官員，相當於州刺史。

譯文

嘉平元年（二四九）正月六日，少帝拜謁高平陵，太傅司馬懿乘機奏免大將軍曹爽和他的弟弟中領軍曹羲、武衛將軍曹訓、散騎常侍曹彥的官職。十日，根據司法官員的奏請，逮捕宦官張當，並送交廷尉。經審訊得出口供，稱曹爽圖謀不軌，尚書丁謐、鄧颺、何晏、司隸校尉畢軌、荊州刺史李勝、大司馬桓範等也參與其中，於是這些人全被處死，並誅滅三族。具體記載在〈曹爽傳〉裏。十八日，大赦天下。十九日，天子任命司馬懿為丞相，只因司馬懿極力推辭才作罷。

賞析與點評

高平陵事件是司馬懿全面將曹氏力量擊倒的一次軍事政變。自此以後，司馬氏逐步清除其殘餘勢力。其子司馬師、司馬昭承襲父親司馬懿的權力，把國內外的反對力量都一一加以清除。最後，司馬氏篡魏自立只是時間的問題。這便是俗語所說的「司馬昭之心，路人皆見」。

三年四月丙午，聞太尉王淩謀廢帝，立楚王彪，太傅司馬宣王東征淩。五月甲寅，淩自殺。六月，彪賜死。秋七月戊寅，太傅司馬宣王薨，以衛將軍司馬景王為撫軍大將軍，錄尚書事。……四年春正月癸卯，以撫軍大將軍司馬景王為大將軍。……冬十一月，詔征南大將軍王昶、征東將軍胡遵、鎮南將軍毌丘儉等征吳。十二月，吳大將軍諸葛恪拒戰，大破眾軍於東關。不利而還。

譯文

嘉平三年（二五一）五月三日，聽說太尉王淩預謀廢掉皇帝曹芳，改立楚王曹彪為皇帝，太傅司馬懿率軍東征王淩。五月十日，王淩自殺。六月，賜死楚王彪。七月五日，太傅司馬懿病死，任命衛將軍司馬師為撫軍大將軍，總領尚書事。……嘉平四年（二五二）正月二日，封撫軍大將軍司馬師為大將軍。……十一月，朝廷派遣征南大將軍王昶、征東將軍胡遵、鎮南將軍毌丘儉等率軍攻吳。十二月，東吳大將軍諸葛恪領兵反擊，在東關大敗魏軍。魏軍退還。

五年五月，吳太傅諸葛恪圍合肥新城，詔太尉司馬孚拒之。秋七月，恪退還。六年春二月庚戌，中書令李豐與皇后父光祿大夫張緝等謀廢易大臣，以太常夏侯玄為大將軍。事覺，諸所連及者皆伏誅。……秋九月，大將軍司馬景王將謀廢帝，以聞皇太后。甲戌，太后令曰：「皇帝芳春秋已長，不親萬機，耽淫內寵，沈漫女德。……」[1]是日遷居別宮，年二十三。……丁丑，令曰：「……高貴鄉公髦有大成之量，其以為明皇帝嗣。」

注釋

1 這正是「欲加之罪，何患無辭」的真實例子。

譯文

嘉平五年（二五三）五月，東吳太傅諸葛恪領兵圍攻合肥新城。朝廷派太尉司馬孚督師增援，七月，諸葛恪退兵。嘉平六年（二五四）二月二十二日，中書令李豐與皇后的父親光祿大夫張緝等人密謀廢除並更換輔政大臣，讓太常夏侯玄當大將軍。事情敗露後，所有參與者都被誅殺。……九月，大將軍司馬師謀劃廢少帝曹芳而另立新帝，將計劃告訴皇太后。十六日，皇太后下詔說：「皇帝曹芳年齡已大，不理國事，沉溺內寵，流連女色。……」即日遷到別宮居住，當時他二十三歲。……十九日，皇太后又下詔說：「……高貴鄉公曹髦有成就大業的氣量，特詔命他為明帝的繼承人。」

賞析與點評

由於齊王芳年紀漸長，開始表現出不受司馬氏控制的行為。因此，司馬氏便假借皇太后的懿旨，指帝「春秋已長，不親萬機，耽淫內寵，沉漫女德」而將他廢免。

高貴鄉公諱髦，字彥士，文帝孫，東海定王霖子也。……少好學，夙成。齊王廢，公卿議迎立公。十月庚寅，……即皇帝位於太極前殿，百僚陪位者欣欣焉。……及罷尚方御府百工技巧靡麗無益之物。……正元元年冬十月壬辰，遣侍中持節分適四方，觀風俗，勞士民，察冤枉失職者。癸巳，假大將軍司馬景王黃鉞，入朝不趨，奏事不名，劍履上殿。

譯文

高貴鄉公名髦，字彥士，魏文帝的孫子，東海定王曹霖的兒子。⋯⋯他自幼勤勉，學業早成。齊王曹芳被廢後，百官商議迎立為皇帝。十月五日，⋯⋯他在太極前殿正式登基稱帝，朝中百官都很高興。⋯⋯曹髦下令削減天子的車馬服飾和後宮費用，並罷除宮廷及官府中的無用之物。⋯⋯正元元年（二五四）十月七日，曹髦派身邊的一批侍從官員到國內各地巡視，代表天子了解各地人情世故，慰問地方官員和百姓，同時調查有無冤案和官員失職的情況。八日，授予大將軍司馬師朝拜時不必小步快走，向君王奏事時只稱官職不直呼姓名，還可以佩劍、穿鞋上殿。

二年春正月乙丑，鎮東將軍毌丘儉、揚州刺史文欽反。戊寅，大將軍司馬景王征之。⋯⋯閏月己亥，破欽於樂嘉。欽遁走，遂奔吳。甲辰，安風津都尉斬儉，傳首京都。⋯⋯司馬景王薨於許昌。二月丁巳，以衛將軍司馬文王為大將軍，錄尚書事。⋯⋯八月辛亥，蜀大將軍姜維寇狄道，雍州刺史王經與戰洮西，經大敗，還保狄道城。辛未，以長水校尉鄧艾行安西將軍，與征西將軍陳泰并力拒維。戊辰，復遣太尉司馬孚為後繼。九月庚子，講《尚書》業終，賜執經親授者司空鄭沖、侍中鄭小同[1]等各有差。甲辰，姜維退還。

注釋

1 鄭小同：經學大師鄭玄的嫡孫。

譯文

正元二年（二五五）正月十二日，鎮東將軍毌丘儉、揚州刺史文欽反叛。二十五日，大將軍司馬師督師討伐。……閏正月十六日，司馬師在樂嘉打敗文欽，文欽兵敗逃往吳國。二十一日，安鳳津都尉殺死毌丘儉，並將其首級送到京都。……大將軍司馬師此時病死在許昌。二月五日，提升他的弟弟衞將軍司馬昭為大將軍，總領尚書事務。……八月二日，西蜀大將姜維率師進犯狄道，雍州刺史王經領兵在洮西迎戰，大敗，只好退守狄道城。二十三日，朝廷任命長水校尉鄧艾代理安西將軍，與征西將軍陳泰聯兵抗蜀。九月十九日，又派太尉司馬孚率精鋭部隊增援。九月二十一日，皇帝曹髦學完《尚書》，對執經講課的司空鄭沖、侍中鄭小同等人分別予以賞賜。二十五日，姜維帶兵退回蜀地。

甘露元年夏四月庚戌，賜大將軍司馬文王兗冕之服，赤舄副焉。丙辰，帝幸太學，問諸儒曰：「……夏有《連山》，殷有《歸藏》，周曰《周易》，《易》之書，其故何也？」易博士淳于俊對曰：「包羲因燧皇之圖而制八卦，神農演之為六十四，黃帝、堯、舜通其變，三代隨時，質文各繇其事。故易者，變易也[1]，名曰《連山》，似山出內雲氣，連天地也；歸藏者，萬事莫不歸藏於其中也。」……講《易》畢，復命講《尚書》……《禮記》。秋七月癸未，安西將軍鄧艾大破蜀大將姜維於上邽，詔曰：「兵未極武，醜虜摧破，斬首獲生，動以萬計，自頃戰克，無如此者。今遣使者犒賜將士，大會臨饗，飲宴終日，稱朕意焉。」八月庚午，命大將軍司馬文王加號大都督，奏事不名，假黃鉞。癸酉，以太尉司馬孚為太傅。

注釋

1 除變易外，易還有簡易和不變兩層意思。

譯文

甘露元年（二五六）四月四日，皇帝特賜大將軍司馬昭穿戴與天子同樣的龍袍王冠，另有紅色的鞋子相配。十日，皇帝來到太學，問學者們：「……夏時稱《連山》，殷代稱《歸藏》，周朝又稱《周易》。《易經》這部書，到底是怎麼回事？」《易經》博士淳于俊回答說：「包羲氏在燧皇之圖基礎上製作八卦，神農氏又演進為六十四卦。黃帝、堯帝、舜帝都通其變化，三代隨時制宜，繁簡各由其事。所以稱『易』，就是變易。稱為《連山》，是好比高山出納雲氣，連接天地；《歸藏》指萬事全部歸藏於其中。」……講完《易經》，天子又命學者們講《尚書》……《禮記》。七月九日，安西將軍鄧艾在上封大勝蜀將姜維。天子下詔說：「我軍並未投入全部的力量，已經大勝蜀寇。戰場上殺死和擒獲的敵兵，不下一萬。最近的勝利，沒有像這麼的大。現在，派遣使者犒賞將士，為他們舉行盛大的宴會，讓他們整天開懷暢飲，來表達我的心意。」八月二十六日，加封大將軍司馬昭為大都督，給他上朝奏事時只稱官職不直呼姓名，並授予他統領全國兵馬和京師諸軍的黃金大斧。二十九日，任命太尉司馬孚為太傅。

二年夏五月辛未，帝幸辟雍，會命羣臣賦詩。侍中和逌、尚書陳騫等作詩稽留，有司奏免官，詔曰：「吾以暗昧，愛好文雅，廣延詩賦，以知得失，而乃爾紛紜，良用反仄。其原逌等。主者宜敕自今以後，羣臣皆當玩習古義，脩明經典，稱朕意焉。」乙亥，諸葛誕不就徵，發兵反，殺揚州刺史樂綝。

譯文

甘露二年（二五七）五月一日，天子來到太學，命羣臣賦詩。侍中和逌、尚書陳騫等人作詩時拖延時間，掌管文化教育的朝官奏免他們的官職。皇上說：「我是不太聰明的人，卻比較愛好風雅，今天讓羣臣即席吟詠，不過是想從中了解朝政的得失。但你們不能理解我的意圖，説得不着邊際。這次就原諒了和逌等人，從今以後羣臣都應認真鑽研古書的含義，弄明經典的意旨，這樣我才會高興。」五日，諸葛誕不受司空之職，拒絕入朝，擁兵反叛，並殺了揚州刺史樂綝。

三年春二月，大將軍司馬文王陷壽春城，斬諸葛誕。……夏五月，命大將軍司馬文王為相國，封晉公，食邑八郡，加之九錫，文王前後九讓乃止。……秋八月丙寅，詔曰：「夫養老興教，三代所以樹風化垂不朽也，必有三老、五更[1]以崇至敬，乞言納誨，著在惇史[2]，然後六合承流，下觀而化。宜妙簡德行，以充其選。關內侯王祥，履仁秉義，雅志淳固。關內侯鄭小同，溫恭孝友，帥禮不忒。其以祥為三老，小同為五更。」車駕親率羣司，躬行古禮焉。……五年夏四月，詔有司率遵前命，復進大將軍司馬文王位為相國，封晉公，加九錫。五月己丑，高貴鄉公卒[3]，年二十。

注釋

1 三老、五更：司馬氏是河內郡的世家大族，比較重視名教。三老本來是掌教化的鄉官，五更是給予年高有德的人的榮譽性稱號。天子把三老視為父親，把五更視為兄長，以向天下顯示孝順和友愛。2 惇史：有德行者的言行記錄。3 司馬氏掌握大權，激發曹髦率領僮僕反抗，最後被司馬昭親信賈充的手下成濟所弒。

譯文

甘露三年（二五八）二月，大將軍司馬昭攻克壽春，斬殺諸葛誕。……五月，任命大將軍司馬昭為相國，封晉公，食邑為八郡，加九錫之禮。大將軍前後辭讓九次才算作罷。……八月四日，天子下詔說：「尊崇有德行的老人，推行教化，這是古代堯、舜、禹三代樹立風範垂之不朽的仁政。朝廷理應推舉德高望重的三老、五更給予極高的榮譽，請他們對國家大事和朝政得失予以指導，把他們的德行言語記錄下來，然後全國都仿效他們，便可以收到教化之功。現在我們就該找出這樣仁德兼備的長者，來作為三老、五更的人選。關內侯王祥，歷來以仁、義的標準修身處事，溫文爾雅；關內侯鄭小同，溫良恭儉，依禮而行，都是當今著名的賢者。朝廷決定推舉王祥為三老，鄭小同為五更。」詔令發佈後，天子親率有關朝臣，按照古代的習慣舉行聘任禮儀。……甘露五年（二六〇）四月，皇帝曹髦詔令有關部門按照前面的決定，再次宣佈由大將軍司馬昭出任相國之職，封晉公，加九錫之禮。這年五月十三日，高貴鄉公曹髦死亡，年僅二十歲。

賞析與點評

曹髦年十四繼位，頗能好學。當年歲漸長，深感大權旁落，政由司馬氏出。可惜曹氏大勢已去，一木難撐大廈之將傾，結果被司馬氏的親信賈充帶領成濟弒君，「刃出於背」。最後，為虎作倀的成濟成了代罪羔羊。這種情況，在歷史上也不是第一次。曹髦的失敗可能對康熙帝有所啟發，使他終於能一舉擒捕當時權傾朝野的鰲拜。

陳留王諱奐，字景明，武帝孫，燕王宇子也。甘露三年，封安次縣常道鄉公。高貴鄉公卒，公卿議迎立公。六月甲寅，入於洛陽，見皇太后，是日即皇帝位於太極前殿，大赦，改年，賜民爵及穀帛各有差。景元元年夏六月丙辰，進大將軍司馬文王位為相國，封晉公。……四年冬十月甲寅，復命大將軍進位爵賜一如前詔。……十一月，大赦。自鄧艾、鍾會率眾伐蜀，所至輒克。是月，蜀主劉禪詣艾降，巴蜀皆平。十二月庚戌，以司徒鄭沖為太保。壬子，分益州為梁州。癸丑，特赦益州士民，復除租賦之半五年。乙卯，以征西將軍鄧艾為太尉，鎮西將軍鍾會為司徒。

譯文

陳留王名奐，字景明，魏武帝的孫子，燕王曹宇的兒子。甘露三年（二五八）被封為安次縣常道鄉公。高貴鄉公死後，朝中百官商議迎他承嗣帝位。六月二日，他來到洛陽，見皇太后，同日在太極前殿正式登基稱帝。接着大赦天下，改年號甘露為景元，對眾人按爵位不同分別予以賞賜。景元元年（二六〇）六月四日，天子拜大將軍司馬昭為相國，封晉公。……景元四年（二六三）十月，天子下詔封大將軍司馬昭為晉公，拜相國，加九錫之禮。……十一月，大赦天下。自鄧艾、鍾會率師伐蜀，魏軍幾乎所向披靡。就在這個月，蜀帝劉禪到鄧艾軍中請降，西蜀被平定了。十二月十九日，朝廷任司徒鄭沖為太保。二十一日，從益州劃出一部分設梁州。二十二日，朝廷特赦益州士民，五年內免除他們一半的租賦。二十四日，任命征西將軍鄧艾為太尉，鎮西將軍鍾會為司徒。

咸熙元年春正月壬戌，檻車徵鄧艾。……是月，鍾會反於蜀，為眾所討；鄧艾亦見殺[1]。二月辛卯，特赦諸在益土者。……三月己卯，進晉公爵為王，封十郡，并前二十。丁亥，封劉禪為安樂公。……九月戊午，以中撫軍司馬炎為撫軍大將軍。……冬十月丙午，命撫軍大將軍新昌鄉侯炎為晉世子。是歲，罷屯田官[2]以均政役，諸典農皆為太守，都尉皆為令長；勸募蜀人能內移者，給廩二年，復除二十歲。

注釋　1鄧艾、鍾會被殺，可參看本書〈鄧艾傳〉。2屯田雖有助農業恢復，但對屯民不利，減弱了生產的積極性，所以當平定蜀漢後，便結束了它的歷史任務。

譯文　咸熙元年（二六四）正月初一，詔令用囚車押送鄧艾回京都洛陽。……鍾會這時在蜀地反叛，遭到其他將領的討伐。鄧艾在押往洛陽的途中被殺。二月初一，朝廷特赦益州境內的土著人。……三月十九日，加封大將軍、晉公司馬昭為晉王，增加食邑十郡，連同以前達二十郡。二十七日，封前蜀主劉禪為安樂公。……九月初一，任命中撫軍司馬炎為撫軍大將軍。……十月二十日，詔命撫軍大將軍新昌鄉侯司馬炎為晉王世子。這一年，朝廷撤銷各地的屯田行政機構，罷免屯田官改任相應的職務。原任典農都改為太守，諸典農都尉皆為縣令、長。又在蜀地勸募移民遷往內地，由官府供給兩年的生活用糧，並在二十年內不徵賦稅。

咸熙二年五月，……命晉王冕十有二旒，建天子旌旗，出警入蹕。……

癸未，大赦。秋八月辛卯，相國晉王薨。壬辰，晉太子炎紹封襲位，總攝百揆。……十二月壬戌，天祿永終，曆數在晉。詔羣公卿士具儀設壇於南郊，使使者奉皇帝璽綬冊，禪位於晉嗣王，如漢魏故事。

譯文

咸熙二年（二六五）五月，天子特許晉王配戴只有皇帝戴的前後有十二根玉串的冠冕，使用天子的旗幟，出入有御林軍沿途警衛並禁止路人通行。三十日，大赦天下。八月九日，晉王、相國司馬昭死去。十日，晉太子司馬炎繼承王位，統領百官，獨攬朝政。十二月十三日，曹魏王朝的天命已經終結，曆數已移在晉國。天子詔令羣臣商議在京師南郊舉行祭天儀式，又派遣特使捧着皇帝的玉璽、綬帶和詔書正式禪位於晉嗣王，如同當初漢獻帝禪位給曹氏一樣。

賞析與點評

曹奐的繼位只是司馬昭的一個權宜之計，最終也改變不了禪代的歷史進程。曹操以庶族身份在漢末崛起，藉權謀和殘殺手段統一北方，再經曹丕的猜忌宗藩、明帝的濫徵民力，國家的基礎本來就不夠穩固。加上過於倚重出身大族、老謀深算的司馬懿，結果只能拱手讓出政權，將漢帝禪位的故事再重演一次。

袁紹傳　劉表傳

本篇導讀——

袁紹（?——二〇二）家世顯赫，四世三公，門生故吏遍天下。少有清名，與曹操友善，辟為大將軍何進掾，為侍御史等職。靈帝中平五年（一八八）置西園八校尉，任中軍校尉，典領禁兵。後與何進謀誅宦官，事泄，何進被殺，紹帶兵入宮盡殺宦官，濫及無辜。董卓入京廢少帝，袁紹逃至冀州，為關東軍盟主以討卓。其後，攻弱兼昧，控制了冀、青、幽、并四州。最後，在官渡之戰大敗於曹操，兩年後病逝。袁氏從弟袁術，子袁譚、袁熙、袁尚，外甥高幹在建安年間皆擁重兵，是當時最具實力的軍事集團，但由於內部爭鬥不斷，最後全被殲滅。

劉表（一四二——二〇八）是漢末名士，為「八俊」之一。初以大將軍掾為北軍中候。靈帝崩，代王叡為荊州刺史。獻帝時任荊州牧，保守一方，愛民養士，帶甲十餘萬，依違於袁紹與曹操之間，以觀天下之變。官渡之戰後，收容劉備，卻忌其才，遂安置劉備於新野，多年不予重用。晚年寵愛次子劉琮，以為嗣子。他在曹操率大軍南下荊州時病逝，劉琮遂主動降操。荊州是兵家必爭之地，日後劉備和孫權兩大集團火併，都是為了爭奪荊州。

袁紹字本初，汝南汝陽人也。高祖父安，為漢司徒。自安以下四世居三公位，由是勢傾天下[1]。紹有姿貌威容，能折節下士，士多附之，太祖少與交焉。以大將軍掾為侍御史[2]，稍遷中軍校尉，至司隸。

注釋

1 勢傾天下：由於門生故吏遍天下，社會影響巨大。2 侍御史：負責督察百官的違法亂紀行為。

譯文

袁紹字本初，汝南郡汝陽縣人。他的高祖父袁安，曾任漢朝的司徒。從袁安以後的四代人都位居三公，因而袁氏家族權傾朝野，威震天下。袁紹長得身材魁梧，容貌威嚴，能夠禮賢下士，很多士人歸附他。曹操年輕時和他有過交往。他從大將軍掾做了侍御史，不久升遷為中軍校尉，後來又做到司隸校尉。

靈帝崩，太后兄大將軍何進與紹謀誅諸閹官，太后不從。乃召董卓，欲以脅太后。常侍、黃門聞之，皆詣進謝[1]，唯所錯置[2]。時紹勸進便可於此決之，至於再三，而進不許。令紹使洛陽方略武吏檢司諸宦者。又令紹弟虎賁中郎將術選溫厚虎賁二百人，當入禁中，代持兵黃門陛守門戶。中常侍段珪等矯太后命[3]，召進入議，遂殺之，宮中亂。術將虎賁燒南宮嘉德殿青瑣門，欲以迫出珪等。珪等不出，劫帝及帝弟陳留王走小平津。紹既斬宦者所署司隸校尉許相，遂勒兵捕諸閹人，無少長皆殺之。或有無鬚而誤死者，至自發露形體而後得免。宦者或有行善自守而猶見及。其濫如此。死者二千餘人[4]。急追珪等，珪等悉赴河死。帝得還宮。

注釋

1詣進謝：前去何進那裏謝罪。2唯所錯置：任憑處分。3矯太后命：假傳何太后的懿旨。4中國歷史上曾發生兩次捕殺宦官的事例。除這一次外，唐末朱溫帶兵入宮捕殺宦官也極為慘酷。

譯文

靈帝駕崩後，何太后之兄、擔任大將軍職務的何進和袁紹密謀誅殺朝中宦官，何太后不同意。他們便聯絡董卓，讓他帶兵入京，以威脅逼迫何太后。朝中的常侍、黃門等宦官們聽到消息，都跑到何進家裏去求情，任由大將軍處置。袁紹勸何進應立刻下手，把這些宦官收拾掉。何進不從，袁紹再三相勸，何進就是不聽，只命令他派一些機智的武吏監視、檢查宦官，同時委派袁紹的弟弟、虎賁中郎將袁術選拔二百名虎賁士兵進宮，取代原來那些持兵執刃把守宮門的黃門侍者。中常侍段珪等假借太后的旨意，召何進入宮議事，就此把他殺掉。宮中頓時大亂。袁術率領虎賁兵燒毀南宮嘉德殿青瑣門，打算逼使宦官就降。段珪等見難以抵抗，便挾持少帝劉辯和他的弟弟陳留王劉協，倉惶逃向黃河邊小平津渡口。洛陽城中袁紹擒殺了宦官所任命的司隸校尉許相，然後命令士兵搜捕宦官，不分老少，一律殺死。有的並不是宦官，只是由於沒長鬍子，也被士兵當成宦官胡亂給殺掉了，以至於有的人為了證明自己不是宦官，只好脱下衣服讓士兵當場查驗才得以倖免。宦官中有些自守節操的也被殺害，可見濫殺的殘酷。被殺害者不下兩千人。袁紹率兵急追趕，段珪等投黃河自殺，少帝得以返回皇宮。

賞析與點評

袁紹以暴易暴，濫殺宦官，最終釀成董卓之亂，東漢政權隨即崩潰、玉石俱焚。這種情形，與唐末宰相召朱溫帶兵進京如出一轍，結果也極為相似。

董卓呼紹，議欲廢帝，立陳留王。是時紹叔父隗為太傅[1]，紹偽許之，曰：「此大事，出當與太傅議。」卓曰：「劉氏種不足復遺。」紹不應，橫刀長揖而去。紹既出，遂亡奔冀州[2]。侍中周毖、城門校尉伍瓊、議郎何顒等，皆名士也，卓信之，而陰為紹，乃說卓曰：「夫廢立大事，非常人所及。紹不達大體，恐懼故出奔，非有他志也。今購之急，勢必為變。袁氏樹恩四世，門生故吏遍於天下，若收豪傑以聚徒眾，英雄因之而起，則山東非公之有也。不如赦之，拜一郡守，則紹喜於免罪，必無患矣。」卓以為然，乃拜紹勃海太守，封邟鄉侯。

注釋

1 太傅：由三公升任太傅，地位尊貴。2 冀州：袁紹的根據地。

譯文

率兵入京的董卓來找袁紹，商量廢掉少帝劉辯，另立九歲的陳留王為皇帝。此時袁紹的叔父袁隗為朝中太傅，袁紹假裝同意，對董卓說：「另立新君是大事，讓我回頭找太傅商量一下。」董卓不悅，蠻橫地說：「劉氏江山搖搖欲墜，劉家的種也不足以再保存下去了。」袁紹沒有說話，橫握佩刀拱手行禮後離去。他知道自己處境危險，離開董卓便匆忙去了冀州。朝中大臣如侍中周毖、城門校尉伍瓊、議郎何顒等人都是當時的名士，董卓很信任他們，但這些人內心都向着袁紹。因而他們勸說董卓：「朝廷中君王廢立大事，本來就不是一般人可以參與的，袁紹眼光短淺不識大體，害怕您才逃出京城的，並非要謀反。如今您如果對他緝拿過急，反而會逼他反叛。他們袁氏家族連續四代在朝中做大官，門生故吏遍及天下，若是袁紹號召四方英雄豪傑和您作對，那麼各地都會紛紛響應而起兵，如此一來山東的大片土地就難控制了。不如宣佈赦免袁紹的罪過，任命他做郡太守，這樣袁紹必然會為免罪而高興，您也就沒甚麼可擔心的了。」董卓認為這些話有道理，於是宣佈任命袁紹為勃海太守，封為邟鄉侯。

紹遂以勃海起兵，將以誅卓。……紹自號車騎將軍，主盟，與冀州牧韓馥立幽州牧劉虞為帝，遣使奉章詣虞，虞不敢受。後馥軍安平，為公孫瓚所敗。瓚遂引兵入冀州，以討卓為名，內欲襲馥。馥懷不自安。會卓西入關，紹還軍延津，因馥惶遽，使陳留高幹、潁川荀諶等說馥曰：「公孫瓚乘勝來向南，而諸郡應之，袁車騎引軍東向，此其意不可知，竊為將軍危之。」馥曰：「為之奈何？」諶曰：「公孫提[1]燕、代之卒，其鋒不可當。袁氏一時之傑，必不為將軍下。夫冀州，天下之重資也，若兩雄并力，兵交於城下，危亡可立而待也。夫袁氏，將軍之舊，且同盟也，當今為將軍計，莫若舉冀州以讓袁氏。袁氏得冀州，則瓚不能與之爭，必厚德將軍。冀州入於親交，是將軍有讓賢之名，而身安於泰山也。願將軍勿疑！」馥素恇怯[2]，因然其計。馥長史耿武、別駕閔純、治中李歷諫馥曰：「冀州雖鄙，帶甲百萬，穀支十年。袁紹孤客窮軍，仰我鼻息，譬如嬰兒在股掌之上，絕其哺乳，立可餓殺。奈何乃欲以州與之？」馥曰：「吾，袁氏故吏，且才不如本初，度德而讓，古人所貴，諸君獨何病焉！」從事趙浮、程奐請以兵拒之，馥又不聽。乃讓紹，紹遂領冀州牧。

注釋

1 提：帶領。2 恇怯：膽小。

譯文

袁紹於是以勃海郡為基地發兵，檄告天下討伐董卓。……袁紹自號為車騎將軍，為各路討伐董卓聯軍的盟主。他與冀州牧韓馥商議，欲立幽州牧劉虞為皇帝，還派特使把請劉虞即位的奏章送給他。劉虞膽小，不敢接受。後來韓馥的軍隊駐守安平，被公孫瓚率部襲擊打敗，公孫瓚遂帶兵進入冀州，名義是討伐董卓，實際是想除掉韓馥，吞併冀州。韓馥自料難敵公孫瓚，心中惶恐，不知怎麼辦才好。適逢董卓挾獻帝遷都長安，退回關西，袁紹率大軍東還駐守延津。聽說韓馥在公孫瓚的壓力下十分緊張，便派手下謀士陳留人高幹和潁川人荀諶前往游說韓馥道：「公孫瓚乘勝揮師向南進攻，各個郡州都會回應他。袁紹引兵東進，也不知他有甚麼打算。我們實在為將軍的處境擔心啊！」韓馥說：「我該怎麼辦才好？」荀諶說：「公孫瓚統轄燕、代二州精銳之師，勢不可擋；袁紹為一代豪傑，肯定也不願居於將軍之下。而冀州恰是爭奪天下者必爭之地。若兩人都想佔有冀州，那冀州的危亡就是眼前的事了。為今之論，不如把整個冀州都讓給袁紹。袁將軍是您的朋友，又是討伐董卓的盟主。袁紹得冀州，則公孫瓚無法與他爭奪，這樣袁紹對您必然施以厚德。冀州交給可靠的人手中，留下讓賢的美名，從此可確保平安無事。請將軍早作決斷，勿再遲疑。」韓馥向來性格懦弱，居然聽從了。他手下的長史耿武、別駕閔純、治中李歷等勸阻他說：「我們目前的兵力雖弱，冀州能拿起武器打仗的男子不下百萬，儲存的糧食可供十年之需。袁紹帶一支窮困的軍隊遠離後方打仗，全靠我們供給才能吃飯，這恰如一嬰兒在我股掌之上，斷了他的母乳，馬上就會餓死，怎能把我們偌大的冀州拱手送人呢？」韓馥道：「我先前就在袁家做過部屬，才能確實不如袁紹，衡量自己的德行和才能而讓賢，本是自古美談，諸位又何必責難我呢？」從事趙浮、程奐等人請求韓馥派兵到西邊駐守監視袁軍，以防不測，韓馥根本不聽。結果韓馥把冀州讓給袁紹，袁紹以勃海太守兼任冀州牧。

賞析與點評

韓馥交出冀州，是十足膽小的表現。可見，州牧制度的出現，雖有其客觀的需要，但實際上卻促成漢末天下紛爭的一個主因。其他如荊州牧劉表、益州牧劉焉的轄區，日後都成為羣雄覬覦、爭奪的目標。我們要革新一種制度，需要全面的考慮，以免一波未平，一波又起的困局。

從事沮授說紹曰：「將軍弱冠登朝，則播名海內；值廢立之際，則忠義奮發；單騎出奔，則董卓懷怖；濟河而北，則勃海稽首。振一郡之卒，撮冀州之眾，威震河朔，名重天下。雖黃巾猾亂，黑山跋扈，舉軍東向，則青州可定；還討黑山，則張燕可滅；回眾北首，則公孫必喪；震脅戎狄，則匈奴必從。橫大河之北，合四州[1]之地，收英雄之才，擁百萬之眾，迎大駕[2]於西京，復宗廟於洛邑，號令天下，以討未復，以此爭鋒，誰能敵之？比及數年，此功不難。」紹喜曰：「此吾心也。」即表[3]授為監軍、奮威將軍。卓遣執金吾胡母班、將作大匠吳脩齎詔書喻紹，紹使河內太守王匡殺之。卓聞紹得關東、乃悉誅紹宗族太傅隗等。當是時，豪俠多附紹，皆思為之報，州郡蜂起，莫不假其名。馥懷懼，從紹索去，往依張邈。後紹遣使詣邈，有所計議，與邈耳語。馥在坐上，謂見圖構，無何起至溷自殺。

注釋　1四州：冀、青、幽、并四州。2大駕：漢獻帝。3表：上表請求天子授給官職。當時獻帝只是傀儡，這樣是掩飾越權的手法。

譯文　從事沮授向袁紹進言說：「將軍您在二十歲入朝做官，名聲傳遍海內；後奸臣陰謀廢君另立，您正義地主持公道。您單騎奔出洛陽，使得董卓心存恐懼；您渡黃河北行，勃海郡吏民誠摯歡迎您。如今您統率着勃海郡的精兵強將，又新增加了冀州的土地和百姓，真是威震河朔，名重天下。時下黃巾賊到處襲擾，黑山一帶也有草寇，但只要您揮師東征，則青州的黃巾賊定可一舉殲滅；回師掃蕩黑山，那裏的草寇在劫難逃。鋒芒指向幽、燕，公孫瓚必會覆滅；武力威脅戎狄，匈奴也必會俯首稱臣。這樣將軍您借此廣納天下英才，麾下擁有百萬雄師，把天子和文武百官從長安接回來，在洛陽重建都城和宗廟。然後您再以朝廷的名義號令天下，征討那些不肯歸附的叛將亂臣。如此之氣勢，天下誰堪與您為敵？用不上幾年，蓋世功業將要在您的手中完成。」袁紹聽了沮授的話大為高興，對他說：「您正說出了我心中的抱負和志向啊！」於是馬上提升沮授為監軍和奮威將軍。董卓派執金吾胡母班、將作大匠吳脩帶着詔書見袁紹，袁紹讓河內太守王匡把他們殺掉。董卓得知袁紹割據關東，便把袁紹家族包括太傅袁隗都殺掉。當時天下豪傑多依附袁紹，都想替袁紹報仇。各州、郡紛紛起兵討伐董卓，幾乎都借袁紹的名義。因受到袁紹的部下迫害，韓馥非常害怕，請求袁紹讓他離去。韓馥後依附陳留太守張邈。後來袁紹派人見張邈，兩人附耳而談，韓馥在座見到，懷疑是袁紹派來與張邈謀害他，於是起身到廁所中自殺。

初，天子之立非紹意，及在河東，紹遣潁川郭圖使焉。圖還說紹迎天子都鄴，紹不從。會太祖迎天子都許，收河南地，關中皆附。紹悔，欲令太祖徙天子都鄄城以自密近，太祖拒之。天子以紹為太尉，轉為大將軍，封鄴侯，紹讓侯不受。頃之。擊破瓚於易京，并其眾。出長子譚為青州，沮授諫紹：「必為禍始。」[1]紹不聽，曰：「孤欲令諸兒各據一州也。」[2]又以中子熙為幽州，甥高幹為并州。眾數十萬，以審配、逢紀統軍事，田豐、荀諶、許攸為謀主，顏良、文醜為將率[3]，簡精卒十萬，騎萬匹，將攻許。

注釋

1 沮授認為袁紹的兒子們必然發生衝突，危害袁氏家族。2 袁紹犯了嚴重的幼稚病。3 將率：將帥。

譯文

當初廢罷少帝，立陳留王為皇帝不是袁紹的主張。當獻帝和百官逃出長安在安邑住下後，袁紹派潁川人郭圖前去朝拜。郭圖回來，勸說袁紹把獻帝迎到鄴城，袁紹沒採納。不久，太祖曹操把獻帝迎到許縣，用朝廷的名義收復了河南一帶，關中諸州、郡也都表示臣服。袁紹此時才後悔不已。他要求曹操把獻帝送到鄄城，以便接近天子，但遭到曹操拒絕。獻帝任命袁紹為太尉，升任大將軍，封鄴侯。袁紹推辭了封侯。不久，袁紹在易京打敗了公孫瓚，收編了他的部隊。接着，袁紹派遣長子袁譚任青州刺史。沮授極力勸諫，告誡袁紹說：「這樣做必然是災禍的起始。」袁紹不聽，反而說：「我正想讓兒子們各自擁有一個州呢！」於是又派次子袁熙任幽州刺史，外甥高幹為并州刺史。此時袁紹擁兵幾十萬。他任命審配、逢紀統管軍事，田豐、荀諶、許攸為謀士之首，顏良、文醜為將軍，挑選精銳步兵十萬，騎兵萬餘，準備征討許都。

賞析與點評

同樣是被勸喻迎接落難的天子，袁紹不能實行，機會便落在曹操手上。從此曹操便「挾天子以令諸侯」，名正言順得多了。兩雄的優勝劣敗，已在這個時候分出了高下。與此同時，袁紹為安排幼子袁尚繼位，將長子袁譚派往青州。當時謀士沮授極力勸阻，袁紹不但不聽，反而表示希望每一個兒子分據一州。這種天真的想法，最終將讓他付出沉重的代價。袁氏之敗，不待於官渡之戰。

先是，太祖遣劉備詣徐州拒袁術。術死，備殺刺史車胄，引軍屯沛。紹遣騎佐之。太祖遣劉岱、王忠擊之，不克。建安五年，太祖自東征備。田豐說紹襲太祖後，紹辭以子疾，不許，豐舉杖擊地曰：「夫遭難遇之機，而以嬰兒之病失其會，惜哉！」太祖至，擊破備；備奔紹。紹進軍黎陽，遣顏良攻劉延於白馬。沮授又諫紹：「良性促狹[1]，雖驍勇不可獨任。」紹不聽。太祖救延，與良戰，破斬良。紹渡河，壁延津南，使劉備、文醜挑戰。太祖擊破之，斬醜，再戰，禽紹大將。紹軍大震。太祖還官渡。沮授又曰：「北兵數眾而果勁不及南，南穀虛少而貨財不及北；南利在於急戰，北利在於緩搏。宜徐持久，曠以日月。」紹不從。連營稍前，逼官渡，合戰，太祖軍不利，復壁[2]。紹為高櫓，起土山，射營中，營中皆蒙楯，眾大懼。太祖乃為發石車，擊紹樓，皆破，紹眾號曰霹靂車。紹為地道，欲襲太祖營。太祖輒於內為長塹[3]以拒之，又遣奇兵襲擊紹運車，大破之，盡焚其穀。

注釋

1促狹：心胸狹窄。2復壁：退回壁壘防守。3長塹：長長的壕溝。

譯文

先前，太祖曾派劉備到徐州抵擋袁術。劉備到達下邳，袁術已病死。劉備突襲曹操任命的徐州刺史車冑，並將其殺死，然後駐紮在沛縣。袁紹也派了一支騎兵支援劉備。太祖命部將劉岱、王忠帶兵討伐，不能取勝。建安五年（二〇〇），太祖親率大軍東征劉備。田豐勸袁紹趁曹操後方空虛偷襲許昌，袁紹以兒子生病而加以拒絕。田豐以手杖擊地，痛心地喊道：「天賜良機，卻因嬰兒鬧病而白白錯過，時不再來，真可惜啊！」太祖帶兵至，把劉備打得大敗。劉備於是北上投靠袁紹。袁紹率大軍進抵黎陽，派顏良在白馬縣攻打劉延。沮授進諫：「顏良性情急躁不沉穩，雖然作戰驍勇卻不能獨當一面。」袁紹不聽。太祖發兵救援劉延，打敗並殺死了顏良。袁紹督師渡過黃河，在延津以南地區修築工事，劉備和文醜出陣挑戰，太祖揮兵再退袁軍，殺其大將文醜。太祖引兵退往官渡。沮授又勸袁紹：「我們的軍隊數量雖多，但士氣和勇敢精神都不如曹軍。而曹軍軍糧短缺，後勤補給困難。因此曹軍利於速戰速決，我們則應當打持久戰，把時間拖得長一些。」袁紹不聽，集中軍隊逐漸向前，迫近官渡，和敵人交戰。曹軍受挫退入營地堅守。袁紹搭起多座望敵樓，堆起土山，用箭射曹操的軍營。曹軍的士兵都要持盾牌遮擋身體。太祖命令工匠們趕製發石車，攻擊袁紹的樓臺，把樓臺都摧毀了，袁軍叫它為「霹靂車」。袁紹又命令挖掘地道，直通曹操大營，準備突襲。太祖立即在裏面挖掘長溝來截擊袁軍，又派出奇兵截擊袁紹的糧車，燒毀了全部糧草和車輛。

太祖與紹相持日久，百姓疲乏，多叛應紹，軍食乏。會紹遣淳于瓊等將兵萬餘人北迎運車，沮授說紹：「可遣將蔣奇別為支軍於表，以斷曹公之鈔[1]。」紹復不從。瓊宿烏巢，去紹軍四十里。太祖乃留曹洪守，自將步騎五千候夜潛往攻瓊。紹遣騎救之，敗走。破瓊等，悉斬之。太祖還，未至營，紹將高覽、張郃等率其眾降。紹眾大潰，紹與譚單騎退渡河。餘眾偽降[2]，盡坑之。沮授不及紹渡，為人所執，詣太祖，太祖厚待之。後謀還袁氏，見殺。

注釋　1鈔：截擊。2偽降：假裝投降。按：這個說法不可靠，只是為曹操屠殺降卒找藉口。

譯文

太祖與袁紹兩軍對峙日久，百姓苦不堪言，紛紛跑到袁紹那裏，曹軍糧草漸缺。這時候袁紹派將軍淳于瓊等帶一萬多兵馬北上迎接運糧車隊。沮授建議：「應當派蔣奇將軍另帶一支軍隊與淳于瓊配合行動，以防曹操偷襲。」袁紹仍是不採納。淳于瓊迎到運糧車隊，駐屯在烏巢，離袁紹的大本營有四十里。太祖留下曹洪帶兵守衛軍營，自己親率精鋭步騎五千人連夜偷襲烏巢。袁紹聞報派出騎兵增援，被曹軍擊潰。曹軍大破淳于瓊部，淳于瓊等將領都被斬殺，全部軍糧都付之一炬。太祖引軍回營，未等回到軍營，已有袁紹的將軍高覽、張部各自帶着本部兵馬前來投降。曹軍一鼓作氣乘勝追擊，袁紹軍隊全線潰敗。袁紹與長子袁譚在亂軍之中僅帶少數親隨渡過黃河，他的餘部詐降，都被活埋了。沮授趕不及渡河，被曹軍擒獲送到太祖那裏。太祖厚待他。但沮授後來仍想逃到袁紹那裏去，太祖把他殺了。

初，紹之南也，田豐說紹曰：「曹公善用兵，變化無方，眾雖少，未可輕也，不如以久持之。將軍據山河之固，擁四州之眾，外結英雄，內脩農戰，然後簡其精鋭，分為奇兵，乘虛迭出，以擾河南，救右則擊其左，救左則擊其右，使敵疲於奔命，民不得安業；我未勞而彼已困，不及二年，可坐克也。今釋廟勝之策，而決成敗於一戰，若不如志，悔無及也。」紹不從。豐懇諫，紹怒甚，以為沮眾，械繫之。紹軍既敗，或謂豐曰：「君必見重。」豐曰：「若軍有利，吾必全，今軍敗，吾其死矣。」紹還，謂左右曰：「吾不用田豐言，果為所笑。」遂殺之。紹外寬雅[1]，有局度[2]，憂喜不形於色，而內多忌害[3]，皆此類也。冀州城邑多叛，紹復擊定之。自軍敗後發病，七年，憂死。

注釋

1寬雅：寬厚風雅。2局度：量度。3忌害：猜忌。

譯文

袁紹率大軍南下之初，田豐曾勸諫他說：「曹操善於用兵，變化多端。他的軍隊雖少，但我們也不可輕視，不如用持久戰的辦法對付他。將軍佔據險要的山河，擁有四個州的土地和百姓，對外結交英雄，對內修整農業，操練兵馬，然後選出精銳部隊，編組幾支奇兵，分路輪流突擊，以騷擾河南地區。曹軍救援右邊則擊其左翼，救援左翼則又攻其右邊，迫使曹軍疲於奔命，百姓不得安居樂業。我們不需受苦而敵軍已疲憊不堪了。不到兩年，可以輕易戰勝敵人。現在將軍放棄廟堂上熟慮的穩妥計謀，卻要傾全力決戰於一役，萬一打敗，便後悔莫及。」袁紹不聽。田豐再三規勸，力諫不可輕率出兵。袁紹大怒，以田豐散佈失敗情緒、擾亂軍心，下令把田豐囚禁。等到袁紹大軍潰敗後，有人對田豐說：「大將軍會更加看重你！」田豐歎氣道：「如果袁公打了勝仗，我倒能活命；如今他大敗，我是必死無疑了。」袁紹回到鄴城後，對左右的人說：「當初我不聽從田豐勸阻，果然被他恥笑了。」於是把田豐殺掉。袁紹外表寬容文雅，喜怒不形於色，頗有大將風度，內心卻多猜忌，嫉賢妒能，妄加陷害。田豐之死是最好的例證。冀州不少城邑反叛他，袁紹又出兵平定了他們。自從慘敗後，他得了大病。建安七年（二〇二），袁紹憂憤而死。

賞析與點評

田豐的被殺，令人婉息。也讓人想起項羽不能用范增。

劉表字景升，山陽高平人也。少知名，號八俊。長八尺餘，姿貌甚偉。以大將軍掾為北軍中候。靈帝崩，代王叡為荊州刺史。是時山東兵起，表亦合兵軍襄陽。袁術之在南陽也，與孫堅合從，欲襲奪表州[1]，使堅攻表。堅為流矢所中死，軍敗，術遂不能勝表。李傕、郭汜入長安，欲連表為援，乃以表為鎮南將軍、荊州牧，封成武侯，假節。天子都許，表雖遣使貢獻，然北與袁紹相結。治中鄧義諫表，表不聽，義辭疾而退。……張濟引兵入荊州界，攻穰城，為流矢所中死。荊州官屬皆賀，表曰：「濟以窮來，主人無禮，至於交鋒，此非牧意，牧受弔，不受賀也。」使人納其眾；眾聞之喜，遂服從。長沙太守張羨叛表，表圍之連年不下。羨病死，長沙復立其子懌，表遂攻并懌，南收零、桂，北據漢川，地方數千里，帶甲十餘萬。

注釋

1 表州：劉表的荊州。

譯文

劉表字景升，山陽郡高平人，少年時就很有名，是漢末名士「八俊」之一。他身高八尺多，長得高大雄偉，相貌堂堂。先是以大將軍隨員的身份任北軍中候。靈帝駕崩後，他接替王叡做了荊州刺史。當時，關東各州、郡紛紛起兵討伐董卓，劉表也帶領荊州兵馬駐守襄陽。袁術這時是南陽太守，與長沙太守孫堅合作，企圖奪取荊州，讓孫堅進攻劉表。交戰中孫堅被流矢射中身亡，軍隊潰敗，袁術因而無力戰勝劉表。李傕、郭汜等董卓舊部率兵佔據長安後，也想聯合劉表，於是任命劉表為鎮南將軍、荊州牧，封成武侯，並授予相應的符節。太祖迎接獻帝到許都，劉表雖然派使者前往朝拜，送上貢品，但仍與袁紹來往密切。治中鄧義為此進言勸諫，劉表不聽，鄧義於是稱病辭官，離開了他。……董卓部將張濟引兵進入荊州，攻打穰城，中流矢陣亡。荊州的官吏們聽到這個消息都高興地互相祝賀，劉表卻說：「張濟是因為窮困無路可走才到荊州來的，我們作主人的沒能以禮相待，才造成了雙方兵戎相見，這實在不是出於我這個荊州牧的本意啊！如今張濟將軍不幸陣亡，大家應該難過才是。我只接受祭弔，不接受祝賀。」他派人去集合收編張濟的軍隊，將士聞知劉表這麼說都很高興，便都歸附了。長沙太守張羨背叛劉表，劉表領兵前往征討，圍城數年而不克。張羨病死，部屬又擁立他的兒子張懌。劉表趁機加緊進攻，兼併了張懌控制的長沙郡，乘勝南下攻佔了零陵、桂陽二郡。劉表同時又控制了北面的漢水下游地區，擁有地盤方圓數千里，精兵十多萬。

賞析與點評

劉表是漢末名士，也是劉氏宗室。初任荊州刺史，後成為荊州牧，都能夠內平逆寇，外招賢才，在漢末紛亂的局面下，總算為不少人才提供一個較為安穩的棲身地。

太祖與袁紹方相持於官渡，紹遣人求助，表許之而不至，亦不佐太祖，欲保江漢間，觀天下變。從事中郎韓嵩、別駕劉先說表曰：「豪傑並爭，兩雄相持，天下之重，在於將軍。將軍若欲有為，起乘其弊可也；若不然，固將擇所從。將軍擁十萬之眾，安坐而觀望。夫見賢而不能助，請和而不得，此兩怨必集於將軍，將軍不得中立矣。夫以曹公之明哲，天下賢俊皆歸之，其勢必舉袁紹，然後稱兵以向江漢，恐將軍不能禦也。故為將軍計者，不若舉州以附曹公，曹公必重德將軍；長享福祚，垂之後嗣，此萬全之策也。」表大將蒯越亦勸表，表狐疑，乃遣嵩詣太祖以觀虛實。嵩還，深陳太祖威德，說表遣子入質。表疑嵩反為太祖說，大怒，欲殺嵩，考殺隨嵩行者，知嵩無他意，乃止。表雖外貌儒雅，而心多疑忌，皆此類也。

譯文

當太祖與袁紹各率大軍在官渡對峙時，袁紹派人請劉表出兵襄助。劉表答應但卻不發兵馬，同樣他也不幫曹操，企圖保存實力，坐江漢之間而觀天下之變。從事中郎韓嵩和別駕劉先勸說劉表：「天下豪傑並起，曹操與袁紹兩雄對峙。匡扶漢室，重振社稷的重任，很大程度上要由將軍來承當。將軍要是想成就一番事業，可乘眼下這兩雄相爭之際，找機會建功立業；如果不願意這樣，也應該在兩雄中選擇賢明者而依附之。以您擁有現在的十餘萬精兵強將，怎能在兩雄相爭中坐而觀望呢？再說看到賢者力量較弱不肯相救，答應下別人的事又不去做，日後曹、袁兩方的怨恨不是都要集中到您身上嗎？曹操將軍不愧是具有雄才大略之人，天下的有識之士多歸附於他，他戰勝袁紹大概是不成問題的。等他打敗袁紹回過頭來出兵江漢，恐怕將軍您是無法抵擋的。因此我們為將軍您考慮，您不如以整個荊州歸附曹公，這樣曹公他必然感激您的誠意，以更大的仁德來報答您。您可以避開戰火災難，長期享受和平安寧的富貴生活，子孫世代也能把您的地位繼承下去，我們覺得這對於將軍您實在是個萬全之策啊！」劉表的大將蒯越也以這樣的話勸告他。劉表拿不定主意，便派韓嵩到太祖曹操那裏觀察虛實。韓嵩返回荊州後，極力陳說曹操如何有威有德，非他人可比，反覆動員劉表下決心歸附，還勸說劉表把兒子劉琮送到許都去充當人質，以示誠意。劉表反而懷疑韓嵩為曹操游說，大怒，要把韓嵩拉出去斬首。又令人嚴刑拷打韓嵩的隨從人員，直到把人打死，也沒得到韓嵩私通曹操的口供，這樣韓嵩才總算保住了一條性命。劉表雖然外貌儒雅謙和，其內心卻狹隘多疑，橫生猜忌，在許多事情的處理上都是這樣。

劉備奔表，表厚待之，然不能用。建安十三年，太祖征表，未至，表病死。初，表及妻愛少子琮，欲以為後，而蔡瑁、張允為之支黨，乃出長子琦為江夏太守，眾遂奉琮為嗣。琦與琮遂為讎隙。越、嵩及東曹掾傅巽等說琮歸太祖，琮曰：「今與諸君據全楚之地，守先君之業，以觀天下，何為不可乎？」巽對曰：「逆順有大體，彊弱有定勢。以人臣而拒人主，逆也；以新造之楚而禦國家，其勢弗當也；以劉備而敵曹公，又弗當也。三者皆短，欲以抗王兵之鋒，必亡之道也。將軍自料何與劉備？」琮曰：「吾不若也。」巽曰：「誠以劉備不足禦曹公乎，則雖保楚之地，不足以自存也；誠以劉備足禦曹公乎，則備不為將軍下也。願將軍勿疑。」太祖軍到襄陽，琮舉州降。備走奔夏口。太祖以琮為青州刺史、封列侯。蒯越等侯者十五人。越為光祿勳；嵩，大鴻臚；羲，侍中；先，尚書令；其餘多至大官。

譯文

劉備輾轉投奔劉表。劉表以禮相待，但並不重用。建安十三年（二〇八），太祖曹操率大軍南征劉表，曹軍未及荊州，劉表已經病死。劉表在世時，夫妻兩人都喜愛少子劉琮，想讓他繼位。劉表的部將蔡瑁、張允也擁立劉琮，於是安排長子劉琦出任江夏太守。劉表死後，劉琮便在蔡瑁等人的幫助下繼位，劉琦和劉琮結下了怨恨。大將軍蒯越、從事中郎韓嵩和東曹掾傅巽等人勸說劉琮歸附曹操。劉琮說：「如今我與諸位擁有整個楚國的地盤，守着先君傳下的家業，觀望天下的變化，有甚麼不好呢？」傅巽回答：「反對誰和歸附誰要合乎天下公理和大義，力量的強與弱也依據形勢而變化。如今我們以天子的臣下抗拒天子，這是大逆不道；我們佔據剛獲得不久的土地來抵禦國家的軍隊，形勢是極為不利。以劉備來迎擊曹操，怎能抵擋得住呢？以上三者都是我們的短處，處於這樣的明顯劣勢而想和朝廷的南征大軍交戰，豈不是自取滅亡嗎？將軍自以為與劉備誰更有本事？」劉琮回答說：「我的確不如劉備。」傅巽進而說道：「倘若劉備也不能戰勝曹操，那麼即使保住大片土地，您有可能繼續當這個荊州牧嗎？倘若劉備能抵禦曹操，那麼劉備必定不甘居於將軍您之下。希望將軍不要再猶豫不決了。」劉琮被傅巽說服，曹操的大軍到了襄陽，劉琮便歸降了朝廷。劉備失去依附，只好放棄樊城向夏口退走。曹操以朝廷的名義任命劉琮為青州刺史，封列侯，自大將軍蒯越以下封侯者達十五人。又提升蒯越為光祿大夫，韓嵩為大鴻臚，鄧羲為侍中，劉先為尚書令。其他許多人也都當了大官。

賞析與點評

劉表面對羣雄競爭，事事以守成為方略，當然成為曹操、孫權等爭霸者蠶食鯨吞的對象。劉表不能重用劉備，也導致劉備同意諸葛亮提議爭奪荊、益二州是未來發展的主要規劃。加上以幼子劉琮繼位，也動搖了自身的基礎。因此，在赤壁之戰後，荊州便一分為三，北面襄陽地區落入曹操手上，東面由孫權控制，西面則成為劉備的戰利品。

張繡傳　張魯傳

本篇導讀——

張繡（？—二〇七）初為縣吏，招合部眾，隨族叔張濟出征。濟死，繡領其眾，與劉表結合。曹操征荊州，繡降，因操強納其嬸母而叛，殺了曹操長子昂、侄子安民。官渡之戰時，繡聽謀士賈詡建議，再降操。是役，繡力戰有功，遷破羌將軍，後從征烏丸時卒。曹操與張繡有殺子之仇，但仍能再降操而繼續任用，說明曹操行事，一切以政治利益為依歸。而張繡敢於再降，則與賈詡為他分析利弊，關係最大。

張魯是東漢末年五斗米道首領。祖父張陵，順帝時客於蜀，學道鶴鳴山中，造作道書。受其道者輒出米五斗，故稱其道為「五斗米道」。張陵稱天師，子孫傳其道。張魯在初平二年（一九一）任益州牧劉焉的督義司馬。後劉璋殺魯母家室，遂據漢中，以五米道教民，自號「師君」，朝廷以魯為漢中太守。建安二十年（二一五），曹操攻漢中，魯逃入巴中，後出降。由於張魯與劉璋衝突，致使劉備得以乘機入蜀，最後佔據益州。所以，張魯對蜀漢國的建立也扮演了關鍵角色。

張繡，武威祖厲[1]人，驃騎將軍濟族子也。邊章、韓遂為亂涼州，金城麴勝襲殺祖厲長劉雋。繡為縣吏，間伺[2]殺勝，郡內義之。遂招合少年，為邑中豪傑。董卓敗，濟與李傕等擊呂布，為卓報仇。……繡隨濟，以軍功稍遷至建忠將軍，封宣威侯。濟屯弘農，士卒飢餓，南攻穰，為流矢所中死。繡領其眾，屯宛，與劉表合。太祖南征，軍淯水，繡等舉眾降。太祖納濟妻，繡恨之。太祖聞其不悅，密有殺繡之計。計漏，繡掩襲太祖。太祖軍敗，二子沒[3]。繡還保穰，太祖比年[4]攻之，不克。

注釋

1 祖厲：縣名。縣治在甘肅會寧縣西北。2 間伺：暗地跟蹤。3 二子沒：曹操長子昂、侄子安民二人被殺。4 比年：連續數年。

譯文

張繡，武威祖厲人，驃騎將軍張濟同族兄弟的兒子。邊章、韓遂在涼州起兵，金城麴勝襲擊並殺死了祖厲縣長劉雋。張繡當時任縣吏，他尋找機會殺了麴勝，郡內的百姓都認為他很講道義。張繡募集了一些少年，成了祖厲一帶的豪傑。董卓兵敗，驃騎將軍張濟與李傕等人聯兵攻打呂布，為董卓報仇。……張繡追隨張濟，因作戰勇猛被任命為建忠將軍，封宣威侯。張濟駐守弘農，缺吃少穿，只得領兵向南面的穰縣轉移，戰鬥中他被亂箭射死。張繡接掌了張濟的兵權，在宛縣駐紮，與劉表會兵。太祖向南討伐，駐軍於淯水，張繡等人率部投降。太祖霸佔了張濟的遺孀，張繡對此極為氣憤。太祖得知張繡的不滿，準備殺了張繡。張繡知悉後，帶着部隊偷襲太祖。太祖軍猝不及防，大敗，長子和侄子戰死。張繡領兵退守穰縣，太祖連年征討，終究沒能攻破。

賞析與點評

張繡是曹營一員極為驍勇的將領，但不是曹氏的嫡系親信。投降後再偷襲曹操，原因是不滿他強納其孀母為妾。這次事件讓曹操的長子和侄子被殺。所以，曹操也為錯誤行為付出沉重的代價。

太祖拒袁紹於官渡，繡從賈詡計[1]，復以眾降。……繡至，太祖執其手，與歡宴，為子均取繡女，拜揚武將軍。官渡之役，繡力戰有功，遷破羌將軍。從破袁譚於南皮，復增邑凡二千戶。是時天下戶口減耗，十裁一在[2]，諸將封未有滿千戶者，而繡特多[3]。從征烏丸于柳城，未至，薨，謚曰定侯。

注釋

1 從賈詡計：賈詡是張繡的謀士，認為曹操急於積聚力量以打敗袁紹，對張繡率眾歸附一定大感高興，不再計較之前的恩怨。2 十裁一在：十戶人口只剩一戶，表示戶口大量減少。3 特多：賞賜特別多，反映曹操對張繡的重視。

譯文

太祖與袁紹在官渡相持不下，張繡聽取了他的謀士賈詡的建議，又帶領部隊投降太祖。……張繡到了太祖營中，太祖拉着他的手，與他歡會筵宴，並讓兒子均娶了張繡的女兒為妻，拜張繡為揚武將軍。官渡一戰，張繡出力甚多，立了戰功，又升為破羌將軍。張繡跟隨太祖在南皮攻破袁譚的軍隊，太祖又給他加封邑二千戶。當時天下人口急劇減少，只有原來的十分之一，太祖分封給其他將領的沒有滿千戶的，只有張繡特殊。張繡又跟隨太祖去柳城征討烏丸，途中去世，謚號為「定侯」。

賞析與點評

張繡在官渡之戰前夕再次投降曹操，是極其危險的決定。曹操總算是把私人恩怨放下，這是他的過人之處。表面上，張繡沒有受到處分，但事實上，張繡的兒子後來被魏文帝曹丕追究，説是為其兄長復仇。這反映曹丕的內心比曹操更狹隘。

張魯字公祺，沛國豐人也。祖父陵[1]，客蜀，學道鵠鳴山中，造作道書以惑百姓，從受道者出五斗米[2]，故世號米賊。陵死，子衡行其道。衡死，魯復行之。益州牧劉焉以魯為督義司馬，與別部司馬張脩將兵擊漢中太守蘇固，魯遂襲脩殺之，奪其眾。焉死，子璋代立，以魯不順，盡殺魯母家室。魯遂據漢中，以鬼道教民，自號「師君」。其來學道者，初皆名「鬼卒」。受本道已信，號「祭酒」。各領部眾，多者為治頭大祭酒。皆教以誠信不欺詐，有病自首其過，大都與黃巾相似。諸祭酒皆作義舍，如今之亭傳。又置義米肉，縣於義舍，行路者量腹取足；若過多，鬼道輒病之。犯法者，三原，然後乃行刑。不置長吏，皆以祭酒為治，民夷便樂之。雄據巴、漢垂三十年。

注釋

1陵：張陵，又稱為張道陵，道教的創始人，被教徒尊為天師。2五斗米：所以他的教派被稱為五斗米道。

譯文

張魯字公祺，沛國豐邑人。祖父張陵，客居四川，在鵠鳴山學道，編造道書迷惑百姓，跟他學道的人須交納五斗米，所以當地人稱他為「米賊」。張陵死後，兒子張衡繼續傳道。張衡死後，兒子張魯又繼承衣缽。益州刺史劉焉任命張魯為督義司馬，命他和別部司馬張脩一起帶兵去攻打漢中太守蘇固，張魯借機殺死了張脩，奪了他的兵權。刺史劉焉逝世，兒子劉璋繼位，因張魯不順從他，將張魯母親一家盡數誅殺。張魯據有漢中後，用鬼道迷惑老百姓，自稱「師君」。那些來學道的人，開始都稱「鬼卒」，其中受道到了篤信程度的，改稱「祭酒」。那些教民手下都有軍隊，擁有兵馬最多的，做「治頭大祭酒」。張魯教導人們要誠實講信用，不要欺詐，有缺點、錯誤，要自我反省和檢討，教義大致與黃巾軍相同。各個祭酒都蓋起了義舍，就像驛站一樣，又置買義米、義肉掛在義舍中，行人根據自己食量的多少吃飽為止；如果吃得太多，鬼神就讓他生病。教民如果犯了法，前三次可以原諒，再犯就被處罰。不設置長官，一切都由祭酒來管理。漢人和少數民族都樂意接受。張魯等人雄踞四川東部、漢寧一帶約三十年。

賞析與點評

這是一篇重要的道教文獻。張魯在漢中廣招信徒、弟子，以五斗米作為學費。他的教義對貧苦大眾有很大的吸引力，所以發展成為一個兼具宗教和政治雙重功能的地方勢力，多年來盤踞漢中。

漢末，力不能征，遂就寵魯為鎮民中郎將，領漢寧太守，通貢獻而已。民有地中得玉印者，羣下欲尊魯為漢寧王。魯功曹巴西閻圃諫魯曰：「漢川之民，戶出十萬，財富土沃，四面險固；上匡天子，則為桓、文，次及竇融，不失富貴。今承制署置，勢足斬斷，不煩於王。願且不稱，勿為禍先。」魯從之。韓遂、馬超之亂，關西民從子午谷奔之者數萬家。

譯文

東漢末年，漢朝力量不足以征討，便讓張魯做了鎮民中郎將，兼任漢寧太守。他與朝廷的關係也只限於派使者送上一些貢品。有人從地下挖出一塊玉印，教民們想尊奉張魯為漢寧王。張魯的功曹巴西人閻圃勸張魯說：「漢水流域的百姓有十萬多戶，物產豐富，有肥沃的土地，四面又有高山做屏障。對上扶持天子，可以做齊桓公、晉文公一樣的人，次一等的就可像竇融一樣歸順朝廷，也不失富貴。現在從天子之命設置官員，凡事都可作主，根本用不着稱王。不要招來災禍啊！」張魯聽從了勸告。韓遂、馬超作亂，關西百姓從子午谷投奔漢中的，大約有數萬家。

建安二十年，太祖乃自散關出武都征之，至陽平關。魯欲舉漢中降，其弟衛不肯，率眾數萬人拒關堅守。太祖攻破之，遂入蜀。魯聞陽平已陷，將稽顙歸降，圃又曰：「今以迫往，功必輕；不如依杜濩赴朴胡相拒，然後委質[1]，功必多。」於是乃奔南山入巴中。左右欲悉燒寶貨倉庫，魯曰：「本欲歸命國家，而意未達。今之走，避銳鋒，非有惡意。寶貨倉庫，國家之有。」遂封藏而去。太祖入南鄭，甚嘉之。又以魯本有善意，遣人慰喻。魯盡將家出，太祖逆拜魯鎮南將軍，待以客禮，封閬中侯，邑萬戶[2]。封魯五子及閻圃等皆為列侯。為子彭祖取魯女。魯薨，諡之曰原侯。子富嗣。

注釋

1 委質：投降。2 邑萬戶：張魯主動投降，獲得較好的對待。

譯文

建安二十年（二一五），太祖親自領兵，自散關出武都來征討張魯，到達陽平關。張魯想要交出漢中投降，他的弟弟張衛不同意，率領數萬兵馬在陽平關內拒守。太祖攻破陽平關，進入四川。張魯聞訊，想磕頭稱降。閻圃又獻計說：「如今你被迫去謁見，肯定得不到重視，不如依照杜濩所說，先到朴胡去抵抗，然後再獻禮稱臣，這樣才會得到重用。」於是張魯帶着部隊前往巴中。臨行前，左右的人想將倉庫裏的寶物全部焚毀，張魯說：「我已有歸順朝廷的意願，但這意願曹公尚未知曉。今天我們離開，是避開鋒芒，並沒有別的意圖。寶貨倉庫，應歸國家所有。」於是張魯將寶物都妥善藏好才帶隊離去。太祖到達南鄭，對張魯的行為深加讚許，又因張魯早有歸順之意，所以派人前去慰問。張魯帶着全家謁見太祖，太祖任命他為鎮南將軍，待他以客禮，封閬中侯，食邑一萬戶。封張魯的五個兒子及閻圃等人為列侯。替自己的兒子彭祖娶了張魯的女兒為妻。張魯去世，謚號為原侯。兒子張富繼其爵位。

賞析與點評

張魯不焚倉庫，是很有見識的決定。因為這些都是老百姓的血汗，應該珍惜。五代十國的南漢後主劉鋹，在滅亡之前，縱火焚毀宮殿、府庫，然後逃亡。他的行為遠遠及不上張魯。

曹真傳 子爽

本篇導讀——

曹操爭霸天下，子弟從軍的很多，曹真（？—二三一）是較重要的一位。他是曹操族子，少孤，被收養下來。曹真驁勇，操使真以偏將軍擊劉備別將於下辯，破之。夏侯淵戰死於陽平，操以真為征蜀護軍，督徐晃等破備別將高詳於陽平。曹丕稱帝，以真為上軍大將軍，都督中外諸軍事。丕崩，受遺詔輔政，明帝即位，遷大將軍。諸葛亮圍祁山，真遣張郃大破亮將馬謖。遷大司馬，後病卒。曹真病逝前，總統魏國軍事，能制約司馬懿。但自從他逝世，曹魏軍權便落在司馬懿手中。

曹爽（？—二四九）雖然繼承曹真的名位，但卻欠缺實際軍政經驗。因此，當齊王芳繼位後，他以宗室重臣執掌朝政近十年，但仍逃不過司馬懿的密謀反擊。懿乘爽兄弟與天子到高平陵拜祭明帝，控制了京城，又利用太后懿旨，奏爽有無君之心。曹爽投降後被夷三族。由於曹爽的無知，對敵人疏於防範，不但因此付出性命，同時也葬送了曹魏政權。

曹真字子丹，太祖族子也。太祖起兵，真父邵募徒眾，為州郡所殺。太祖哀真少孤，收養與諸子同，使與文帝共止。常獵，為虎所逐，顧射虎，應聲而倒。太祖壯其鷙勇，使將虎豹騎。討靈丘賊，拔之，封靈壽亭侯。以偏將軍將兵擊劉備別將於下辯，破之，拜中堅將軍。從至長安，領中領軍。是時，夏侯淵沒於陽平，太祖憂之。以真為征蜀護軍，督徐晃等破劉備別將高詳於陽平。太祖自至漢中，拔出諸軍，使真至武都迎曹洪等還屯陳倉。文帝即王位，以真為鎮西將軍，假節都督雍、涼州諸軍事。錄前後功，進封東鄉侯。張進等反於酒泉，真遣費曜討破之，斬進等。黃初三年還京都，以真為上軍大將軍，都督中外諸軍事，假節鉞。與夏侯尚等征孫權，擊牛渚屯，破之。轉拜中軍大將軍，加給事中。七年，文帝寢疾，真與陳羣、司馬宣王等受遺詔輔政。明帝即位，進封邵陵侯，遷大將軍。

譯文　曹真字子丹，太祖的族子。太祖起兵時，曹真的父親曹邵召募士兵，因州郡察覺而被殺。太祖哀憐他年紀少小便失去父親，便收養了他，視同親骨肉，讓他與文帝曹丕一起生活。曹真常打獵，有一次被一隻猛虎追逐，他回身一箭射去，虎應聲而倒。太祖稱讚他勇猛雄武，讓他率領虎豹部騎兵。派他討伐靈丘的敵人，大獲全勝，被封為靈壽亭侯。以偏將軍的官位帶兵去下辯攻打劉備的別將，又獲勝，被任命為中堅將軍。跟隨太祖入長安，領中將軍職。當時，夏侯淵在陽平陣亡，太祖很擔憂，於是以曹真為征蜀將軍，督領徐晃等將領，在陽平攻打劉備的別將高詳，在陽平打敗了他。太祖親到漢中，撥出一部分軍隊，讓曹真率領，去武都迎接曹洪等人，完成任務後，把軍隊駐紮在陳倉。文帝即魏王位，任命曹真為鎮西將軍，假以符節，督領雍州、涼州的軍事。統計前後的功勞，晉封為東鄉侯。張進等人在酒泉叛亂，曹真派費曜前去討伐，殺死了張進，平定了叛亂。黃初三年（二二二），回京師，任為上軍大將軍，都督內外各項軍事行動，假以符節、斧鉞。與夏侯尚一起征討孫權，襲擊牛渚的東吳駐軍，大獲全勝。又被拜為中軍大將軍，加封給事中。黃初七年（二二六），文帝病危，曹真與陳羣、司馬宣王等人按遺詔輔佐朝政。明帝即位，晉封邵陵侯，遷升為大將軍。

賞析與點評

曹真是曹操的嫡系，曾多次建立軍功，很得曹操的重用。這反映曹操所用將領，除一些被打敗或投降而被收編的，如張郃、張繡等之外，更常見的是以親信子弟帶兵。他們經過相當的鍛練後往往能獨當一面，成為曹營的主要將領。這種用將的習慣，可以説是較穩妥的，因為他們與曹操血脈相連，共同負擔起家族的盛衰，所以比較可靠。

諸葛亮圍祁山，南安、天水、安定三郡反應亮。帝遣真督諸軍軍郿，遣張郃擊亮將馬謖，大破之。安定民楊條等略吏民保月支城，真進軍圍之。條謂其眾曰：「大將軍自來，吾願早降耳。」遂自縛出。三郡皆平。真以亮懲[1]於祁山，後出必從陳倉，乃使將軍郝昭、王生守陳倉，治其城。明年春，亮果圍陳倉，已有備而不能克。增邑[2]，并前二千九百戶。

注釋

1 懲：軍事失利。2 增邑：增加封邑。

譯文

諸葛亮圍攻祁山，南安、天水、安定三郡的守軍叛魏而投降諸葛亮。明帝派曹真都督諸軍進兵郿縣，派張郃襲擊諸葛亮的將領馬稷，大獲全勝。安定城的楊條等人擄了一些官吏、百姓守衛着月支城，曹真包圍了他們，楊條對手下人說：「大將軍親自來招安，我願意早些投降。」於是將自己捆綁起來，出城投降。三郡相繼平定了。曹真預計到諸葛亮兵伐祁山失利，以後必會出兵陳倉，於是派部將郝昭、王生守衛陳倉，做好了準備。諸葛亮第二年春天果然帶軍攻打陳倉，因陳倉早有準備，諸葛亮沒能成功。朝廷給曹真增加封邑，連以前的共二千九百戶。

四年，朝洛陽，遷大司馬，賜劍履上殿，入朝不趨。真以「蜀連出侵邊境，宜遂伐之。數道並入，可大克也」。帝從其計。真當發西討，帝親臨送。真以八月發長安，從子午道南入。司馬宣王泝漢水，當會南鄭。諸軍或從斜谷道，或從武威入。會大霖雨三十餘日，或棧道斷絕，詔真還軍。……真每征行，與將士同勞苦，軍賞不足，輒以家財班賜，士卒皆願為用。真病還洛陽，帝自幸其第省疾。真薨，謚曰元侯。子爽嗣。

譯文　四年（二三〇），在洛陽朝見天子，升為大司馬，天子賜予他佩劍，給予他穿履上殿、入朝參見免跪拜的待遇。曹真上書，指「蜀軍經常出兵騷擾邊境，應當立即給予還擊，分兵幾路前去攻打，一舉消滅蜀國。」明帝聽從了，派曹真帶兵征討諸葛亮，臨行時，明帝親自送行。曹真在八月從長安出發，經子午道向南進軍，司馬懿沿漢水前進，兩軍約定在南鄭會合。其他幾路人馬，有的從斜谷道進軍，有的從武威入蜀。適逢大雨連綿，三十多天不斷，入蜀的棧道很難行走。明帝下詔令曹真等人撤兵。……曹真每次征戰，總與將士同甘共苦，軍餉不夠，就將家產拿出來貼用，所以士卒都願為他效勞。曹真因病回到洛陽，明帝親自去他的府邸探望。曹真逝世，謚為元侯。兒子曹爽繼承爵位。

爽字昭伯，少以宗室謹重，明帝在東宮，甚親愛之。及即位，為散騎侍郎，累遷城門校尉，加散騎常侍，轉武衛將軍，寵待有殊。帝[1]寢疾，乃引爽入臥內，拜大將軍，假節鉞，都督中外諸軍事，錄尚書事，與太尉司馬宣王並受遺詔輔少主。明帝崩，齊王即位，加爽侍中，改封武安侯，邑萬二千戶，賜劍履上殿，入朝不趨，贊拜不名。丁謐畫策，使爽白[2]天子，發詔轉宣王為太傅。……爽弟羲為中領軍，訓武衛將軍，彥散騎常侍侍講，其餘諸弟，皆以列侯侍從，出入禁闥，貴寵莫盛焉。南陽何晏、鄧颺、李勝、沛國丁謐、東平畢軌咸有聲名，進趣於時，明帝以其浮華，皆抑黜之；及爽秉政，乃復進敘，任為腹心。颺等欲令爽立威名於天下，勸使伐蜀，爽從其言，宣王止之不能禁。

注釋　1帝：魏明帝。2白：稟告。

譯文　曹爽字昭伯，年輕時就以自己是皇親而謹慎持重，明帝做皇太子時，與他很親近。明帝即位，即任命曹爽為散騎侍郎。他多次遷升，官至城門校尉，加散騎常侍，又升他為武衛將軍，明帝對他總是寵愛有加。明帝病危，將曹爽叫到牀前，任命他為大將軍，假之以符節、斧鉞，都督內外的一切軍務，總攬朝政，與太尉司馬懿一起接受遺詔輔佐小皇帝。明帝駕崩，齊王芳繼位，又任命曹爽為侍中，改封武安侯，封邑一萬二千戶，特賜佩劍、穿履上殿、入朝不疾走、朝見皇上不唱禮的殊榮。丁謐出謀劃策，讓曹爽上奏，讓以天子的名義下詔封司馬懿為太傅。曹爽任用弟弟曹羲為中領軍，曹訓為武衛將軍，曹彥為散騎常侍侍講。其餘諸弟，都以列侯身份侍從幼主，出入宮禁，沒有誰的貴寵比他們更隆盛。南陽的何晏、鄧颺、李勝，沛國的丁謐和東平的畢軌都很有聲名，他們想求進用，但明帝認為他們過於浮華，沒有重用他們。及至曹爽輔佐少主，終於得到重用，成為心腹。鄧颺等人感念曹爽，勸說他去討伐蜀國，以建立聲威，曹爽聽從了，司馬懿想阻止行動，卻沒能成功。

初，爽以宣王年德並高，恆父事之，不敢專行。及晏等進用，咸共推戴，說爽以權重不宜委之於人[1]。乃以晏、颺、謐為尚書，晏典選舉，軌司隸校尉，勝河南尹，諸事希復由宣王。宣王遂稱疾[2]避爽。晏等專政，共分割洛陽、野王典農部桑田數百頃，及壞湯沐地以為產業，承勢竊取官物，因緣求欲州郡。有司望風，莫敢忤旨。晏等與廷尉盧毓素有不平，因毓吏微過，深文致毓法，使主者先收毓印綬，然後奏聞。其作威如此。爽飲食車服，擬於乘輿[3]；尚方珍玩，充物[4]其家；妻妾盈後庭，又私取先帝才人七八人，及將吏、師工、鼓吹、良家子女三十三人，皆以為伎樂。詐作詔書，發才人五十七人送鄴臺，使先帝婕伃教習為伎。擅取太樂樂器，武庫禁兵。作窟室[5]，綺疏四周，數與晏等會其中，飲酒作樂。羲深以為大憂，數諫止之。又著書三篇，陳驕淫盈溢之致禍敗，辭旨甚切，不敢斥爽，託戒諸弟以示爽。爽知其為己發也，甚不悅。羲或時以諫喻不納，涕泣而起。宣王密為之備。九年冬，李勝出為荊州刺史，往詣宣王。宣王稱疾困篤[6]，示以羸形。勝不能覺[7]，謂之信然。

注釋

1即由曹爽及其追隨者掌握用人大權。2稱疾：偽裝生病。3乘輿：天子的車駕，泛指皇帝用的器物。4充牣：充斥。5窟室：密室。6困篤：病情嚴重，難以康復。7勝不能覺：李勝不能察覺司馬懿偽裝生病。

譯文

起初，曹爽因司馬懿年事、德行俱高，如對待父親那樣敬重他，事事向他請教。及至何晏等人被任用，他們都擁戴曹爽，說重要職位不應交給外人。於是任命何晏、鄧颺、丁謐為尚書，何晏主管選舉，畢軌為司隸校尉，李勝為河南尹。之後，各種政事很少經司馬懿之手了。司馬懿聲稱有病，以避開曹爽。何晏等人濫用職權，擅自將洛陽野王屬下的桑田分割，又破壞了湯沐地並據為己有，倚仗權勢攫取公物，還向各州郡索要財物。各地方官懾於他們的威勢，無人敢違抗。何晏等人與廷尉盧毓向來不和，他們抓住盧毓手下的一點小過錯，依苛刻的法律條文將盧毓繩之以法，命令主管官員沒收盧毓的印綬，然後才報告朝廷。他們就是這樣濫用職權。曹爽的飲食住行，都效仿皇上，皇宮裏的珍玩，他們家也隨意擺設，並且妻妾滿房，又私自將皇帝的才人七八人，及將吏、師工、鼓吹、良家子女共三十三人，養在家中供作伎樂。又偽作詔書，將五十七名才人送往鄴臺，以便讓先帝的婕妤教習成伎工。擅自將太樂樂器、武器庫中的兵器據為己有。挖造一座窟室，用漂亮的絲綢裝飾四壁，經常與何晏等人在裏面聚會，飲酒作樂。曹羲對此深為憂慮，屢次上諫，勸阻曹爽的行為。曹羲還寫了三篇文章，力陳驕奢淫侈之禍害，措辭懇切，但不敢直言曹爽，藉口告誡眾位弟子，但其用心在於曹爽。曹爽知道這幾篇文章是針對自己，很不高興。曹羲有時因諫諭不被採納而哭着離去。司馬懿祕密地做着準備。正始九年（二四八）冬，李勝出任荊州刺史，前去與司馬懿話別，司馬懿慌稱自己病勢沉重，並裝出一副羸弱不堪的樣子。李勝對司馬懿的偽裝沒有看出破綻，以為他確實已經不行了。

十年正月，車駕朝高平陵，爽兄弟皆從。宣王部勒兵馬，先據武庫[1]，遂出屯洛水浮橋。奏爽曰：「臣昔從遼東還，先帝詔陛下、秦王及臣升御牀，把臣臂，深以後事為念。臣言『二祖亦屬臣以後事，此自陛下所見，無所憂苦；萬一有不如意，臣當以死奉明詔』。黃門令董箕等，才人侍疾者，皆所聞知。今大將軍爽背棄顧命[2]，敗亂國典[3]，內則僭擬，外專威權；破壞諸營，盡據禁兵，羣官要職，皆置所親；殿中宿衛，歷世舊人皆復斥出，欲置新人以樹私計；根據槃互[4]，縱恣日甚。外既如此，又以黃門張當為都監，專共交關，看察至尊，候伺神器[5]，離間二宮，傷害骨肉。天下洶洶，人懷危懼，陛下但為寄坐，豈得久安！此非先帝詔陛下及臣升御牀之本意也。臣雖朽邁，敢忘往言？昔趙高極意，秦氏以滅；呂、霍早斷，漢祚永世。此乃陛下之大鑒，臣受命之時也。太尉臣濟、尚書令臣孚等，皆以爽為有無君之心，兄弟不宜典兵宿衛，奏永寧宮。皇太后令敕臣如奏施行。臣輒敕主者及黃門令罷爽、羲、訓吏兵，以侯就第，不得逗留以稽車駕；敢有稽留，便以軍法從事。臣輒力疾，將兵屯洛水浮橋，伺察非常。」爽得宣王奏事，不通[6]，迫窘不知所為。

注釋

1武庫：軍械庫。2顧命：皇帝駕崩前對親信大臣的囑咐。3國典：國家的制度。4槃互：相互包庇。5候伺神器：覬覦天子大位。6不通：不敢向皇帝報告。

譯文

正始十年（二四九）正月，皇帝離開京都前往高平陵，曹爽兄弟跟隨一起。司馬懿率領自己的部隊首先佔據了武器庫，再出兵駐守洛水浮橋，給曹爽寫了一封信，說：「從前我從遼東回來時，先帝詔命陛下、秦王和臣到牀前。他拉住我的手，告訴我對身後的國家大事深感擔憂。我說：『二祖也曾將身後事託付於我，這是陛下知道的。陛下也知道我是怎樣完成先帝給我的託付，沒有甚麼可擔憂的，萬一發生不測，我會以死報答您的信任。』黃門令董箕等人，侍候皇上疾病的才人，他們也都聽見了。今天大將軍曹爽背棄了皇上的遺命，毀敗國家的法典，在內效仿皇上的飲食起居，在外濫用職權，破壞軍隊，將皇家禁兵據為己有，各部門要職，都任用親戚朋友；殿中的宿衞、經歷了好幾代的舊人都被斥逐離去。任用新人以樹立其威望，互相勾結，日甚一日。對外既已如此，他又任黃門張當為都監，與他勾結，整天偵察陛下的情況，企圖謀取皇位。他又離間皇太后和皇上，傷害母子間骨肉之情。如今天下洶洶，人人自危，陛下您只是寄坐在曹爽膝下的孩子，怎麼可能長治久安呢？這決不是當年先帝詔令陛下以及臣升登御牀時的本意。臣雖老朽年邁，哪敢忘記當年對先帝的誓言？昔日趙高擅權，秦氏最終被消滅；呂氏、霍氏被及時斬除，漢朝江山得以永固。這是陛下最好的借鑒，也是臣受命而起、挽救國家的重要時刻。太尉蔣濟、尚書令司馬孚等人，都認為曹爽有犯上作亂的行為，因此他的兄弟不該典領軍隊，守衞皇宮。臣等這份奏章已先奏聞永寧宮皇太后，皇太后敕令臣就按奏摺上所請去施行。我已命令主管官員及黃門令罷去曹爽、曹羲、曹訓掌管軍隊的權力，讓他們以侯的身份各回府第待命，不得逗留而使皇上車駕在外延遲不歸。如果曹爽等人敢有稽遲逗留車駕的不軌行為，就要以軍法從事。老臣我雖年邁多病，但已經統率軍隊屯駐在洛水浮橋，伺候、偵察萬一出現的非常情況。」曹爽接到司馬懿的奏章，也不敢告訴皇帝，急得不知如何是好。

大司農沛國桓範聞兵起，不應太后召，矯詔開平昌門，拔取劍戟，略將門候，南奔爽。宣王知，曰：「範畫策，爽必不能用範計。」範說爽使車駕幸許昌，招外兵。爽兄弟猶豫未決，範重謂羲曰：「當今日，卿門戶求貧賤復可得乎？且匹夫持質一人，尚欲望活，今卿與天子相隨，令於天下，誰敢不應者？」[1]羲猶不能納。侍中許允、尚書陳泰說爽，使早自歸罪。爽於是遣允、泰詣宣王，歸罪請死，乃通宣王奏事。遂免爽兄弟，以侯還第。

注釋 [1]桓範的建議如能實行，則勝負尚未可知。但曹爽欠缺魄力，不能採用。

譯文 大司農沛國桓範聽説兵變，不理會太后的詔告，謊稱有詔打開了平昌門，拔出劍戟，劫走管城門的門候，向南投奔曹爽。司馬懿聽説了這件事，説：「桓範去出謀劃策，曹爽肯定不會採用他的計謀。」桓範勸曹爽將皇上帶到許昌，招募一些士兵。曹爽兄弟猶豫不決。桓範又對曹羲説：「時至今日，你想求得貧賤還有可能嗎？凡人手上有人質，尚且乞求活命，如今天子在你的控制之下，你們可以以天子的名義號令天下，哪個敢不回應？」曹羲還是不用他的計策。侍中許允、尚書陳泰勸說曹爽早一點前去請罪。於是曹爽派許允、陳泰來見司馬懿，表示願意受罰；又將司馬懿的奏章呈上。幼帝於是從奏，免去曹爽兄弟的職位，讓他們以侯爵的身份回到自家府第。

賞析與點評

曹爽是政治鬥爭的失敗者，也讓司馬氏篡奪政權踏出關鍵的一步。他的缺點很多，最重要的是對司馬懿這個老謀深算的對手沒有警惕防備，在危急關頭又不能當機立斷。但是，他其實也希望有所作為，用的助手也都是具有相當能力的後進。例如，何晏就是當時一位兼通儒、道的人物，是思想界的重要領袖。今天看到的史料，將曹爽和何晏貶斥得一無是處，很可能是勝利者顛倒黑白的結果。

初，張當私以所擇才人張、何等與爽。疑其有姦，收當治罪。當陳爽與晏等

陰謀反逆，並先習兵，須[1]三月中欲發，於是收晏等下獄[2]。會公卿朝臣廷議，以為「春秋之義，『君親無將，將而必誅』。爽以支屬，世蒙殊寵，親受先帝握手遺詔，託以天下，而包藏禍心，蔑棄顧命，乃與晏、颺及當等謀圖神器，範黨同罪人，皆為大逆不道」。於是收爽、羲、訓、晏、颺、謐、軌、勝、範、當等，皆伏誅，夷三族。[3]

注釋

1 須：等待。2 這是司馬懿對曹爽、何晏等人的誣陷。3 自此以後，司馬氏家族掌握了大權。

譯文

當初，張當私下選擇宮中才人張氏、何氏等送與曹爽。司馬懿懷疑張當與曹爽勾結，把他捉來治罪。張當供出曹爽、何晏等人企圖謀反，已經開始練兵，定於三月中旬發難。於是將何晏等人抓起來關進監獄。在京的公卿聚集在朝廷議事，認為：「《春秋》的旨義，在於『被皇帝寵愛的人不能讓其過於強大，否則皇帝必受威脅』。曹爽本是皇族，世代蒙受朝廷的殊恩，親手接下先帝的遺詔，受託輔佐天下，但卻包藏禍心，不顧先帝的囑託，與何晏、鄧颺、張當等人陰謀篡奪帝位，桓範與他們勾結在一起，是大逆不道。」於是將曹爽、曹羲、曹訓、何晏、鄧颺、丁謐、畢軌、李勝、桓範、張當等人全部處死，並誅滅三族。

荀彧傳

本篇導讀——

荀彧（一六三—二一二）是潁川大族，祖父荀淑與當世名賢李固、李膺相友善。淑為人剛正，對策譏刺貴倖，為外戚梁冀所忌，後棄官歸家，隱居養志，為世所重。有子八人，並有名，時稱「八龍」。荀彧初依袁紹，後來成為曹操最重要的謀士，「軍國大事悉以咨之」。其中，彧建議曹操迎天子都許昌，以號令諸侯，及在官渡相持半年後，堅持曹操不要退兵，對曹操統一北方，貢獻最大。後來，荀彧對曹操接受魏公稱號持異議，被迫死，反映曹操的心胸其實不夠寬廣，欠容納異見之量。

荀彧字文若，潁川潁陰人也。祖父淑，字季和，朗陵令。當漢順、桓之間，知名當世。有子八人，號曰八龍。彧父緄，濟南相。叔父爽，司空。

譯文　荀彧字文若，潁川郡潁陰縣人。祖父荀淑，字季和，曾任朗陵令。漢順帝、桓帝時，他很有名望。荀淑生有八子，號稱「八龍」。荀彧的父親荀緄，曾任濟南國相，叔父荀爽，曾任司空。

彧年少時，南陽何顒異之，曰：「王佐才也。」永漢元年，舉孝廉，拜守宮令。董卓之亂，求出補吏。除亢父令，遂棄官歸，謂父老曰：「潁川，四戰之地也，天下有變，常為兵衝，宜亟去之，無久留。」鄉人多懷土猶豫，會冀州牧同郡韓馥遣騎迎之，莫有隨者，彧獨將宗族至冀州。而袁紹已奪馥位，待彧以上賓之禮。彧弟諶及同郡辛評、郭圖，皆為紹所任。彧度紹終不能成大事，時太祖為奮武將軍，在東郡，初平二年，彧去紹從太祖。太祖大悅曰：「吾之子房也。」[1]以為司馬，時年二十九。

注釋

1 荀彧自此成為曹操集團最重要的謀士。

譯文

荀彧年少時，南陽郡的何顒十分欣賞他，說：「是個可以輔佐帝王的賢才！」永漢元年（一八九），荀彧被舉為孝廉，授予守宮令。董卓之亂時，他請求出任地方官，被任命為亢父的縣令。不久，棄官回鄉里，對父老說：「潁川是四面受敵的兵家必爭之地，天下有變，首當成為攻擊要衝，應趕緊離開這裏，不要逗留。」鄉里很多人留戀故土，猶豫不決。適逢冀州牧同郡人韓馥派騎兵來迎接，無人跟他走，只有荀彧帶領宗族遷到冀州。此時袁紹奪了韓馥的官位，以上賓之禮對待荀彧，荀彧的弟弟荀諶及同郡人辛評、郭圖，都得到袁紹任用。荀彧預料袁紹最終不能成就大業。當時魏太祖任奮武將軍，駐在東郡。初平二年（一九一），荀彧離開袁紹而追隨太祖。太祖很高興，說：「你是我的張良啊！」任他為司馬，這時荀彧才二十九歲。

是時，董卓威陵天下，太祖以問彧，彧曰：「卓暴虐已甚[1]，必以亂終，無能為也。」卓遣李傕等出關東，所過虜略，至潁川、陳留而還。鄉人留者多見殺略。明年，太祖領兗州牧，後為鎮東將軍，彧常以司馬從。興平元年，太祖征陶謙，任彧留事。會張邈、陳宮以兖州反，潛迎呂布。布既至，邈乃使劉翊告彧曰：「呂將軍來助曹使君擊陶謙，宜亟供其軍食。」眾疑惑。彧知邈為亂，即勒兵設備，馳召東郡太守夏侯惇，而兖州諸城皆應布矣。時太祖悉軍攻謙，留守兵少，而督將大吏多與邈、宮通謀。惇至，其夜誅謀叛者數十人，眾乃定。豫州刺史郭貢帥眾數萬來至城下，或言與呂布同謀，眾甚懼。貢求見彧，彧將往。惇等曰：「君，一州鎮[2]也，往必危，不可。」彧曰：「貢與邈等，分非素結也，今來速，計必未定；及其未定說之，縱不為用，可使中立，若先疑之，彼將怒而成計。」貢見彧無懼意，謂鄄城未易攻，遂引兵去。又與程昱[3]計，使說范、東阿，卒[4]全三城，以待太祖。太祖自徐州還擊布濮陽，布東走。

注釋

1董卓的失敗，主因在暴虐，荀彧看得清楚，但他不能勸止曹操多次屠戮百姓和降卒，十分可惜。2鎮：長官。3程昱：曹操手下重要謀士之一。4卒：終於。

譯文

當時董卓以其權勢威懾天下，太祖以此事詢問荀彧。荀彧說：「董卓肆意暴虐，必將以敗亡告終，不會有甚麼作為。」董卓派李傕等出關東，到處擄掠，直到潁川、陳留才返回。荀彧家鄉的百姓大多遭到殺掠。第二年，太祖兼任兖州牧，後又任鎮東將軍，荀彧常作司馬跟隨。興平元年（一九四），太祖征討陶謙，任命荀彧主持留守事宜。適逢張邈、陳宮在兗州反叛，暗中迎奉呂布。呂布到後，張邈就派劉翊告訴荀彧說：「呂將軍來幫助曹公攻打陶謙，應趕快供他軍糧。」眾人將信將疑。荀彧知道張邈已經反叛，當即整肅軍隊，設置防務，速召東郡太守夏侯惇，而兗州各縣已紛紛響應呂布了。其時太祖全軍圍攻陶謙，留守兵力少，而將領多與張邈、陳宮通謀。夏侯惇來到，當夜殺了謀反者幾十人，將士這才穩定下來。豫州刺史郭貢率兵數萬來到城下，有人說他與呂布是同謀，大家都很害怕。郭貢求見荀彧，荀彧準備前往。夏侯惇等人說：「您是一州的鎮守者，前去必定危險，不能去！」荀彧說：「郭貢與張邈等人，本不是平素就有勾結，現在他來得很急，應是主意還沒打定。趁他未定去說服他，即使不能為我所用，也可讓他保持中立；如果先猜疑他，他將會被激怒而與張邈合謀。」郭貢看到荀彧毫無懼意，認為鄄城不易攻下，因此領兵離去。荀彧又與程昱計議，讓他去說服范和東阿二縣，最終保全了這三座城，以等待太祖。太祖從徐州回師，在濮陽擊敗了呂布，呂布向東逃去。

陶謙死，太祖欲遂取徐州，還乃定布。彧曰：「昔高祖保關中，光武據河內，

皆深根固本以制天下，進足以勝敵，退足以堅守，故雖有困敗而終濟大業。將軍本以兗州首事，平山東之難，百姓無不歸心悅服。且河、濟，天下之要地也，今雖殘壞，猶易以自保，是亦將軍之關中、河內也，不可以不先定。[1]今以破李封、薛蘭，若分兵東擊陳宮，宮必不敢西顧，以其間勒兵收熟麥，約食畜穀，一舉而布可破也。破布，然後南結揚州，共討袁術，以臨淮、泗。若舍[2]布而東，多留兵則不足用，少留兵則民皆保城，不得樵採。布乘虛寇暴，民心益危，唯鄄城、范、衛可全，其餘非己之有，是無兗州也。若徐州不定，將軍當安所歸乎？且陶謙雖死，徐州未易亡也。彼懲往年之敗[3]，將懼而結親，相為表裏。今東方皆以收麥，必堅壁清野以待將軍，將軍攻之不拔，略之無獲，不出十日，則十萬之眾未戰而自困耳。前討徐州，威罰實行，其子弟念父兄之恥，必人自為守，無降心[4]，就能破之，尚不可有也。夫事固有棄此取彼者，以大易小可也，以安易危可也，權一時之勢，不患本之不固可也。今三者莫利，願將軍熟慮之。」太祖乃止。大收麥，復與布戰，分兵平諸縣。布敗走，兗州遂平。

注釋

1 荀彧認為爭霸天下必須有良好的根據地，指出兗州對曹操的重要性，十分正確。

2 舍：捨棄。3 曹操曾屠戮徐州，所以那裏的百姓對他極為痛恨。4 無降心：曹操對戰敗的敵人及所管轄的百姓較殘暴多殺掠，自然不得民心。此點恰與劉備不同。

譯文

這時陶謙已死，太祖想趁機奪取徐州，回師再平定呂布。荀彧說：「先代漢高祖保守關東，光武帝佔據河內，都是先鞏固基地以控制天下，這樣進可以制勝，退可以固守，所以雖有困難和失敗，卻終於完成大業。將軍本來是憑兗州起事，平定山東禍亂，百姓無不心悅誠服。況且兗州跨黃河、濟水，是天下要衝，現雖殘破，但還容易自保，此地就是將軍您的關中、河內，不得不先穩定它。現在已擊潰了李封、薛蘭，如果分兵東擊陳宮，陳宮必定不敢西顧，我們趁機組織隊伍收割麥子，節約糧食，儲備穀物，可以一舉打垮呂布。然後向南聯合揚州的劉繇，共討袁術，以控制淮水、泗水一帶。如果捨棄呂布不打而東攻徐州，多留守兵則攻城不夠，少留守兵就會徵百姓也來守城，不能打柴拾草。呂布乘機侵擾殺掠，民心將更恐懼，只有鄄城、范、衛三處可以保全，其餘的地方都不為我們所有，這樣就等於失去了兗州。要是徐州攻不下，將軍將安身於何處？何況陶謙雖死，徐州也不易攻破。徐州已鑒於往年的失敗，將會因畏懼而緊密聯合，內外相應。現東方都已收麥，必會堅壁清野以防將軍；將軍久攻不下，搶掠又無收穫，不出十天，十萬人馬尚未開戰自己先已困乏了。前些時討伐徐州，您威罰必行，說殺就殺。如今徐州子弟想到父兄被殺的恥辱，必定會誓死奮戰，決不投降，即使能攻下徐州，還是不能佔有它。天下確實有捨這取那的事，以大換小，是可以的，以平安換危險，是可以的；權衡一時的形勢，不顧忌根基不穩固，也是可以的。現今三者無一有利，希望將軍對這種情況細細權衡。」太祖這才打消了攻徐州的念頭，改令兵眾大舉收麥，然後再次與呂布交戰，分兵平定各縣。呂布敗走，兗州因此而平定。

建安元年，太祖擊破黃巾。漢獻帝自河東還洛陽。太祖議奉迎都許，或以山東未平，韓暹、楊奉新將天子到洛陽，北連張楊，未可卒制。或勸太祖曰：「昔晉文納周襄王而諸侯景從[1]，高祖東伐為義帝縞素[2]而天下歸心。自天子播越[3]，將軍首唱義兵，徒以山東擾亂，未能遠赴關右，然猶分遣將帥，蒙險通使，雖禦難於外，乃心無不在王室，是將軍匡天下之素志也。今車駕[4]旋軫，東京榛蕪[5]，義士有存本之思，百姓感舊而增哀。誠因此時，奉主上以從民望，大順也；秉至公以服雄傑，大略也；扶弘義以致英俊，大德也。天下雖有逆節，必不能為累，明矣。韓暹、楊奉其敢為害！若不時定，四方生心，後雖慮之，無及。」太祖遂至洛陽，奉迎天子都許。天子拜太祖大將軍，進彧為漢侍中，守尚書令。

常居中持重，太祖雖征伐在外，軍國事皆與彧籌[6]焉。太祖問彧：「誰能代卿為我謀者？」彧言「荀攸、鍾繇」。先是，彧言策謀士，進戲志才。志才卒，又進郭嘉。太祖以彧為知人，諸所進達皆稱職。

注釋

1景從：如影隨形地追隨。2縞素：穿戴喪服。3播越：流離失所。4車駕：天子的馬車。5東京榛蕪：洛陽殘破。6籌：策劃。

譯文

建安元年（一九六），太祖擊敗黃巾軍。漢獻帝從黃河以東返回洛陽。太祖想迎獻帝遷都許縣，有人認為山東尚未平定，韓暹、楊奉新近迎天子到洛陽，北面聯合張楊，尚不能即刻控制他們。荀彧勸太祖說：「從前晉文公迎周襄王返回而諸侯服從，漢高祖東征項羽，為義帝穿素服發喪而天下歸心。自從天子蒙塵，將軍您首先宣導義兵勤王，只是因為山東地區紛擾戰亂，還不能遠赴關右，但還是分派將領，冒險與朝廷通使節，雖挽救國難於朝廷之外，而心無時不繫於王室，這是將軍的一貫志向。現今天子已返回京城，而洛陽又狼藉不堪，一片荒蕪，義士有保朝廷的想法，百姓感念舊主而更增哀傷，如能趁此機會，擁戴天子以順從民心，這是大順；秉持大公無私之心以使天下豪傑歸服，這是大略；主持正義以納英才俊傑，這是大德。這樣，天下雖有人叛逆，必定不會成為我們的憂患，這是很清楚的。韓暹、楊奉豈敢為害？如不及時扶正朝廷，天下將生叛離之心，以後即使考慮此事，也來不及了。」於是太祖到了洛陽，迎接天子遷都許昌。天子任命太祖為大將軍，提升荀彧為漢侍中，代理尚書令。經常居於朝中理朝政，太祖雖征戰在外，軍國大事都要與荀彧籌劃。太祖問荀彧：「誰能替代您為我出謀劃策？」荀彧說：「荀攸、鍾繇。」原先，荀彧談到出謀劃策之士，曾舉薦了戲志才。志才死後，又推薦了郭嘉。太祖認為荀彧知人善任，他所推薦的人大多是稱職的。

賞析與點評

對於曹操「挾天子以令諸侯」，我們都會津津樂道。事實上，如果試從被挾持者的角度看整件事情，真是「情何以堪！」

自太祖之迎天子也，袁紹內懷不服。紹既并河朔，天下畏其彊。太祖方東憂呂布，南拒張繡，而繡敗太祖軍於宛。紹益驕，與太祖書，其辭悖慢[1]。太祖大怒，出入動靜變於常，眾皆謂以失利於張繡故也。鍾繇以問彧，彧曰：「公之聰明，必不追咎往事[2]，殆有他慮。」則見太祖問之，太祖乃以紹書示彧，曰：「今將討不義，而力不敵，何如？」彧曰：「古之成敗者，誠有其才，雖弱必彊，苟非其人，雖彊易弱，劉、項之存亡，足以觀矣。今與公爭天下者，唯袁紹爾。紹貌外寬而內忌[3]，任人而疑其心，公明達不拘[4]，唯才所宜，此度勝也。紹遲重少決，失在後機，公能斷大事，應變無方，此謀勝也。紹御軍寬緩，法令不立，士卒雖眾，其實難用，公法令既明，賞罰必行，士卒雖寡，皆爭致死，此武勝也。紹憑世資，從容飾智，以收名譽，故士之寡能好問者多歸之，公以至仁待人，推誠心不為虛美，行己謹儉，而與有功者無所吝惜，故天下忠正效實之士咸願為用，此德勝也。夫以四勝輔天子，扶義征伐，誰敢不從？紹之彊其何能為！」太祖悅。彧曰：「不先取呂布，河北[5]亦未易圖也。」太祖曰：「然。吾所惑者，又恐紹侵擾關中，亂羌、胡，南誘蜀漢，是我獨以兗、豫抗天下六分之五也。為將奈何？」彧曰：「關中將帥以十數，莫能相一，唯韓遂、馬超最彊。彼見山東方爭，必各擁眾自保。今若撫以恩德，遣使連和，相持雖不能久安，比公安定山東，足以不動。鍾繇可屬以西事。則公無憂矣。」

注釋　1悖慢：狂悖傲慢。2不追咎往事：對已過去的事情不會放在心上。3外寬而內忌：外表寬宏大量，內心猜忌多疑。4明達不拘：處事明快，不拘小節。5河北：指黃河以北，是袁紹的主要根據地。

譯文

自從太祖迎奉天子之後，袁紹心中不服。袁紹已經兼併河朔，天下人都畏懼他的強大。太祖正在憂慮東邊的呂布，抗拒南邊的張繡，而張繡在宛縣打敗了太祖的大軍。袁紹更加驕橫，給太祖寫信時，言辭十分狂悖傲慢。太祖讀罷大怒，出入舉止異於平時，眾人都說這是因為與張繡作戰失利。鍾繇就此詢問荀彧，荀彧說：「曹公是聰明人，必定不會追咎往事，可能是為其他事憂愁。」於是見太祖而詢問，太祖便將袁紹的信給荀彧看，說：「我現在想討伐不義，但力量不足，怎麼辦？」荀彧說：「縱觀古來成功與失敗者，如果真有才能，縱然弱小，也必將變得強盛；如果是庸人，縱然強大，也會變得弱小。劉邦、項羽的成敗，就足以使人明白這個道理。現今與您爭天下的人，只有袁紹了。袁紹這人貌似寬容而內心狹隘，任用人才卻疑心太重，您明正通達，不拘小節，唯才是舉，唯才是用，這在度量上勝過袁紹；袁紹遇事遲疑猶豫，少有決斷，往往錯過良機，您能決斷大事，隨機應變，不拘成規，這在謀略上勝過袁紹；袁紹軍紀不嚴，法令不能確立，士兵雖多，卻不能巧為任用，您法令嚴明，賞罰必行，士兵雖少，卻都奮戰效死，這在用兵上勝過袁紹；袁紹憑其名門貴族，裝模作樣，要小技而博取名譽，所以士人中缺乏才能而喜好虛名者大多歸附於他，您以仁愛之心待人，推誠相見，不求虛榮，行為謹嚴克己，而在獎勵有功之人時無所吝惜，因此天下忠誠正直、講求實效的士人都願為您效勞，這在德行上勝過袁紹。憑藉這四方面的優勢輔佐天子，扶持正義，征伐叛逆，誰敢不從？袁紹強大又如何？」太祖很高興。荀彧又說：「不先攻取呂布，河北也還是不易謀取。」太祖說：「你說得極是。我所困惑的，是又擔心袁紹侵擾關中，引發羌人、胡人作亂，向南勾結蜀、漢中二郡的劉璋；那樣我將單獨以兗、豫二州抗擊天下兵力的六分之五，那該怎麼辦呢？」荀彧說：「關中將帥能用十來數，沒有人能統一起來，只有韓遂、馬超最強。他們見崤山以東地區正在爭戰，必定各自擁兵自保。現在如果以恩德招撫他們，派遣使者與他們通好，維持和好，即使不能長久安定，但至少在您平定山東之前，足以不生變動。關西的事情可以託付給鍾繇，這樣您就可以放心出征了。」

賞析與點評

荀彧分析曹操與袁紹的才能和弱點，十分深刻準確，對曹操日後爭霸稱雄，有重要的參考作用。

三年，太祖既破張繡，東禽呂布，定徐州，遂與袁紹相拒。孔融謂彧曰：「紹地廣兵彊；田豐、許攸，智計之士也，為之謀；審配、逢紀，盡忠之臣也，任其事；顏良、文醜，勇冠三軍，統其兵：殆難克乎！」彧曰：「紹兵雖多而法不整[1]。田豐剛而犯上[2]，許攸貪而不治。審配專而無謀，逢紀果而自用，此二人留知後事[3]，若攸家犯其法，必不能縱也，不縱，攸必為變。顏良、文醜，一夫之勇耳，可一戰而禽也。」

注釋

1法不整：軍紀不嚴。2剛而犯上：性格剛毅，容易冒犯上級。3留知後事：審配、逢紀留在後方管理事務。

譯文

建安三年（一九八），太祖已擊破張繡，東擒呂布，平定徐州，進而與袁紹相抗衡。孔融對荀彧說：「袁紹地廣兵強，有田豐、許攸等謀臣替他出謀劃策，審配、逢紀等忠臣為他幹事，顏良、文醜勇冠三軍，為他統領軍隊，恐怕很難戰勝啊！」荀彧說：「袁紹兵雖眾而法令不整肅，田豐剛愎而好犯上，許攸貪婪而不檢束，審配專權而無謀，逢紀果決而剛愎自用，這兩人料理後方，如果許攸或其家人犯了法，一定不被放過，不被寬縱，許攸必然叛變。至於顏良、文醜，不過匹夫之勇罷了，可以一戰而擒！」

五年，與紹連戰。太祖保官渡，紹圍之。太祖軍糧方盡，書與彧，議欲還許以引紹。彧曰：「今軍食雖少，未若楚、漢在滎陽、成皋間也。是時劉、項莫肯先退，先退者勢屈也。公以十分居一之眾，畫地而守之，扼其喉而不得進，已半年矣。情見勢竭[1]，必將有變，此用奇之時，不可失也。」太祖乃住。遂以奇兵襲紹別屯[2]，斬其將淳于瓊等，紹退走。審配以許攸家不法，收其妻子，攸怒叛紹；顏良、文醜臨陣授首[3]；田豐以諫見誅：皆如彧所策[4]。

注釋

1 情見勢竭：袁紹的軍隊實力已完全暴露，而長時間的敵對也喪失了銳氣。2 這個計策是由背叛袁紹的許攸提供的。3 授首：被斬下首級。4 以上四事均一一出現，荀彧可說是料事如神。

譯文

建安五年（二〇〇），與袁紹連續交戰。太祖退守官渡，被袁紹包圍。太祖軍糧將盡，寫信給荀彧，與他商議可否退兵許縣以引誘袁紹。荀彧回信說：「如今軍糧雖少，還比不上楚、漢在滎陽、成皋之間那樣嚴峻。當時劉邦、項羽雙方都不肯先退，先退的一方必定處於被動。公以僅及敵之十分之一的兵力，就地堅守，扼住敵人咽喉，使其不能前進，已經半年了。敵人的底細已經清楚，銳氣已經枯竭，局面將會有劇變，這正是使用奇謀的良機，不可失去啊！」太祖於是留下來。再以奇兵偷襲袁紹的其他軍營，斬殺了他的大將淳于瓊等，袁紹只好退走。審配因為許攸有不法行為，收捕其妻兒，許攸因此大怒而背叛了袁紹；顏良、文醜被陣前斬首；田豐由於勸諫而被殺，一切正如荀彧所預想的那樣。

賞析與點評

荀彧是曹操集團中最重要的謀士，多番為曹操出謀劃策，對曹操最終能夠戰勝袁紹、統一北方，貢獻極大。

六年，太祖就穀東平之安民，糧少，不足與河北相支[1]，欲因紹新破，以其間擊討劉表。彧曰：「今紹敗，其眾離心，宜乘其困，遂定之；而背兗、豫，遠師江、漢，若紹收其餘燼，承虛以出人後，則公事去矣。」太祖復次於河上。紹病死。太祖渡河，擊紹子譚、尚，而高幹、郭援侵略河東，關右震動，鍾繇帥馬騰等擊破之。八年，太祖錄彧前後功，表封彧為萬歲亭侯。九年，太祖拔鄴[2]，領冀州牧。

注釋

1相支：對抗。2鄴：袁氏家族的大本營。

譯文

建安六年（二〇一），太祖為籌糧到了東平的安民地區，糧食太少，不足以與河北相抗拒，想要趁袁紹新敗的機會，利用這個空隙討伐劉表。荀彧說：「現在袁紹失敗，部眾離析，應趁此機會，一舉平定河北；我們背靠兗州、豫州，如遠征江、漢，這時袁紹要是收其殘部，乘虛攻擊我們的後方，您的大事就完了。」於是太祖率軍，再次駐紮到了黃河岸邊。不久，袁紹病死，太祖渡過黃河，襲擊袁紹的兒子袁譚、袁尚；而高幹、郭援侵略河東郡，關右震動，鍾繇率馬騰擊敗了他們。建安八年（二〇三），太祖記錄荀彧前後的功績，上表請封荀彧為萬歲亭侯。建安九年（二〇四），太祖攻下鄴城，兼任冀州牧。

是時荀攸常為謀主。彧兄衍以監軍校尉守鄴，都督河北事。太祖之征袁尚也，高幹密遣兵謀襲鄴，衍逆覺，盡誅之，以功封列侯。太祖以女妻彧長子惲，後稱安陽公主。彧及攸並貴重，皆謙沖節儉，祿賜散之宗族知舊，家無餘財。十二年，復增彧邑千戶，合二千戶。

譯文

這時荀攸也常是太祖主要的謀士。荀彧的兄長荀衍以監軍校尉身份駐守鄴城，統領河北軍事。太祖征討袁尚時，高幹暗地派士兵偷襲鄴城，荀衍事先察覺，把這些人全部誅殺了，因功被封為列侯。太祖將女兒嫁給荀彧的長子荀惲，後稱安陽公主。荀彧、荀攸均權重顯貴，但都謙虛節儉，得到的賞賜、俸祿都分給宗族故里，自家並無餘財。建安十二年（二〇七），又增加荀彧的封邑一千戶，加上從前的共二千戶。

太祖將伐劉表，問彧策安出，彧曰：「今華夏已平，南土知困矣。可顯出宛、葉而間行輕進，以掩其不意。」太祖遂行。會表病死，太祖直趨宛、葉如彧計，表子琮以州逆降。

譯文

太祖將征討劉表，問荀彧將採用甚麼計策，荀彧說：「現在中原地區已經平定，南方的處境就困難了，可以明裏出兵宛、葉二縣，而暗中抄小路輕裝行進，打他個出其不意。」太祖照辦。恰好此時劉表病死，太祖按荀彧的計策直趨宛、葉，劉表之子劉琮獻出荊州而降。

十七年，董昭等謂太祖宜進爵國公，九錫備物，以彰殊勳，密以諮彧。彧以為太祖本興義兵以匡朝寧國，秉忠貞之誠，守退讓之實；君子愛人以德，不宜如此。太祖由是心不能平[1]。會征孫權，表請彧勞軍於譙，因輒留彧，以侍中光祿大夫持節，參丞相軍事。太祖軍至濡須，彧疾留壽春，以憂薨[2]，時年五十。諡曰敬侯。明年，太祖遂為魏公矣。

注釋

1 心不能平：曹操對荀彧的反對意見甚感不滿。2 以憂薨：荀彧之憂死，是曹操一手造成的。

譯文

建安十七年（二一二），董昭等人認為太祖應晉爵為國公，配備九錫等車馬隨從儀仗，以表彰他特殊的功勳。這些人就此事祕密徵求荀彧的意見。荀彧認為太祖起兵是為了匡正朝廷，安定國家，他應當秉執忠誠之心，保持退讓的篤實品格。君子愛人是愛其德行，不應該這樣倡議。太祖從此心中對他產生了不滿。正好遇上征討孫權，太祖上表請派荀彧到譙縣慰勞軍隊，乘機把荀彧留在軍中，讓他作侍中、光祿大夫、持節的身份，參謀丞相的軍事。太祖軍隊到了濡須，荀彧因病留在揚州壽春，憂鬱而死，享年五十歲。追諡為敬侯。第二年，太祖就晉爵做魏公了。

賞析與點評

曹操心胸不夠寬廣，對異見不能包容，其實已到了予智自雄的地步。所以，當荀彧對其晉爵為魏公一事稍持異議，便心懷惡意，迫死這個追隨多年、建樹極大、兒女親家和助手。其實，荀彧的反對並沒有對曹操產生影響，但從威權受損的角度看，似又與曹操的行事保持一貫。荀彧這種王佐之才遇到粗暴的領袖，也沒法避免走上絕路，真令人歎息！

管寧傳

本篇導讀——

管寧（一五八——二一四）是三國時代最具道德力量的一位賢人，一生閉門讀書，不求仕進。魏立國，徵太中大夫、光祿卿，皆辭不就。他在天下紛亂、唯利是視的社會裏，真是俗世清流，令人景仰。以往朗讀文天祥〈正氣歌〉時，唸到「或為遼東帽，清操厲冰雪」，便會不自覺地肅然起敬。管寧是我們民族的楷模、人類的瑰寶！對唯利是視者足以振聾發聵，猶如當頭棒喝！

管寧字幼安，北海朱虛人也。年十六喪父，中表愍其孤貧，咸共贈賵[1]，悉辭不受，稱財以送終[2]。長八尺，美須眉。與平原華歆、同縣邴原相友，俱游學於異國，並敬善陳仲弓。天下大亂，聞公孫度令行於海外，遂與原及平原王烈等至於遼東。度虛館[3]以候之。既往見度，乃廬[4]於山谷。時避難者多居郡南，而寧居北，示無遷志，後漸來從之。太祖為司空，辟[5]寧，度子康絕命不宣[6]。

注釋

[1]贈賵：喪禮的開支。[2]稱財以送終：根據自己能夠負擔的來辦理喪事。[3]虛館：準備了房舍。[4]廬：築室。[5]辟：徵辟，即聘用。[6]絕命不宣：阻塞了有關冊命的宣報。

譯文

管寧字幼安，北海郡朱虛縣人。十六歲時，他的父親逝世，中表兄弟們憐憫他孤獨貧困，都送給他治喪的費用，管寧全都推辭不接受，根據自己的財力為父親辦理喪事。管寧身高八尺，鬚眉修美。與平原人華歆、同縣人邴原為好友，都曾到別的諸侯封國裏去遊學，都很敬重善待陳仲弓。當時天下大亂，管寧聽說公孫度威令大行於海外，就與邴原及平原人王烈等到遼東郡。公孫度特意騰空館舍等候他們。拜見了公孫度之後，管寧隨即就居住在山谷中。當時渡海避難的人大多住在郡的南部，而管寧卻住在郡的北部，表示沒有遷徙的意思，後來的人漸漸都來跟從他。太祖任司空後徵召管寧，公孫度的兒子公孫康扣下送來的詔命，不對管寧宣佈。

中國少安[1]，客人皆還，唯寧晏然[2]若將終[3]焉。黃初四年，詔公卿舉獨行君子[4]，司徒華歆[5]薦寧。文帝即位，徵寧，遂將[6]家屬浮海還郡，公孫恭送之南郊，加贈服物。自寧之東也，度、康、恭前後所資遺，皆受而藏諸。既已西渡，盡封還之。[7]詔以寧為太中大夫，固辭不受。明帝即位，太尉華歆遜位讓寧[8]，遂下詔曰：「……以寧為光祿勳。……」又詔青州刺史曰：「……以禮發遣寧詣行在所[9]，給安車、吏從、茵蓐、道上廚食，上道先奏。」

注釋

1 少安：稍稍安定。2 晏然：安於現狀。3 將終：在遼東終老。4 舉獨行君子：推薦有特殊德行的人物。5 華歆：華歆是管寧年少時的朋友，他們一起讀書的故事見於《世說新語》。6 將：攜帶。7 管寧把多年來由公孫度、公孫康、公孫恭三人贈送的禮物全部物歸原主。8 遜位讓寧：把自己的官位讓給管寧。9 在所：目前居住的地方。

譯文

中原地區稍稍安定後，逃到遼東的客人都返歸了，只有管寧晏然不動，就像要在那裏終老一樣。黃初四年（二二三），文帝詔令公卿大臣舉薦有德行的君子，司徒華歆舉薦了管寧。文帝即位，即徵召管寧。管寧於是帶着家眷部屬渡海回到北海郡，公孫恭把他送到南郊，加倍贈給他服飾器物。自從管寧東渡，公孫度、公孫康、公孫恭前後所給他的資助饋贈，他都接受後收藏起來。西渡之時，全都封好退還給了公孫氏。文帝下詔任命管寧為太中大夫，管寧堅持辭讓不接受。明帝即位，太尉華歆退位讓給管寧，明帝於是下詔書：「……任命管寧為光祿勳……。」又詔命青州刺史「……按禮節遣送管寧來京都，供給他安車、隨從、褥墊、路上廚司食物，上路之前先行奏聞。」

賞析與點評

流傳較廣的一則關於管寧割席斷交的材料，出自《世說新語．德行》篇。文中說：「管寧、華歆共園中鋤菜，見地有片金，管揮鋤與瓦石不異，華捉而擲去之。又嘗同席讀書，有乘軒冕過門者，寧讀書如故，歆廢書出看。寧割席分坐曰：『子非吾友也！』」現在讀了〈管寧傳〉，感覺到兒時的學習態度，對個人的品格有很大影響。華歆後來雖然作了大官，並曾推薦管寧代替他，實際上兩人的品德絕不能相比。

寧稱草莽臣上疏曰：「臣海濱孤微，罷農無伍，祿運幸厚。橫蒙陛下纂承洪緒，德侔三皇。化溢有唐。久荷渥澤，積祀一紀[1]，不能仰答陛下恩養之福。況委篤痾，寢疾彌留，逋違臣隸顛倒之節，夙宵戰怖，無地自厝[2]。臣元年[3]十一月被公車司馬令所下州郡，八月甲申詔書徵臣，更賜安車、衣被、茵蓐，以禮發遣，光寵並臻，優命屢至，怔營竦息，悼心失圖。思自陳聞，申展愚情，而明詔抑割，不令稍脩章表，是以鬱滯，訖于今日。誠謂乾覆，恩有紀極，不意靈潤，彌以隆赫。奉今年二月被州郡所下三年十二月辛酉詔書，重賜安車、衣服，別駕從事與郡功曹以禮發遣，又特被璽書[4]，以臣為光祿勳，躬秉勞謙，引喻周、秦，損上益下。受詔之日，精魄飛散，靡所投死。臣重自省揆，德非園、綺而蒙安車之榮，功無竇融而蒙璽封之寵，楶棁駑下，荷棟梁之任，垂沒之命，獲九棘之位，懼有朱博鼓妖之眚[5]。又年疾日侵，有加無損，不任[6]扶輿進路以塞元責。望慕閶闔[7]，徘徊闕庭[8]，謹拜章陳情，乞蒙哀省，抑恩聽放，無令骸骨填於衢路[9]。」自黃初至于青龍，徵命相仍，常以八月賜牛酒。

注釋

1祀：年。一紀：十二年。2自厝：自處。3元年：指太和元年，即二二七年。4璽書：天子的詔書。5眚：災害。6不任：無法承受。7閶闔：皇宮。8闕庭：宮廷。

9 極言身體很差，恐怕會在前往京師路上死亡，以辭徵辟。

譯文

管寧於是自稱草莽臣上疏說：「臣下不過是居處海邊的孤立無助的微下之人，不事農耕，也不是行伍之人，財祿和命運幸好還算優厚。承蒙陛下繼承洪大的統緒，德行可比三皇，教化超過有唐。久蒙恩澤，已有十二年了，不能報答陛下的恩養之福。沉溺萎頓，病重彌留，遲延、違背了臣下隸屬服從的職責，晝夜驚恐，無地自容。臣下於太和元年（二二七）十一月承蒙公車司馬令頒下州郡，以八月甲申日詔書徵召臣下，並賜予安車、衣被、褥墊，按禮遣送。光榮寵倖一起來到，優裕的命令屢屢下達，使我竦息震驚，不知所措。想陳述剖白我的心情，但詔書明令不准書寫章表上奏，因此停滯不前，直到今日。本來以為陛下恩澤已到了極點，不想卻更加隆重煊赫。今年二月承蒙州郡頒下三年十二月辛酉日詔書，又賜予安車、衣服，別駕從事與郡功曹按禮遣送，又特別得到任命，以臣下為光祿勳，有勞陛下親自謙虛勸喻，引周秦事例，反覆指示。受詔之日，臣下魂飛魄散，存身無處。臣下重新思量，論德行不是東園公、綺里，而蒙受賞賜安車的榮耀，論功勞不是竇融，而蒙受賜璽封官的寵倖；本是短桂，才能低下，卻肩負棟樑的責任，垂死之人，卻獲取了九棘尊位，恐會有朱博鼓妖的災禍。並且我疾病日重，有加無減，無法擔當重大的責任。心慕皇宮，徘徊宮庭，謹拜奉章表，陳述愚情，請求蒙受哀憐，收抑洪恩，聽任臣下流放，不要讓我的骸骨埋葬在大路之上。」從文帝黃初年間（二二〇—二二六）直到明帝青龍年間（二三三—二三六），徵召管寧的命令接連不斷，常常在八月賜予牛酒。

正始二年，太僕陶丘一、永寧衛尉孟觀、侍中孫邕、中書侍郎王基薦寧，……於是特具安車蒲輪，束帛加璧[1]聘焉。會寧卒，時年八十四。

注釋

[1] 束帛加璧：這是古代對有崇高品德的老者的禮待。

譯文

正始二年（二四一），太僕陶丘一、永寧衛尉孟觀、侍中孫邕、中書侍郎王基舉薦管寧，……於是特地備好安車，用蒲草裹上車輪，束帛加璧前往禮聘管寧。適逢管寧去世，時年八十四歲。

郭嘉傳

本篇導讀——

俗語說：「汝、穎多奇士」，郭嘉（一七〇——二〇七）應佔一席位。他是曹操另一位極為倚重的謀士。郭嘉初投袁紹，認為紹多端寡要，好謀無決，難有成就。後經荀彧推薦，為曹操召見，與操論天下大勢，操重其才，表為司空軍祭酒。在與呂布決戰時，郭嘉獻策擒殺呂布。官渡戰前，他已料定袁紹必敗。郭嘉早卒，赤壁大敗後，曹操想起郭嘉，說：「郭奉孝在，不使孤至此！」

郭嘉字奉孝，潁川陽翟人也。初，北見袁紹，謂紹謀臣辛評、郭圖曰：「夫智者審於量主，故百舉百全而功名可立也。袁公徒欲效周公之下士，而未知用人之機。多端寡要[1]，好謀無決，欲與共濟天下大難，定霸王之業，難矣！」於是遂去之。先是時，潁川戲志才，籌畫士也，太祖甚器之。早卒。太祖與荀彧書曰：「自志才亡後，莫可與計事者。汝、潁固多奇士，誰可以繼之？」彧薦嘉。召見，論天下事。太祖曰：「使孤成大業者，必此人也。」嘉出，亦喜曰：「真吾主也。」表為司空軍祭酒。征呂布，三戰破之，布退固守。時士卒疲倦，太祖欲引軍還，嘉說太祖急攻之，遂禽布。……孫策轉鬥千里，盡有江東，聞太祖與袁紹相持於官渡，將渡江北襲許。眾聞皆懼，嘉料之曰：「策新并江東，所誅皆英豪雄傑，能得人死力者也。然策輕而無備[2]，雖有百萬之眾，無異於獨行中原也。若刺客伏起，一人之敵耳。以吾觀之，必死於匹夫之手。」策臨江未濟，果為許貢客所殺。

注釋

1 多端寡要：不能把握關鍵。2 輕而無備：輕率而不作防弊。

譯文

郭嘉字奉孝，潁川郡陽翟縣人。當初，郭嘉曾北行去見袁紹，對袁紹的謀臣辛評、郭圖說：「明智的人能審慎周到地衡量他的主人，所以凡有舉措都很周全，從而可以立功揚名。袁公只想要仿效周公的禮賢下士，卻不很知道使用人才的道理。思慮多端而缺乏要領，喜歡謀劃而沒有決斷，想和他共同拯救國家危難，建稱王稱霸的大業，實在很難啊！」於是從此離開了袁紹。在這之前，潁川郡人戲志才，是個善於籌劃的人士，太祖很器重他。戲志才死得早。太祖給荀彧寫信說：「自從志才去世後，我就沒有可以與之計議大事的人了。汝川、潁川本來多有奇特人士，有誰可以繼承戲志才呢？」荀彧推薦了郭嘉。太祖召見郭嘉，談論天下大事。太祖說：「能使我成就大事業的人，一定就是這個人了。」郭嘉出來後，也高興地說：「這才是我的真正主人啊。」太祖上表讓郭嘉做了司空軍祭酒。太祖征討呂布，經過三次戰鬥，打敗了呂布。呂布後退堅守。這時士兵疲倦，太祖想率領軍隊撤回，郭嘉勸說太祖猛烈攻打呂布，隨即將呂布捉住。孫策轉戰千里，佔據了全部江東地區，聽說太祖與袁紹在官渡相持不下，於是想渡江向北襲擊許縣。眾人聽到這個消息都有些害怕。郭嘉預測說：「孫策剛剛吞併了江東，所誅殺的都是些英雄豪傑，他是能讓人效死力之人。但是孫策這個人輕率而不善於防備，雖然他的部隊有一百萬人之多，卻和他一個人來到中原沒甚麼兩樣。如果有刺客伏擊，那他就不過是一人之敵罷了。在我看來，孫策必定要死在一個平常的人手中。」孫策到了江邊，尚未渡江，果然被許貢的門客刺殺了。

賞析與點評

郭嘉是荀彧推薦的謀士，曹操對他極之倚信。他觀察袁紹的不足和缺點，眼光獨到。對曹操擒殺勁敵呂布，也曾發揮了關鍵作用。他更估算到孫策的輕率行事會遇到刺客伏擊，是一個非常老練、傑出的謀士。

從破袁紹，紹死，又從討譚、尚于黎陽，連戰數克。諸將欲乘勝遂攻之，嘉曰：「袁紹愛此二子，莫適立也。有郭圖、逢紀為之謀臣，必交鬥其間，還相離也。急之則相持，緩之而後爭心生。不如南向荊州若征劉表者，以待其變；變成而後擊之，可一舉定也。」太祖曰：「善。」乃南征。軍至西平，譚、尚果爭冀州。譚為尚軍所敗，走保平原，遣辛毗乞降。太祖還救之，遂從定鄴。又從攻譚於南皮，冀州平。封嘉洧陽亭侯。

譯文

郭嘉隨從太祖打敗袁紹，袁紹死，又隨從太祖到黎陽討伐袁譚、袁尚，接連幾次戰鬥都打敗了對方。眾將領想乘勝攻擊，郭嘉說：「袁紹愛他這兩個兒子，一直沒有立哪一個繼承他。二人分別有郭圖、逢紀做他們的謀臣，一定會在其間交相爭鬥，互相離間。我們攻得太急，他們就會互相扶助，我們攻勢一緩和，他們互相爭鬥的心思就產生了。我們不如向南作出像要征討劉表的樣子，以等待二袁的變化，變局一成，爾後再向他們攻擊，就可以一舉成功了。」太祖說：「好。」於是向南面進軍。軍隊開至西平縣，袁譚、袁尚果然開始爭奪冀州。袁譚被袁尚軍隊打敗，逃走保守平原縣，派遣辛毗乞請投降。太祖回兵救助袁譚，隨即順勢平定了鄴縣。郭嘉後來又隨從太祖在南皮攻打袁譚，平定了冀州。太祖封郭嘉為洧陽亭侯。

太祖將征袁尚及三郡烏丸，諸下多懼劉表使劉備襲許以討太祖，嘉曰：「公雖威震天下，胡恃其遠，必不設備。因其無備，卒然擊之，可破滅也。且袁紹有恩於民夷，而尚兄弟生存。今四州之民，徒以威附，德施未加，舍而南征，尚因烏丸之資，招其死主之臣，胡人一動，民夷俱應，以生蹋頓之心，成覬覦之計，恐青、冀非己之有也。[1]表，坐談客[2]耳，自知才不足以御備，重任之則恐不能制，輕任之則備不為用，雖虛國遠征，公無憂矣。」太祖遂行。至易，嘉言曰：

「兵貴神速[3]。今千里襲人，輜重多，難以趣利，且彼聞之，必為備；不如留輜重，輕兵兼道以出，掩其不意。」太祖乃密出盧龍塞，直指單于庭[4]。虜卒聞太祖至，惶怖合戰。大破之，斬蹋頓及名王已下。尚及兄熙走遼東。

注釋

1 郭嘉對局勢的掌握可以說是很全面。2 坐談客：多談說而少實行。3 兵貴神速：此說來自《孫子兵法》。4 單于庭：外族領袖的皇廷。

譯文

太祖將要征討袁尚和三郡的烏丸族人，眾將領大多顧慮劉表派遣劉備襲擊許縣，以討太祖，郭嘉說：「太祖雖然威勢震撼天下，但烏丸族依恃他們地處偏遠，一定不會設置防備。乘他們沒有防備，突然發動攻擊，就可以攻破消滅他們。況且袁紹對漢人、烏丸人有恩，而袁尚兄弟還在。現在四州的百姓，只因我們的威勢而歸附，德政恩惠並未施加，如果我們捨棄進攻他們的時機轉而南征劉表，袁尚就會憑藉烏丸人的幫助，招募他們的能為主人效死的臣僚，胡人再有舉動，當地的漢人、烏丸人都會回應，就將助長蹋頓南向中原的野心，那時恐怕青、冀二州就不在我們手裏了。劉表不過是個坐談客罷了，自己知道才能不足以駕馭劉備，重用劉備，怕不能控制他，不給劉備重任，劉備又不會為他所用。我們雖然在國內兵力空虛的情況下遠征，您也不用憂慮。」太祖於是率軍北行，走到易縣時，郭嘉建議說：「兵貴神速。現在千里行軍，偷襲敵人，物資太多，就難以迅速前進，並且對方要是知道了，一定會作防備。不如留下物資，讓輕裝的士兵加倍趕路，出其不意地攻擊敵人。」太祖於是祕密從盧龍塞出兵，直接攻向烏丸單于居住的地方。烏丸人倉猝中聽到太祖軍隊到了，驚慌惶惑中合兵作戰。太祖軍大敗烏丸軍，斬殺了蹋頓和各個有名的首領。袁尚和他哥哥袁熙逃去遼東郡。

賞析與點評

郭嘉說「兵貴神速」，是十分有道理的。郭嘉對用兵之道似有相當心得，提出的建議對曹操順利平定三郡烏丸產生積極效果。宋初趙普亦曾對宋太祖提出相似的建議，很快便把淮南地區的反對力量擊潰。

嘉深通有算略，達於事情。太祖曰：「唯奉孝為能知孤意。」年三十八，自柳城還，疾篤，太祖問疾者交錯。及薨，臨其喪，哀甚，謂荀攸等曰：「諸君年皆孤輩也，唯奉孝最少。天下事竟，欲以後事屬之，而中年夭折，命也夫！」乃表曰：

「軍祭酒郭嘉，自從征伐，十有一年。每有大議，臨敵制變。臣策未決，嘉輒成之。平定天下，謀功為高。不幸短命，事業未終。追思嘉勳，實不可忘。可增邑八百戶，并前千戶。」謚曰貞侯。……後太祖征荊州還，於巴丘遇疾疫，燒船，歎曰：「郭奉孝在，不使孤至此。」[1]初，陳羣非嘉不治行檢，數廷訴嘉，嘉意自若。太祖愈益重之，然以羣能持正，亦悅焉。

注釋

1 曹操在赤壁大敗，遂憶及郭嘉，認為如郭嘉仍在世，必能防止此次敗北。

譯文

郭嘉深沉通達，有謀略，通曉事物情理。太祖說：「只有郭奉孝能了解我的心思。」三十八歲時，郭嘉從柳城回來，病得很重，太祖派去探問病情的人一個接着一個。郭嘉去世後，太祖親自前去弔喪，對荀攸等人說：「你們諸位的年紀和我是同輩，只有郭奉孝年紀最輕。天下戰事完畢，我想把身後的事務託附給他，而他卻中年早逝，真是天命啊！」隨即上表說：「軍祭酒郭嘉，自從隨臣征伐各地，已有十一年。每每作出重大的建議，善於在大敵當前時隨機應變，為臣的決策尚未作出，郭嘉往往已經謀劃成熟，在平定天下的過程中，郭嘉貢獻謀略的功勞最高。不幸的是他短命，事業未能完成。現在追思郭嘉的功勳，實在是不能忘卻。增加他的封邑八百戶，連同以前所有，共一千戶。」追謚貞侯。……後來太祖征戰荊州返回時，在巴丘遇上了流行疾病，燒掉了船隻，太祖歎息說：「郭奉孝如果還健在，不會讓我落到這個地步。」當初，陳羣曾批評郭嘉行為不檢點，幾次在太祖面前訴說郭嘉的不是，郭嘉不以為意，神情自若。太祖更加器重他，但同時因為陳羣能秉持公正，對陳羣也很欣賞。

賞析與點評

三國時代很多具有出眾才華的人才英年早逝，對大局產生深遠的影響。這種情況在魏、蜀漢、吳三國都曾經出現。例如，魏國的郭嘉、蜀漢的龐統和東吳的周瑜，都是這類人才的表表者。

任峻傳

本篇導讀——

任峻（？—二〇四）是曹魏軍事集團一位實幹官員。曹操起兵入中牟，峻歸附曹操。曹操每征伐，峻常居守供給軍需。建安元年（一九六），棗祗建議設立屯田，又主張屯田地租採用分成制，曹操接納建議，以峻為典農中郎將，以祗為屯田都尉，募民屯田，數年中所在積粟，豐足軍用，對恢復北方經濟作出貢獻。官渡之戰，峻掌軍器糧運，以功高封為都亭侯，遷長水校尉。

任峻字伯達，河南中牟人也。漢末擾亂，關東皆震。中牟令楊原愁恐，欲棄官走。峻說原曰：「董卓首亂，天下莫不側目，然而未有先發者，非無其心也，勢未敢耳。明府若能唱之，必有和者。」原曰：「為之奈何？」峻曰：「今關東有十餘縣，能勝兵者不減萬人，若權行河南尹事，總而用之，無不濟矣。」原從其計，以峻為主簿。峻乃為原表行尹事，使諸縣堅守，遂發兵。會太祖起關東，入中牟界，眾不知所從，峻獨與同郡張奮議，舉郡以歸太祖。峻又別收宗族及賓客家兵數百人，願從太祖。太祖大悅，表峻為騎都尉，妻以從妹，甚見親信。太祖每征伐，峻常居守以給軍。

譯文

任峻字伯達，河南郡中牟縣人。東漢末，四方騷亂，關東地區都受到震動，中牟縣令楊原憂愁恐懼，打算棄官逃走，任峻勸他說：「董卓帶頭叛亂，天下人沒有不怨恨的。然而卻沒有人倡議討伐他，人們並不是沒有討伐他的願望，而是迫於形勢不敢發動。您如果能發出倡議，一定會有回應的。」楊原問：「該怎麼辦呢？」任峻說：「現在關東有十多個縣，能打仗的人不少於一萬，如果您暫時行使河南尹的權力，集中起來調遣，沒有辦不成的事。」楊原聽從了任峻的計策，任命他為主簿。任峻便替楊原發佈有關代理河南尹的文告，讓各縣堅守自己的領地，於是便發兵征討董卓。正趕上曹操從關中起兵，進入中牟縣界，當地人不知道該跟隨誰，只有任峻與同郡的張奮商議，率全郡歸順曹操。任峻另外又召集自己宗族、賓客以及家丁一共幾百人，情願跟隨曹操。曹操非常高興，上表請求任命任峻為騎都尉，並將自己的堂妹嫁給他，對他十分親信。曹操每次出征，總是讓任峻留在後方主管部隊的給養。

是時歲飢旱，軍食不足，羽林監潁川棗祗建置屯田，太祖以峻為典農中郎將，募百姓屯田於許下，得穀百萬斛，郡國列置田官，數年中所在積粟，倉廩皆滿。官渡之戰，太祖使峻典軍器糧運。賊數寇鈔絕糧道，乃使千乘[1]為一部，十道方行[2]，為複陳以營衛之，賊不敢近。軍國之饒，起於棗祗而成於峻。太祖以峻功高，乃表封為都亭侯，邑三百戶，遷長水校尉。

注釋

1千乘：一千輛。2十道方行：排成十個方正的行列。

譯文

當時正趕上饑荒乾旱的年景，軍糧不足，朝廷羽林監潁川人棗祗建置屯田，收穫糧食達到百萬斛，各郡都設置屯田的官員，幾年間屯田的地方都儲備了糧食，倉庫都堆滿了。官渡之戰，曹操命任峻掌管軍器和糧食的運輸，敵人幾次偷襲斷絕了糧道，任峻便以一千輛糧車為一部，列成十個方正的行列，擺成縱深的陣勢以拱衛糧車，敵人不敢靠近。軍隊國庫能夠糧食充足，開始是靠着棗祗的屯田，而最終的成功是靠着任峻的努力。曹操因為任峻功高，上表請求封他為都亭侯，食邑三百戶，又升任長水校尉。

賞析與點評

戰爭是極具破壞的行為。在戰爭不斷的情況下，人口大減，農業生產自然大受破壞，給老百姓帶來災難。人們為逃避戰禍，或舉族遷移，或只身逃亡，正常生產便無法維持。所以，糧食供給便出現困難。曹操實行軍事屯田，利用士兵保障農業生產。除部分士兵輪替耕種外，也可徵集屯民，以保證勞動力的充裕數量。棗祗、韓浩屯田建議的推行，給曹氏政權產生重大作用。與其他競爭者相比，糧食供給較有保障是爭奪地盤的一個必要條件，而曹操在這方面基本上較為成功。

峻寬厚有度[1]而見事理，每有所陳，太祖多善之。於饑荒之際，收卹朋友孤

遺，中外貧宗，周急繼乏，信義見稱。建安九年薨，太祖流涕者久之。子先嗣。先薨，無子，國除。文帝追錄功臣，謚峻曰成侯。復以峻中子覽為關內侯。

注釋

1 寬厚有度：寬容，有度量。這種氣質是曹操所欠缺的。

譯文

任峻待人寬厚有器量，通曉事理，每次提出建議，曹操總是很滿意。饑荒的時候，他收養撫卹朋友的親人、貧困的中表親戚，救助急難，周濟貧乏，信義為人所稱道。建安九年（二〇四），任峻去世，曹操為他的死曾長時間地哭泣。他的兒子任先承襲了爵位，任先沒有兒子，他死後，封地便被解除。後來魏文帝追錄功臣，賜給任峻成侯的謚號，又賜封任峻的次子任覽為關內侯。

鄧艾傳

本篇導讀——

鄧艾（一九七—二六四）是魏國後期主要軍事官員，深受司馬懿賞識，辟為掾屬，曾任尚書郎、安南、汝南、城陽太守、兗州刺史，所在皆興修水利。鄧艾不但平定毌丘儉等叛亂，又多次打敗蜀將姜維，軍功卓著。二六三年，與鎮西將軍鍾會（二二五—二六四）率兵分道入蜀，「從陰平由邪（小）徑經漢德陽亭趣涪」，兵鋒直迫成都。蜀漢卒不及防，劉禪出降。艾以功拜太尉，不久，遭鍾會誣告，被捕斬首。

鄧艾字士載，義陽棘陽人也。少孤，太祖破荊州，徙汝南，為農民養犢[1]。年十二，隨母至潁川，讀故太丘長陳寔碑文，言「文為世範，行為士則」，艾遂自名範，字士則。後宗族有與同者，故改焉。為都尉學士，以口吃，不得作幹佐。為稻田守叢草吏。同郡吏父憐其家貧，資給甚厚，艾初不稱謝。每見高山大澤，輒規度指畫軍營處所，時人多笑焉。後為典農綱紀，上計吏，因使見太尉司馬宣王。宣王奇之，辟之為掾，遷尚書郎。

注釋

1 犢：小牛。

譯文

鄧艾字士載，義陽棘陽縣人。從小就失去父親。魏武帝攻破荊州後，他遷移到汝南，為農民放牛。十二歲時，鄧艾隨着母親來到潁川，讀到故太丘長陳寔的碑文，其中有兩句話：「文章為世人典範，行為是讀書人的準則。」鄧艾深受感動，於是自己取名叫「範」，字士則。他的親戚中有名字相同的，所以他又改名。後來任都尉學士，因為有口吃的毛病，不適宜做文書，於是為稻田守叢草吏。同郡父老因為他家窮苦，常常資助他。鄧艾最初也不表示感謝。每當他看到高山大湖，就指手劃腳，認為軍營該安置在某地等，別人常常嘲笑他。後來任典農綱紀、上計吏。因出使朝廷，得以結識太尉司馬懿。司馬懿認為鄧艾很不一般，於是召他作為屬官，遷任尚書郎。

賞析與點評

鄧艾對軍事知識的喜愛好像出於天性。別人的嘲笑對他沒有作用。這種專注和執著使鄧艾終於成為傑出的軍事將領，肩負平定蜀漢國的歷史使命。

時欲廣田畜穀，為滅賊資，使艾行陳、項已東至壽春。艾以為「田良水少，不足以盡地利，宜開河渠，可以引水澆溉，大積軍糧，又通運漕之道。」乃著《濟河論》以喻其指[1]。又以為「昔破黃巾，因為屯田，積穀於許都以制四方。今三隅已定，事在淮南，每大軍征舉，運兵過半，功費巨億，以為大役。陳、蔡之間，土下田良，可省許昌左右諸稻田，并水東下。令淮北屯二萬人，淮南三萬人，十二分休，常有四萬人，且田且守。水豐常收三倍於西，計除眾費，歲完五百萬斛以為軍資。六七年間，可積三千萬斛於淮上，此則十萬之眾五年食也。以此乘吳，無往而不克矣。」宣王善之，事皆施行。正始二年，乃開廣漕渠，每

東南有事，大軍興眾，汎舟而下，達於江、淮，資食有儲而無水害，艾所建也。出參征西軍事，遷南安太守。

注釋

1 喻其指：說明他的主張。

譯文

當時朝廷想增闢田地，積蓄糧食，為征討敵人作準備，於是派遣鄧艾到陳、項等縣以東，直到壽春巡行視察。鄧艾認為：「土地肥沃，可惜水少，不能夠充分利用土地。應當開挖河渠，引水灌溉，既可廣積軍糧，又可開通漕運的水路。」於是寫了《濟河論》來闡明他的道理。又認為：「從前平定黃巾之亂，為此而屯兵開田。在許都積蓄了許多糧食，目的在於控制天下。而今三面已平定，但淮河以南還有戰事，每當大軍南征，運輸糧食的兵力就佔去一半，耗資很大，勞役繁重。陳、蔡之間，土地肥沃，可以減省許昌周圍的稻田，引水東下。而今淮河以北屯兵二萬人，淮河以南屯兵三萬人，按十分之二的比例輪休，常有四萬人，邊種田邊戍守。風調雨順時，收成常常是西部的三倍多。扣除兵民的費用，每年用五百萬斛作為軍資。六七年間，可以在淮河上游積蓄三千萬斛糧食。這些糧食夠十萬軍民吃上五年。憑着這些積蓄進攻吳國，可說是無往而不利！」司馬懿認為鄧艾說得對，於是照他所說那樣實施。正始二年（二四一），開鑿拓寬漕渠，每當東南有戰事發生，曹魏大軍往往可以乘船而下，到達江、淮之間，這是因為積蓄充足而沒有水患，這正是鄧艾的功勞。後來出洛陽為征西將軍夏侯玄參謀軍事，升為南安太守。

賞析與點評

從淮南屯田一事，足以證明鄧艾很有遠見。他不是一個理論家而是一個設計者和執行者。他是具有很強執行能力的人。

嘉平元年，與征西將軍郭淮拒蜀偏將軍姜維。維退，淮因西擊羌。艾曰：「賊去未遠，或能復還，宜分諸軍以備不虞。」於是留艾屯白水北。三日，維遣廖化自白水南向艾結營。艾謂諸將曰：「維今卒還[1]，吾軍人少，法[2]當來渡而不作橋。此維使化持吾，令不得還。維必自東襲取洮城。」洮城在水北，去艾屯六十里。艾即夜潛軍徑到，維果來渡，而艾先至據城，得以不敗。賜爵關內侯，加討寇將軍，後遷城陽太守。

注釋

1卒還：突然返回。2法：用兵之法。

譯文

嘉平元年（二四九），與征西將軍郭淮一起抵禦蜀漢偏將軍姜維的進犯。姜維敗退後，郭淮向西襲擊羌地。鄧艾說：「敵兵撤離不遠，也許很快就反撲過來，應當分兵行動，以免發生意外。」於是鄧艾留下來，屯兵白水之北。三天以後，姜維派遣廖化從白水之南向鄧艾營地逼近。鄧艾對諸位將領說：「姜維突然返回，我軍人少，按常理，他們應渡河而不必設橋。這是姜維想使廖化來牽制我軍，不讓我們動兵。姜維一定會從東邊襲擊洮城。」洮城在白水以北，離鄧艾兵營有六十里。鄧艾當即派兵於夜晚直接駐守洮城，姜維果然渡河偷襲洮城，幸虧鄧艾事先佔據了洮城，敵人的陰謀沒有得逞。為此鄧艾被賜關內侯爵。並加封討寇將軍，後遷升城陽太守。

是時并州右賢王劉豹并為一部，艾上言曰：「戎狄獸心，不以義親，彊則侵暴，弱則內附，故周宣有玁狁[1]之寇，漢祖有平城之圍。每匈奴一盛，為前代重患。自單于在外[2]，莫能牽制長卑。誘而致之，使來入侍。由是羌夷失統，合散無主。以單于在內，萬里順軌。今單于之尊日疏，外土之威寖重，則胡虜不可不深備也。聞劉豹部有叛胡，可因叛割為二國，以分其勢。去卑功顯前朝，而子不繼業，宜加其子顯號，使居鴈門。離國弱寇[3]，追錄舊勳，此御邊長計也。」又陳：「羌胡與民同處者，宜以漸出之，使居民表崇廉恥之教，塞姦宄之路。」大將軍司馬景王新輔政，多納用焉。遷汝南太守，至則尋求昔所厚己吏父，久已死，遣吏祭之，重遺[4]其母，舉其子與計吏。艾所在，荒野開闢，軍民並豐。

注釋

1 玁狁：匈奴。2 在外：居於塞外。3 離國弱寇：離間敵國，削弱敵寇的力量。4 重遺：贈送大量財寶。

譯文

當時并州右賢王劉豹為右部帥，兵力合併。鄧艾上疏朝廷說：「戎狄有野獸心腸，不講道義。他們強大就施行暴力；一旦衰弱，就順附朝廷。正因為如此，周宣王時，有戎狄南侵威脅豐、鎬；漢初時，漢高祖劉邦被匈奴冒頓單于包圍在白登。每當匈奴強盛，都是前代的重大憂患。當單于遠居塞外時，朝廷對於匈奴單于及其部屬，均不能直接控制。誘導單于前來，使他歸順，因此才能使羌夷失去統帥，羣龍無首。因為單于居於內地，就使周圍諸少數民族部落得以安順。而今南單于與部屬日益疏遠。與此同時，右賢王劉豹居守邊域外，部落兵力極為強大，對朝廷構成威脅。這是我們不能不防備的。聽說劉豹手下有人叛變，應當就勢將其分割成兩部分，以便削弱劉豹的勢力。建安初年，右賢王去卑的功績頗為顯赫。但是他的後代未能繼承事業，應當給他的兒子追加顯號，讓他們居守雁門。分離匈奴的國家，削弱敵人的力量，追錄舊日的功勳。這是防御邊疆的長久計策。」又說：「凡羌胡與漢民同居一處的，應當漸漸將他們分離，使得漢民崇尚禮義廉恥的教化，堵塞邪惡犯法作亂之人的道路。」正值大將軍司馬師剛剛輔政，對鄧艾的建議多有接受。後鄧艾升為汝南太守。到該地以後，首先尋找曾接濟自己的父輩官員，聽說那人早就死了，於是派人加以祭祀，送給他母親很多財物，又薦舉他的兒子作計吏。鄧艾所治理的地方，田野開闢，軍民豐衣足食。

諸葛恪圍合肥新城，不克，退歸。艾言景王曰：「孫權已沒，大臣未附，吳名宗大族，皆有部曲，阻兵仗勢，足以建命。恪新秉國政，而內無其主，不念撫恤上下以立根基，競於外事，虐用其民，悉國之眾，頓於堅城，死者萬數，載禍而歸，此恪獲罪之日也。昔子胥[1]、吳起、商鞅、樂毅皆見任時君，主沒而敗。況恪才非四賢，而不慮大患，其亡可待也。」恪歸，果見誅。遷兗州刺史，加振威將軍。上言曰：「國之所急，惟農與戰，國富則兵彊，兵彊則戰勝。然農者，勝之本也。孔子曰『足食足兵』，食在兵前[2]也。上無設爵之勸，則下無財畜之功。今使考績之賞，在於積粟富民，則交游之路絕，浮華之原塞矣。」

注釋

1子胥：伍子胥。2食在兵前：糧食較士兵更加重要。

譯文

諸葛恪包圍合肥新城，沒有攻下來，只得撤退。鄧艾對司馬師說：「孫權已死，大臣不歸順新朝。吳國的宗族大姓都有自己的武裝，憑藉武力，倚仗權勢，完全可以奪取帝位。諸葛恪剛剛掌握朝政，國內沒有君主，他不考慮如何安撫上下，以便穩定政權，卻對外頻繁用武，虐待自己的人民，以全國的軍力攻打合肥這座堅固的城池，死者不下數萬，大敗而歸，這是諸葛恪獲罪的時候了。從前，伍子胥、吳起、商鞅、樂毅都曾得到君主的重用。君主死，他們自己就末日臨頭。更何況諸葛恪的才能遠遠比不上上述四位賢能之士。但是他又不慎重考慮潛伏着巨大的危險，其自取敗亡，為期已經不遠了。」諸葛恪回去後，果然被殺。鄧艾又升遷兗州刺史，加封振威將軍。他又上書言道：「一個國家當務之急不外有二，一是農業，一是戰備。國家富裕了，軍備才能強盛，才能戰無不勝。而農業，是取得勝利的根本。孔子說過：『足食足兵。』把食放在兵的前面。如果朝廷不設獎鼓勵，那麼下面百姓則不會用勁地去積儲財富。今應設立獎賞，鼓勵人們廣積糧食，這樣，請託游說的道路就會斷絕，浮華不實的風尚得以堵塞。」

高貴鄉公即尊位，進封方城亭侯。毌丘儉作亂，遣健步[1]齎[2]書，欲疑惑大眾，艾斬之，兼道進軍，先趣樂嘉城，作浮橋。司馬景王至，遂據之。文欽以後大軍破敗於城下，艾追之至丘頭。欽奔吳。吳大將軍孫峻等號十萬眾，將渡江，鎮東將軍諸葛誕遣艾據肥陽，艾以與賊勢相遠，非要害之地，輒移屯附亭，遣泰山太守諸葛緒等於黎漿拒戰，遂走之。

注釋

1 健步：善奔跑的人。2 齎：攜帶。

譯文

魏高貴鄉公曹髦即皇帝位，晉封鄧艾為方城亭侯。毌丘儉反叛，派遣能快步疾走的人送信，想迷惑眾人耳目。鄧艾殺死信使，繞道進軍，先到樂嘉城，製作浮橋。司馬師趕到，於是佔據此地。文欽因為後到一些的緣故，被大軍擊敗於城下。鄧艾又乘勝追擊，打到丘頭。文欽又逃到東吳，東吳大將軍孫峻等率領大軍，號稱十萬，將要渡江。鎮東將軍諸葛誕派遣鄧艾據守肥陽。鄧艾認為此地距敵軍還很遠，不是要害之地，於是移兵至附亭，派遣泰山太守諸葛緒等在黎漿這個地方與敵兵交戰，擊退了敵人。

其年徵拜長水校尉。以破欽等功，進封方城鄉侯，行安西將軍。解雍州刺史王經圍於狄道，姜維退駐鍾提，乃以艾為安西將軍，假節、領護東羌校尉。議者多以為維力已竭，未能更出。艾曰：「洮西之敗，非小失也；破軍殺將，倉廩空虛，百姓流離，幾於[1]危亡。今以策言之，彼有乘勝之勢，我有虛弱之實，一也。彼上下相習，五兵犀利，我將易兵新，器杖未復，二也。彼以船行，吾以陸軍，勞逸不同，三也。狄道、隴西、南安、祁山，各當有守，彼專為一，我分為四，四也。從南安、隴西，因食羌穀，若趣祁山，熟麥千頃，為之縣餌，五也。賊有黠數[2]，其來必矣。」頃之，維果向祁山，聞艾已有備，乃回從董亭趣[3]南安，艾據武城山以相持。維與艾爭險，不克，其夜，渡渭東行，緣山趣上邽，艾與戰於段谷，大破之。

注釋　[1]幾於：瀕臨。[2]黠數：既狡猾又精明。[3]趣：直逼。

譯文　這一年，鄧艾被任命為長水校尉。又因為追擊文欽有功，被封為方城鄉侯，代行安西將軍職。雍州刺史王經被圍困於狄道，鄧艾前往解圍。西蜀大將軍姜維退守在鍾提，朝廷任命鄧艾為安西將軍、持符節、領護東羌校尉。當時很多人認為姜維已用盡力氣，不會再出擊了。鄧艾說：「洮西的失敗，可謂不小，軍心潰敗，倉庫空虛，老百姓流離失所，幾乎一敗塗地。現在來看，敵人有乘勝追擊的勢頭。而我方虛弱不堪，這是第一原因。敵人上下官兵級級相通，兵器鋭利。而我方將領換了，士兵大多是新補充的，武裝器械也都陳舊，這是第二個原因。敵人乘船行進，而我們靠步行，敵逸我勞，這是第三個原因。狄道、隴西、南安、祁山，各自都需要守備的兵力，他們專心進攻一城，而我方則一分為四。這是第四個原因。從南安、隴西，要徵用羌人的糧食，如果向祁山進軍，那有上千頃成熟的麥田，很容易得到糧食，這是第五個原因。敵人狡詐多謀，他們一定會來進攻的。」很快，姜維果然向祁山進攻。聽說鄧艾已有所準備，於是撤回董亭，直逼南安。鄧艾在武城山據守，與姜維爭奪險要地形。姜維未能得手，當天夜裏，渡過渭水，向東進發，沿着山路，來到上邽。鄧艾在段谷這個地方與姜維展開戰鬥，大敗姜維。

甘露元年詔曰：「逆賊姜維連年狡黠，民夷騷動，西土不寧。艾籌畫有方，忠勇奮發，斬將十數，馘首[1]千計；國威震於巴、蜀，武聲揚於江、岷。今以艾為鎮西將軍、都督隴右諸軍事，進封鄧侯。分五百戶封子忠為亭侯。」二年，拒姜維於長城，維退還。遷征西將軍，前後增邑凡六千六百戶。

注釋

1 馘首：殺死敵人，取下首級。

譯文

甘露元年（二五六），皇帝下詔說：「逆賊姜維連年進犯，國民和胡人都很騷動，整個西部不得安寧。鄧艾策劃有方，英勇頑強，斬殺敵人將領十餘人，敵兵數以千計。向巴蜀展示了國威，炫耀了武力，今任命鄧艾為鎮西將軍，都督隴右諸軍事，晉封鄧侯，子鄧忠為亭侯。」甘露二年（二五七），鄧艾又在長城抵禦姜維，姜維退敗，鄧艾升任征西將軍，前後封邑增加到六千六百戶。

景元三年，又破維於侯和，維卻保沓中。四年秋，詔諸軍征蜀，大將軍司馬文王皆指授節度，使艾與維相綴連[1]；雍州刺史諸葛緒要維，令不得歸。艾遣天水太守王頎等直攻維營，隴西太守牽弘等邀其前[2]，金城太守楊欣等詣甘松。維聞鍾會諸軍已入漢中，引退還。欣等追躡於彊川口，大戰，維敗走。聞雍州已塞道屯橋頭，從孔函谷入北道，欲出雍州後。諸葛緒聞之，卻還三十里。維入北道三十餘里，聞緒軍卻，尋還，從橋頭過，緒趣截維，較一日不及。維遂東引，還守劍閣。鍾會攻維未能克。艾上言：「今賊摧折[3]，宜遂乘之，從陰平由邪徑[4]經漢德陽亭趣涪，出劍閣西百里，去成都三百餘里，奇兵衝其腹心。劍閣之守必還赴涪，則會方軌[5]而進；劍閣之軍不還，則應涪之兵寡矣。《軍志》有之曰：『攻其無備，出其不意。』今掩其空虛，破之必矣。」

注釋

1 相綴連：交兵對峙。2 邀其前：軍前挑戰。3 賊摧折：兵力受到摧毀。4 邪徑：小路。5 方軌：沿着大路前進。

譯文

景元三年（二六三）秋天，朝廷下令各路大軍攻打蜀漢，由大將軍司馬昭總領指揮，讓鄧艾與姜維保持接觸，用以牽制其兵力，雍州刺史諸葛緒截擊姜維，讓他無法撤退。鄧艾派天水太守王頎等部直接進攻姜維兵營，隴西太守牽弘等在前面截擊，金城太守楊欣等到甘松。姜維聽說鍾會諸軍已進入漢中，便率兵撤退。楊欣跟蹤追至強川口，與姜維大戰，姜維敗逃。聽說雍州刺史諸葛緒已經攔截道路，屯兵橋頭這個地方，於是姜維從孔函谷向北，想從雍州刺史諸葛緒統領的部隊後面逃出。諸葛緒聞訊，後退三十里。姜維向北走了三十餘里，聽說諸葛緒已退還，於是又想從橋頭衝過去，諸葛緒趕緊奔橋頭攔截，可惜晚了一天，姜維得以逃脫，向東逃去，守在劍閣。鍾會進攻姜維，沒有攻下來。鄧艾上書說：「現在敵兵大受挫折，應乘勝追擊。從陰平沿小路、經漢德陽亭，奔赴涪縣，距劍閣西有百餘里，距成都三百餘里，派精兵直接攻擊敵人的心臟。姜維雖死守劍閣，但在這種情形下，他一定得引兵救援涪縣。此時，鍾會正好乘虛而入。如果姜維死守劍閣而不救涪縣，那麼，涪縣兵力極少。兵法說道：『攻其不備，出其不意。』今進攻其空虛之地，一定能打敗敵人。」

冬十月，艾自陰平道行無人之地七百餘里，鑿山通道，造作橋閣。山高谷深，至為艱險，又糧運將匱，頻於危殆。艾以氈自裹，推轉而下[1]。將士皆攀木緣崖，魚貫[2]而進。先登至江由，蜀守將馬邈降。蜀衛將軍諸葛瞻自涪還綿竹，列陳[3]待艾。艾遣子惠唐亭侯忠等出其右，司馬師纂等出其左。忠、纂戰不利，並退還，曰：「賊未可擊。」艾怒曰：「存亡之分，在此一舉，何不可之有？」乃叱忠、纂等，將斬之。忠、纂馳還更戰，大破之，斬瞻及尚書張遵等首，進軍到雒[4]。劉禪遣使奉皇帝璽綬[5]，為箋詣艾請降。艾至成都，禪率太子諸王及羣臣六十餘人面縛輿櫬[6]詣軍門，艾執節解縛焚櫬，受而宥[7]之。檢御將士[8]，無所虜略，綏納降附，使復舊業，蜀人稱焉。輒依鄧禹故事，承制拜禪行驃騎將軍，太子奉車、諸王駙馬都尉。蜀羣司各隨高下拜為王官，或領艾官屬。以師纂領益州刺史，隴西太守牽弘等領蜀中諸郡。使於綿竹築臺以為京觀[9]，用彰戰功。士卒死事者，皆與蜀兵同共埋藏。艾深自矜伐，謂蜀士大夫曰：「諸君賴遭某，故得有今日耳。若遇吳漢之徒，已殄滅矣。」又曰：「姜維自一時雄兒也，與某相值，故窮耳。」有識者笑之。

注釋

1用毛氈包裹身體，沿着山坡滾下去。2魚貫：一個接一個。3列陳：列陣。4雒：雒城。5璽綬：皇帝的玉璽和綬帶。6面縛輿櫬：綁着自己，拉着棺材。7宥：原諒。8檢御將士：檢束將士，不准為非作歹。9以大量戰死者的屍體疊在一起。

譯文

這年十月，鄧艾自陰平行走百餘里，全是無人之地，鑿山開路，架設棧道，山高谷深，十分艱險，加之運糧十分困難，幾乎到了斷糧的地步。鄧艾用毛氈裹住身體，推轉而下。眾將士都攀木緣崖，一個一個前進。首先來到江由縣，西蜀守將馬邈投降。西蜀衞將軍諸葛瞻從涪縣退還綿竹，排列戰陣，等着狙擊鄧艾。鄧艾派遣自己的兒子鄧忠等率兵從右邊包抄，師纂等率兵從左邊包抄。但二人出擊均告失利，退回來說：「敵人堅守牢固，很難擊破。」鄧艾大怒道：「生死存亡之際，全在此一舉，還說甚麼可與不可！」大罵鄧忠和師纂，要斬首示眾。二人又率兵再戰，大敗敵兵，斬下諸葛瞻及尚書張遵等人的腦袋，進軍至雒縣。劉禪派使者拿着皇帝的大印與書信，來到鄧艾兵營，宣佈投降。鄧艾率兵進駐成都，劉禪率太子及王侯羣臣六十餘人兩手反綁，把棺材裝在車上，表示罪該當死，來到軍門。鄧艾解開繩索，燒掉棺材，把這些人安撫下來，沒有殺他們。同時他又巡視軍容軍紀，沒有發生搶掠之事。對於降臣，讓他們退位，重操舊業。巴蜀百姓都稱讚鄧艾。又依鄧禹舊制，命劉禪代理驃騎大將軍，太子為奉車，諸王為駙馬都尉。巴蜀舊官都根據情況任命為新官，或成為鄧艾的部屬。又任命師纂為益州刺史，隴西太守牽弘等統巴蜀各郡。又在綿竹堆積敵人屍首，封土成高土塚，以炫耀戰功，叫做京觀。魏國士卒因作戰而死的，也與巴蜀兵共同埋葬。鄧艾很自負，居功自傲，對蜀地士大夫說：「諸位幸虧遇上我，所以才有今日。如果遇上像吳漢這樣的人，你們早被殺掉了。」又說：「姜維不過是曇花一現的英雄，與我相遇，所以窮途末路。」有見識的人聽了此話無不嘲笑他。

賞析與點評

俗語說：年少氣盛。年少時的鄧艾，面對別人的嘲笑，沒有覺得不妥當。現在，鄧艾已有很豐富的人生閱歷，又成就了大的功業，還總是表現出志驕意逸，沒有些微的謙遜，就不應該了。

十二月，詔曰：「艾曜威奮武，深入虜庭，斬將搴[1]旗，梟其鯨鯢[2]，使僭號之主，稽首係頸，歷世逋誅，一朝而平。兵不踰時，戰不終日，雲徹席卷，蕩定巴蜀。雖白起破彊楚，韓信克勁趙，吳漢禽子陽，亞夫滅七國，計功論美，不足比勳也。其以艾為太尉，增邑二萬戶，封子二人亭侯，各食邑千戶。」艾言司馬文王曰：「兵有先聲而後實者，今因平蜀之勢以乘吳，吳人震恐，席卷之時也。然大舉之後，將士疲勞，不可便用，且徐緩之；留隴右兵二萬人，蜀兵二萬人，煮鹽興冶，為軍農要用，並作舟船，豫順流之事，然後發使告以利害，吳必歸化，可不征而定也。今宜厚劉禪以致[3]孫休，安士民以來遠人，若便送禪於京都，吳以為流徙，則於向化之心不勸。宜權[4]停留，須[5]來年秋冬，比爾吳亦足平。以為可封禪為扶風王，錫[6]其資財，供其左右。郡有董卓塢，為之宮舍。爵其子為公侯，食郡內縣，以顯歸命之寵。開廣陵、城陽以待吳人，則畏威懷德，望風而從矣。」

注釋

1搴：奪取。2梟其鯨鯢：斬殺為首作惡的人。3致：招徠。4權：應該暫時。5須：等待。6錫：賜給。

譯文

十二月，皇帝下詔說：「鄧艾張揚武力，振奮國威，深入敵人腹地，斬將拔旗，消滅敵首，使得偽稱帝王的人引頸自殺，通緝多年的罪人，一朝之間就給平定了。打仗不超過預定的時間，戰鬥很快結束，席捲西部，平定巴蜀。即使白起攻破強大的楚國，韓信奮力打敗強勁的趙國，吳漢擒捉公孫述，周亞夫平定七國之亂，若論功績，他們都還比不上鄧艾。因此策封鄧艾為太尉，增加封邑二萬戶。封其兩個兒子為亭侯，各得封邑千戶。」鄧艾對司馬昭說：「兵家講究先樹立聲威，爾後才真正以實力進攻。今憑藉平定西蜀的聲威，乘勢伐吳，正是席捲天下的有利時機。但是大舉用兵之後，將士都已感到十分疲勞，不能輕易動兵，暫且緩緩再說，先留隴右兵二萬人，巴蜀兵二萬人，煮鹽煉鐵，為軍事和農業作準備，同時建造船隻，事先準備日後沿江討伐東吳的事宜。做完此事後，佈告天下，讓吳國知道他們所面臨的局勢，明白利害關係，一定歸順。這樣，就不用征討而可以平定東吳了。而今當厚待劉禪，以便招致吳帝孫休歸順；安撫士卒平民用來招致遠方的人。如果將劉禪送到京城，東吳的人認為這是軟禁流放，這對於勸他們歸附之事實在不利。應當暫且留下劉禪，等待明年秋冬，到時東吳也完全可以平定了。可以封劉禪為扶風王，賜給他資財，派人服侍，讓他享受。郡內有董卓塢作為他的宮室。封賜他的兒子為公侯，分郡中一縣為食邑，用以顯示歸順朝廷所獲得的恩寵。設置廣陵、城陽為王國，以待吳主孫休投降。那樣，東吳就會畏懼威德，望風歸順了。」

文王使監軍衛瓘喻艾：「事當須報，不宜輒[1]行。」艾重言曰：「銜命征行，奉指授之策，元惡既服；至於承制拜假，以安初附，謂合權宜[2]。今蜀舉眾歸命，地盡南海，東接吳會，宜早鎮定[3]。若待國命，往復道途，延引日月。春秋之義，大夫出疆，有可以安社稷，利國家，專之可也。今吳未賓[4]；勢與蜀連，不可拘常以失事機。兵法，進不求名，退不避罪，艾雖無古人之節，終不自嫌以損於國也。」鍾會、胡烈、師纂等皆白艾所作悖逆[5]，變釁以結。詔書檻車徵艾。

艾父子既囚，鍾會至成都，先送艾，然後作亂。會已死，艾本營將士追出艾檻車，迎還。瓘遣田續等討艾，遇於綿竹西，斬之。子忠與艾俱死，餘子在洛陽者悉誅，徙艾妻子及孫於西域。……泰始九年，詔曰：「艾有功勳，受罪不逃刑，而子孫為民隸，朕常愍之。其以嫡孫朗為郎中。」

注釋

1 輒：立即。2 權宜：因時制宜。3 早鎮定：早日安定下來。4 未賓：尚未賓服。5 悖逆：大逆不道。

譯文

司馬昭派監軍衞瓘指示鄧艾說：「此事應上報，不宜馬上實行。」於是鄧艾又說：「我受命征討，有皇帝的符策。敵人首領既然已經投降，應當按照舊制予以官職，以便安撫他們，這是符合時宜的。而今蜀國全部歸順，我們的疆域已經到了最南端。東邊與吳會接壤，應當早日平定。如果等待朝廷命令，往返道路，耗費不少時日。《春秋》有這樣的話，大夫出守外地，如果遇有保衞國家、有利國家的事，專斷是可以的。而今東吳未平，地勢與巴蜀相連，不應當拘泥於常法而失去時機。《孫子兵法》說道：『前進不是為了名譽，後退不怕罪責。』我鄧艾雖沒有古賢人的風範，但還是想不自我嫌棄以損害國家的利益。」鍾會、胡烈、師纂等都說鄧艾狂傲荒悖，不合常理，桀傲不馴，有反叛的徵兆並且具結擔保所說是實。

皇帝下詔書將鄧艾囚禁起來，用囚車押送京城。鄧艾父子被囚禁以後，鍾會到成都，先送走鄧艾，然後反叛。鍾會死後，鄧艾部下將士追上鄧艾的囚車，將他接回。衞瓘派田續等討截鄧艾，在綿竹縣西相遇，殺死鄧艾。鄧艾的兒子鄧忠也同時被殺。其餘的兒子均在洛陽，也被殺。鄧艾的妻子及孫子被流放到西域。……泰始九年，皇帝下詔說：「鄧艾創立功勳，束手受罪而不逃脫處罰，他的子孫也淪為奴隸，我常常同情他們，可任命他的親孫子鄧朗為郎中。」

賞析與點評

鄧艾最後被殺，是一個悲劇。他不明白司馬氏是不容將士自主的領袖。他說：「兵法，進不求名，退不避罪。」本意是對的，但古往今來的領袖，能夠對臣下有足夠包容的有多少人？孫權對張昭的包容已經算是三國時代的一個罕有例子（詳見本書〈張昭傳〉）。鄧艾沒有那麼幸運，加上他未能察覺鍾會的狼子野心，結果自然是一場悲劇。

蜀書

（《新唐書》稱為《蜀國志》）

劉備依附劉表後，伺機建立自己的勢力。二〇七年，劉備三顧草蘆邀諸葛亮作軍師，會面中分析當前的政局，即《隆中對》。二二一年，劉備於成都稱帝，國號「漢」，史稱「蜀漢」。疆域北至武都、漢中；東抵巫峽；南包雲、貴；西達緬甸東部，設益州，共有二十八萬戶。劉備為爭奪荊州攻打孫權，崩於白帝，臨終託孤諸葛亮協助劉禪繼位。雖劉禪資質平庸，但蜀國有賢相輔助，君臣大體和諧，因此治國策略得以延續。諸葛亮推行輕徭薄賦、鼓勵耕作、興修水利、大修道路、鑄造蜀錢等政策，達致發展農業，提倡去奢尚儉，開源節流，因而社會得以穩定發展。

二二八年，諸葛亮開始北伐曹魏，但均失敗而回。二三四年，正進行第六次北伐，諸葛亮於五丈原病逝，漢軍撤回。諸葛亮死後，由蔣琬、費禕、董允等人相繼為相。二五八年以後，姜維多次北伐均無功而回，蜀國政治日趨腐敗，宦官黃皓專權。二六三年冬，魏攻打漢，劉禪出降，封為安樂公，蜀國滅亡，歷二帝，共四十三年。

本書選錄劉備、劉禪二帝，以了解蜀漢國的發展概況。由於篇幅所限，劉禪的傳做了大幅的刪節，以存梗概。又選了重要將領五人，主要謀士三人，學者一人，連同二位君主，合共十一人。

先主傳

本篇導讀——

劉備（一六一——二二三）是一個非常獨特的領袖。他性格寬厚，知人善任，重視道義，能得人之心。他與關羽、張飛情同手足，人際關係與其他領袖差異很大。劉備早期已有良好發展，曾成為豫州牧。官渡之戰後，劉備投奔劉表，在新野駐紮了數年，得不到發展機遇。究竟應何去何從，他一點頭緒也沒有。

建安十二年，曹操北征烏丸，他勸說劉表乘機襲擊許縣，劉表也不聽從。就在這一年，他通過徐庶拜訪了諸葛亮，共論天下大勢，與諸葛亮如魚得水。所謂「士為知己者死」，諸葛亮在感受劉備求才若渴的心情，又對自己的戰略規劃深表讚賞的情況下，決定追隨這個知己，鞠躬盡瘁，死而後已。明年，劉表病死，曹操帶領大軍南下，並迫使劉表幼子劉琮投降。形勢緊急下，他要將部隊轉移到江陵，但卻有十餘萬的百姓隨行。他宅心仁厚，又深信「得民心者得天下」，不忍捨棄追隨的人。這種高尚的品格雖然為他帶來短暫的失利，卻獲得世人的景仰。所謂得民者昌，劉備終於獲得益州、漢中及西南地區的管轄權。雖不能「興復漢室，還於舊都」，仍能與曹操、孫權鼎足而三，在政治上佔有重要的地位。

先主姓劉，諱備，字玄德，涿郡涿縣人，漢景帝子中山靖王勝之後也。……先主祖雄，父弘，世仕州郡。雄舉孝廉，官至東郡范令。先主少孤，與母販履織席為業。……年十五，母使行學[1]，與同宗劉德然、遼西公孫瓚俱事故九江太守同郡盧植。……瓚深與先主相友，瓚年長，先主以兄事之。先主不甚樂讀書，喜狗馬、音樂、美衣服。身長七尺五寸，垂手下膝，顧自見其耳[2]。少語言[3]，善下人，喜怒不形於色。好交結豪俠，年少爭附之。中山大商張世平、蘇雙等貲累千金，販馬周旋於涿郡，見而異之，乃多與之金財。先主由是得用合徒眾。

注釋

1行學：離鄉學習。2顧自見其耳：回頭時可看見自己的耳朵。3少語言：不以口才見稱。

譯文

先主姓劉，名備，字玄德，涿郡涿縣人，漢景帝兒子中山靖王勝的後代。……先主祖父雄、父親弘，都做過州郡官。劉雄被推舉為孝廉，曾擔任東郡范縣縣令。先主年少喪父，與母親靠販草鞋織蘆席為生計。……十五歲時，母親命他外出遊學，於是他與同族劉德然、遼西人公孫瓚一道師事前九江太守同郡人盧植。……公孫瓚與先主兩人交情深厚，因其年長，先主即以兄長之禮對待他。先主不太喜愛讀書，反倒喜歡走狗跑馬、聽音樂、美服飾。他身高七尺五寸，雙手過膝，轉頭能看到自己的耳朵。他平時沉默寡言，好為人下，喜怒不形於色，並喜歡結交豪俠，不少年輕人都爭相歸附。中山鉅賈張世平、蘇雙等，積蓄千金家財，販馬往返於涿郡一帶，見到先主，以為非凡之人，於是饋贈他大筆錢財，先主便用這些錢財招合起一支隊伍。

賞析與點評

劉備的出身是皇室後裔，但是年代久遠，家勢與一般平民已沒有多少分別。他的母親甚有眼光，讓他跟隨名宦盧植學習。他雖不喜歡讀書，但仍能培養出比較敦厚的品德，是他日後成功的重要條件。劉備一生的成就，與得到諸葛亮心悅誠服的追隨有密切關係。而兩人非比尋常的君臣關係，又與「三顧草蘆」有關。他能夠紆尊降貴，則源自他「能下人」的性格。與曹操「寧我負人」的性格相比，劉備與諸葛亮的相處自然大為不同。此外，劉備結交同窗公孫瓚，也成為他的人際網絡的一個重要內容。

靈帝末，黃巾起，州郡各舉義兵，先主率其屬從校尉鄒靖討黃巾賊有功，除[1]安喜尉。……為賊所破，往奔中郎將公孫瓚，瓚表為別部司馬，使與青州刺史田楷以拒冀州牧袁紹。數有戰功，試守平原令，後領平原相。

注釋　1 除：委任。

譯文　漢靈帝末年，黃巾軍起，各州郡紛紛組織義兵，先主帶領自己的隊伍跟隨校尉鄒靖征討黃巾軍有功，被委任為安喜縣尉。……後來他被黃巾軍攻破，投奔中郎將公孫瓚，公孫瓚舉薦他為別部司馬，派他協助青州刺史田楷抵禦冀州牧袁紹。因多次立有戰功，朝廷調他代理平原縣縣令，隨後又兼任平原國相。

袁紹攻公孫瓚，先主與田楷東屯齊。曹公征徐州，徐州牧陶謙遣使告急於田

楷，楷與先主俱救之。時先主自有兵千餘人及幽州烏丸雜胡騎，又略得飢民數千人。既到，謙以丹楊兵四千益[1]先主，先主遂去楷歸謙。謙表先主為豫州刺史，屯小沛。謙病篤，謂別駕麋竺[2]曰：「非劉備不能安此州也。」謙死，竺率州人迎先主，先主未敢當。下邳陳登謂先主曰：「今漢室陵遲，海內傾覆，立功立事，在於今日。彼州殷富，戶口百萬，欲屈使君撫臨州事。」先主曰：「袁公路[3]近在壽春，此君四世五公，海內所歸，君可以州與之。」登曰：「公路驕豪，非治亂之主。今欲為使君合步騎十萬，上可以匡主濟民，成五霸之業，下可以割地守境，書功於竹帛。若使君不見聽許，登亦未敢聽使君也。」北海相孔融[4]謂先主曰：「袁公路豈憂國忘家者邪？冢中枯骨，何足介意。今日之事，百姓與能[5]，天與不取，悔不可追。」先主遂領徐州。袁術來攻先主，先主拒之於盱眙、淮陰。曹公表先主為鎮東將軍，封宜城亭侯，是歲建安元年也。

注釋

1 益：撥給。2 麋竺：陶謙的親信。3 袁公路：即袁術，字公路。4 孔融：孔子裔孫。5 與能：擁戴賢能之士。

譯文

袁紹進攻公孫瓚，先主與田楷東向駐兵齊地。曹操征討徐州，徐州牧陶謙派遣使者向田楷告急，田楷與先主一道領兵援救。當時先主自己的兵卒有一千多人，再加上幽州烏丸一些少數民族的騎兵，以及從饑民中抓伕數千人。趕到徐州後，陶謙又調撥四千丹楊兵給他，於是他離開田楷歸附陶謙。陶謙上表舉薦先主為豫州刺史，駐紮小沛。陶謙病重，對州別駕麋竺說：「沒有劉備，本州是不得安定的。」陶謙死後，麋竺即率州內人眾迎請先主，先主謙而不受，下邳人陳登對他說：「當今漢朝衰頹，天下大亂，建功立業，即在今日。徐州乃殷實富庶之地，人口百萬，惟願您委屈低就掌管州事。」先主說：「袁公路近在壽春，他家四代五公卿，天下人心仰歸，您可以把州事託付給他。」陳登說：「袁公路驕橫自負，不是治理亂世的人才。現在大家計劃為您招募十萬步、騎兵，這樣進可匡扶朝廷、安民濟世，建樹五霸功業；退可割地稱雄，功垂青史。如果您不答應我們的請求，那麼我陳登也就難以接受您的意見了。」北海國相孔融對先主說：「袁公路豈是一位憂國忘家之人！他不過是墳墓中的枯骨，不值一提。當今時勢，百姓擁戴賢能者為主，對上天之賜辭而不受，將來後悔莫及啊。」於是先主接管了徐州。袁術前來攻打，先主率軍與之相戰於盱眙、淮陰一帶。曹操上表舉薦先主為鎮東將軍，封爵宜城亭侯，這年為漢獻帝建安元年（一九六）。

先主與術相持經月[1]，呂布乘虛襲下邳。下邳守將曹豹反，間迎[2]布。布虜先主妻子，先主轉軍海西。楊奉、韓暹寇徐、揚間，先主邀擊，盡斬之。先主求和於呂布，布還其妻子。先主遣關羽守下邳。先主還小沛，復合兵得萬餘人。呂布惡之，自出兵攻先主，先主敗走歸曹公。曹公厚遇之，以為豫州牧。將至沛收散卒，給其軍糧，益與兵使東擊布。布遣高順攻之，曹公遣夏侯惇往，不能救，為順所敗，復虜先主妻子送布。曹公自出東征，助先主圍布於下邳，生禽布。先主復得妻子，從曹公還許。表先主為左將軍，禮之愈重，出則同輿，坐則同席。袁術欲經徐州北就袁紹，曹公遣先主督朱靈、路招要擊術。未至，術病死。

注釋

1 經月：指農曆的一整個月。2 間迎：暗中迎接。

譯文

先主與袁術相持一整個月，呂布乘其後防空虛襲擊下邳。下邳守將曹豹反叛，暗中迎接呂布。呂布擄獲先主的妻子兒女，先主率軍轉往海西。楊奉、韓暹騷擾徐州、揚州一帶，先主率軍攔擊，並將其所部全部殲滅。先主請求與呂布和解，呂布放還他的家屬。先主派遣關羽鎮守下邳。先主回到小沛，又招集兵卒萬餘人。呂布十分惱火，親自率兵前來攻打，先主兵敗歸附曹操。曹操厚待先主，任命他為豫州牧。先主決定回到小沛收集失散的士卒，曹操資助軍糧，增補兵馬，派他東進攻打呂布。呂布派遣高順迎戰，曹操派夏侯惇前往救援。救兵未至，先主即為高順擊敗，且妻子兒女又被高順所擄並送交呂布。曹操親自率軍東征，幫助先主將呂布圍困在下邳，並活捉了呂布。先主重新迎回妻子兒女，隨曹操回軍許縣。曹操上表舉薦先主為左將軍，對其倍加敬重，出則同車，坐則同席。袁術打算取道徐州北往歸就袁紹，曹操派遣先主督率朱靈、路招截擊袁術。兵未趕到，袁術就病死了。

先主未出時，獻帝舅車騎將軍董承[1]辭受帝衣帶中密詔[2]，當誅曹公。先主未發。是時曹公從容謂先主曰：「今天下英雄，唯使君與操耳。本初之徒，不足數也。」先主方食，失匕箸[3]。遂與承及長水校尉种輯、將軍吳子蘭、王子服等同謀。會見使，未發。事覺，承等皆伏誅。

注釋

[1]董承：董承是獻帝董貴妃父親。[2]衣帶中密詔：寫在衣帶上的密詔。[3]失匕箸：把手中的勺、筷都跌在地上。他以為曹操知悉他與董承的計劃。

譯文

先主出兵攻打袁術前，漢獻帝的外父、車騎將軍董承領受獻帝藏在衣帶中的密詔，要求先主誅殺曹操。先主尚未發難。曹操曾在閒聊時對先主說：「當今天下英雄，惟有君與我。袁本初之流，根本不值一提。」先主正在進食，聞言大驚，失落手中的勺、筷。於是他與董承及長水校尉种輯、將軍吳子蘭、王子服等人密謀。正巧先主被派出征，未能及時動手。後來此事敗露，董承等人均被斬首。

先主據下邳。靈等還，先主乃殺徐州刺史車冑，留關羽守下邳，而身還小沛。東海昌霸反，郡縣多叛曹公為先主，眾數萬人，遣孫乾與袁紹連和，曹公遣劉岱、王忠擊之，不克。五年，曹公東征先主，先主敗績。曹公盡收其眾，虜先主妻子[1]，并禽關羽以歸。先主走青州。青州刺史袁譚，先主故茂才也，將步騎迎先主。先主隨譚到平原，譚馳使白紹。紹遣將道路奉迎，身去鄴二百里，與先主相見。駐月餘日，所失亡士卒稍稍來集。曹公與袁紹相拒於官渡，汝南黃巾劉辟等叛曹公應紹。紹遣先主將兵與辟等略許下。關羽亡歸先主。曹公遣曹仁將兵擊先主，先主還紹軍，陰欲離紹，乃說紹南連荊州牧劉表。紹遣先主將本兵復至汝南，與賊龔都等合，眾數千人。曹公遣蔡陽擊之，為先主所殺。

注釋

1這是劉備家人第三次被虜。

譯文

先主佔據下邳。朱靈等人還軍，先主藉機殺掉徐州刺史車冑，留關羽鎮守下邳，自己返歸小沛。東海國昌霸反叛，所屬郡縣大多叛離曹操而歸順先主，人眾達數萬人。先主派遣孫乾前往與袁紹結盟，曹操派出劉岱、王忠前來截擊未果。建安五年（二〇〇），曹操東征先主，先主戰敗。曹操將其兵馬全部收編，擄獲先主的妻子兒女，並生擒關羽，然後歸去。先主逃往青州。青州刺史袁譚，曾被先主舉薦為秀才，率領兵馬迎接先主。先主隨袁譚至平原縣，袁譚遣信使飛報其父袁紹。袁紹派部將沿途接送，自己則出鄴城二百里與先主相會。在袁紹處駐留一個多月後，先主以前流散的士卒漸漸集中。曹操與袁紹在官渡相持，汝南郡黃巾軍首領劉辟等反叛曹操，響應袁紹。袁紹派遣先主率軍與劉辟等人進攻許縣。關羽逃歸先主。曹操派曹仁率軍進擊先主，先主歸還了袁紹的兵馬，心中計劃離開袁紹，於是便勸說袁紹與南面的荊州牧劉表結盟，袁紹派先主率領本部兵馬再往汝南，與黃巾軍龔都等人會合，人眾達數千人。曹操派蔡陽前來攻打，先主斬殺蔡陽。

賞析與點評

數年間，劉備從安喜縣尉、別部司馬、行平原相、豫州刺史、徐州刺史、豫州牧、左將軍，地位迅速提升，成為他日後發展的重要經歷。奇怪的是，劉備在多次戰爭中很少打勝仗，他的家眷也多次被擄，自己則東逃西躲，曾投靠公孫瓚、陶謙、曹操和袁紹。這種屢敗屢起的紀錄，在三國時期應該是獨一無二的。但是，強悍如曹操，又竟然對他無比重視，說「天下英雄，唯使君與操耳」。這或可稱為「劉備現象」，值得大家注意。

曹公既破紹，自南擊先主。先主遣麋竺、孫乾與劉表相聞，表自郊迎，以上賓禮待之，益其兵，使屯新野。荊州豪傑歸先主者日益多，表疑其心，陰禦之。使拒夏侯惇、于禁等於博望。久之，先主設伏兵，一旦自燒屯[1]偽遁，惇等追之，為伏兵所破。

注釋　1 屯：營寨。

譯文　曹操打敗袁紹後，率軍南向進擊先主。先主派麋竺、孫乾到劉表處報信聯絡，劉表親自出城迎接，對先主待以上賓之禮，給他補充兵員，遣派他駐軍新野。荊州豪傑歸附先主者日益增多，劉表懷疑先主之用意，對他暗加防備。劉表派先主進軍博望縣以抗擊夏侯惇、于禁等。相持一段時間後，先主設下伏兵，在一天早晨自家燒毀營寨並假裝逃跑，夏侯惇等率軍追擊，被伏兵打敗。

十二年，曹公北征烏丸，先主說表襲許，表不能用。曹公南征表，會表卒，子琮代立，遣使請降。先主屯樊，不知曹公卒至[1]，至宛乃聞之，遂將其眾去。過襄陽，諸葛亮說先主攻琮，荊州可有。先主曰：「吾不忍也。」乃駐馬呼琮，琮懼不能起。琮左右及荊州人多歸先主[2]。比到當陽，眾十餘萬，輜重數千兩，日行十餘里，別遣關羽乘船數百艘，使會江陵。或謂先主曰：「宜速行保江陵，今雖擁大眾，被甲者少，若曹公兵至，何以拒之？」先主曰：「夫濟大事必以人為本，今人歸吾，吾何忍棄去！」[3]

注釋

[1]卒至：突然南下。[2]反映很多人不願意跟隨劉琮向曹操投降。[3]劉備仁厚，能得民心，這一次是最明顯的例子。

譯文

建安十二年（二〇七），曹操北征烏丸，他勸說劉表乘機襲擊許縣，劉表不聽。曹操南征劉表，正逢劉表病卒，劉表之子劉琮代為執政，派遣使節向曹操求降。先主駐軍樊城，未料曹操軍隊突然攻擊，待曹軍攻到宛城時才得知這一消息，於是率領軍馬撤出樊城。路過襄陽時，諸葛亮勸他進攻劉琮以奪得荊州。先主說：「我不忍心啊！」於是停馬招呼劉琮，劉琮懼怕不敢回應。劉琮的下屬及荊州人士有很多歸附先主。到當陽縣時，追隨他的人達十多萬，糧草物資裝了幾千車，每天只能行進十幾里，於是他派關羽另率幾百艘船從水路行進，約定在江陵會合。有人勸先主：「應當全速前進去保江陵，現在雖說人眾甚多，但能作戰者很少，如果曹操的大軍追上，我們怎麼抵抗呢？」先主說：「成就大業以取得天下人心為本，現在人們主動追隨我們，我怎忍心拋下他們而去！」

賞析與點評

就是這番仁義之心，讓劉備最後能成就大事業。

曹公以江陵有軍實，恐先主據之，乃釋輜重，輕軍到襄陽。聞先主已過，曹公將精騎五千急追之，一日一夜行三百餘里，及於當陽之長阪。先主棄妻子，與諸葛亮、張飛、趙雲等數十騎走，曹公大獲其人眾輜重。先主斜趨漢津，適與羽船會，得濟沔，遇表長子江夏太守琦眾萬餘人，與俱到夏口。先主遣諸葛亮自結於孫權，權遣周瑜、程普等水軍數萬，與先主并力[1]，與曹公戰於赤壁，大破之，焚其舟船。先主與吳軍水陸並進，追到南郡，時又疾疫，北軍[2]多死，曹公引歸。

注釋

1 劉備加上劉琦的軍隊，約有二萬兵馬。孫權讓周瑜、程普帶領三萬將士，自己帶大軍殿後。所以，聯軍的總兵力接近十萬人。2 北軍：曹軍。

譯文

曹操考慮到江陵囤集大批軍用物資，惟恐先主搶先佔據，便放棄糧草輜重，輕裝急行趕到襄陽。聽說先主已經過去，曹操親率五千精鋭騎兵急速追擊，一晝夜行進三百餘里，至當陽縣長阪時即追上先主。先主丟下妻子兒女，與諸葛亮、張飛、趙雲等數十人乘馬前奔，曹操奪取了他的大批人馬輜重。先主抄近路奔赴漢津，恰好與關羽的船隊相逢，故得以渡過沔水，半道又遇到劉表長子江夏太守劉琦所率的萬餘人馬，於是大家一道奔赴夏口。先主派遣諸葛亮去和孫權聯絡結盟，孫權派周瑜、程普等水軍數萬人，與先主會合，在赤壁與曹操大戰一場，大敗曹軍，燒毀曹軍戰船。先主與東吳軍隊水陸並進，一直追擊到南郡，彼時正流行瘟疫，曹軍死亡甚眾，曹操只好撤軍返還。

先主表琦為荊州刺史，又南征四郡。武陵太守金旋、長沙太守韓玄、桂陽太守趙範、零陵太守劉度皆降[1]。廬江雷緒率部曲數萬口稽顙。琦病死，羣下推先主為荊州牧，治公安。權稍畏之，進妹固好。先主至京見權，綢繆恩紀。權遣使云欲共取蜀，或以為宜報聽許，吳終不能越荊有蜀，蜀地可為己有。荊州主簿殷觀進曰：「若為吳先驅，進未能克蜀，退為吳所乘，即事去矣。今但可然贊其伐蜀，而自說新據諸郡，未可興動，吳必不敢越我而獨取蜀。如此進退之計，可以收吳、蜀之利。」先主從之，權果輟計。遷觀為別駕從事。

注釋

[1] 因此，劉備佔據荊州領土，大部分是自己派兵佔領的。

譯文

先主上表薦封劉琦任荊州刺史，又率軍征討南方四郡。武陵太守金旋、長沙太守韓玄、桂陽太守趙範、零陵太守劉度全都投降。廬江郡雷緒率領私人武裝數萬人前來拜歸。劉琦病死，其下屬推舉先主為荊州牧，治所設在公安縣。孫權漸漸地怕先主會威脅自己，將妹妹嫁給他，以鞏固雙方關係，先主前往京口拜見孫權，彼此非常親密。孫權派人告知先主意欲聯兵攻取蜀地，其下屬有人建議不妨先答應，因為吳國畢竟難以跨越荊州來佔據蜀郡，這樣蜀郡自然為先主所有。荊州主簿殷觀獻計：「如果替吳國打頭陣，前往未必能攻克蜀郡，敗退必然被吳國乘機吞掉，大事即此去矣。當前只可以口頭贊同伐蜀，並告知我方剛剛佔取南方四郡，暫不能再動眾興師，吳國必定不敢貿然經過我地獨自攻取蜀地。這種有進有退之計，能使我們坐取吳、蜀兩方的好處。」先主採納殷觀的意見，孫權果然放棄了進取蜀地的計劃。先主提拔殷觀為別駕從事。

賞析與點評

一般說劉備借荊州，其實並不確切，因為孫權所借出的主要是長江北岸江陵城一帶由他佔領的土地。日後劉備得益州，這裏就成為雙方衝突的導火綫。

十六年，益州牧劉璋遙聞曹公將遣鍾繇等向漢中討張魯，內懷恐懼。別駕從事蜀郡張松說璋曰：「曹公兵彊無敵於天下，若因張魯之資以取蜀土，誰能禦之者乎？」璋曰：「吾固憂之而未有計。」松曰：「劉豫州，使君之宗室而曹公之深讎也，善用兵，若使之討魯，魯必破。魯破，則益州彊，曹公雖來，無能為也。」璋然之，遣法正將四千人迎先主，前後賂遺以巨億計。正因陳益州可取之策[1]。先主留諸葛亮、關羽等據荊州，將步卒數萬人入益州。至涪，璋自出迎，相見甚歡。張松令法正白先主，及謀臣龐統進說，便可於會所[2]襲璋。先主曰：「此大事也，不可倉卒。」璋推先主行大司馬，領司隸校尉；先主亦推璋行鎮西大將軍，領益州牧。璋增先主兵，使擊張魯，又令督白水軍。先主并軍三萬餘人，車甲器械資貨甚盛。是歲，璋還成都。先主北到葭萌[3]，未即討魯，厚樹恩德，以收眾心。

注釋　[1]法正利用這次出使的機會陳述了佔據四川的計劃。[2]會所：會面的地點。[3]葭萌：四川廣元縣西南。

譯文　建安十六年（二一一），益州牧劉璋打聽到曹操將派遣鍾繇等率軍前來漢中討伐張魯，心中十分恐懼。別駕從事蜀郡人張松勸說劉璋：「曹操兵力強大天下無敵，如果他奪得張魯的地盤，再利用其物資糧草攻取蜀地，將無人能夠抵禦他了！」劉璋說：「我正為此事擔憂，但苦於無計可施。」張松說：「劉豫州與您同宗，又與曹操是仇敵，他善於用兵，如果請他攻伐張魯，張魯必敗。張魯一敗，則益州實力增強，到時即使曹操親自前來，也不能奈我何。」劉璋同意，於是派法正領兵四千迎請先主，前後送上大量禮物。法正由是借機向先主陳述奪取益州的方略。先主留下諸葛亮、關羽等鎮守荊州，自己親率步兵數萬人前來益州。到涪縣時，劉璋親自出城迎接，兩人相見十分高興。張松使法正稟告先主，又有謀士龐統進言，聲稱可在相會處襲殺劉璋。先主說：「這是大事，不可操之過急。」劉璋推舉先主代理大司馬，兼任司隸校尉；先主也推舉劉璋代理鎮西大將軍，兼任益州牧。劉璋為先主補增兵員，讓他攻打張魯，並使他督領白水關的兵馬。先主聚結各路兵馬計三萬多人，車甲兵械糧草等物資甚為豐盛。同年，劉璋回到成都。先主北上葭萌，但沒有馬上攻伐張魯，而是廣施恩德，籠絡人心。

賞析與點評

張松曾出使曹魏，受到曹操的冷遇，使他與法正共謀引劉備入主益州。這也是劉備得到益州、建立蜀漢政權的主因。天下三分，終於由曹操自己的失策而一步步實現。

明年，曹公征孫權，權呼先主自救。先主遣使告璋曰：「曹公征吳，吳憂危急。孫氏與孤本為脣齒，又樂進[1]在青泥與關羽相拒，今不往救羽，進必大克，轉侵州界，其憂有甚於魯。魯自守之賊，不足慮也。」乃從璋求萬兵及資實，欲以東行。璋但許兵四千，其餘皆給半。張松書與先主及法正曰：「今大事垂可立，如何釋此去乎！」松兄廣漢太守肅，懼禍逮己[2]，白璋發其謀。於是璋收斬松，嫌隙始構[3]矣。璋敕關戍諸將文書勿復關通[4]先主。先主大怒，召璋白水軍督楊懷，責以無禮，斬之。乃使黃忠、卓膺勒兵[5]向璋。先主徑至關中，質諸將並士卒妻子，引兵與忠、膺等進到涪，據其城。璋遣劉璝、冷苞、張任、鄧賢等拒先主於涪，皆破敗，退保綿竹。璋復遣李嚴督綿竹諸軍，嚴率眾降先主。先主軍益強，分遣諸將平下屬縣，諸葛亮、張飛、趙雲等將兵泝流定白帝、江州、江陽，惟關羽留鎮荊州。先主進軍圍雒；時璋子循守城，被攻且一年。

注釋　1樂進：曹操的將領。2逮己：累及自己。3嫌隙始構：雙方怨恨開始產生。4通：通「告」。5勒兵：率兵。

譯文　次年，曹操征討孫權，孫權請先主前往救援。先主派人告知劉璋：「曹操征吳，東吳十分危急。孫氏與我本為唇齒關係，而且樂進正與關羽在青泥相持，現在如不前往救援關羽，樂進定獲全勝，進而轉頭侵犯益州，其憂患可比張魯大多了。張魯不過是一個割據一方的賊寇，不必過於擔憂。」於是向劉璋請求撥給一萬兵馬和大批糧草物資，劉璋只答應增派四千人，其他東西也均只提供一半。張松在給先主和法正的信中說：「現在大事眼看即將成功，怎麼可以捨之而去呢？」張松的哥哥廣漢太守張肅，害怕禍及自身，便向劉璋揭破了張松的密謀。於是劉璋逮殺了張松，自是先主與劉璋結怨。劉璋下令守關將領之文書不要再送達先主。先主大怒，召劉璋的白水關督軍楊懷前來，責其無禮，將他斬首。又令黃忠、卓膺領兵進擊劉璋。先主率軍直奔關中，扣押益州將領和士卒的妻子兒女為人質，然後率軍與黃忠、卓膺等向涪縣進發，佔據涪縣城。劉璋派劉璝、冷苞、張任、鄧賢等到涪縣抵禦先主，全被擊敗，只得退守綿竹。劉璋加派李嚴督管綿竹各軍，李嚴率眾投降了先主。先主兵力更為強大，於是分派各將平定下屬郡縣，諸葛亮、張飛、趙雲等領兵溯江而上，平定白帝、江州、江陽，只留關羽鎮守荊州。先主進軍圍攻雒縣，其時守城者為劉璋之子劉循，被圍攻將近一年。

十九年夏，雒城破，進圍成都數十日，璋出降。蜀中殷盛豐樂，先主置酒大

饗士卒，取蜀城中金銀分賜將士，還其穀帛。先主復領益州牧，諸葛亮為股肱，法正為謀主，關羽、張飛、馬超為爪牙，許靖、糜竺、簡雍為賓友。及董和、黃權、李嚴等本璋之所授用也，吳壹、費觀等又璋之婚親也，彭羕又璋之所排擯也，劉巴者宿昔之所忌恨也，皆處之顯任，盡其器能。有志之士，無不競勸。

譯文

建安十九年（二一四）夏，先主攻破雒城，進軍圍攻成都數十日，劉璋出城投降。蜀地物產富饒，百姓樂業安居，先主大擺筵席犒賞士卒，取蜀城金銀分賜給將士，將穀物、布帛發放原主。先主兼任益州牧，以諸葛亮為輔佐，法正為謀士，關羽、張飛、馬超為武將，許靖、糜竺、簡雍為幕僚，其他如董和、黃權、李嚴等原是劉璋授用的官員，吳壹、費觀等又是劉璋的姻親，彭羕又為劉璋所排擠，劉巴為過去遭忌恨之人，先主均安排在顯要的職位上，使他們充分發揮自己的才能，於是有志之士，競相勸勉盡力。

賞析與點評

劉備得蜀後盡量利用益州的人才，讓當地的豪強和才智之士充分發揮作用。這種情況，到了諸葛亮、蔣琬、費禕、姜維等輔助後主、管理政務時遂漸改變，最後觸發了雙方的矛盾。

二十年，孫權以先主已得益州，使使報欲得荊州。先主言：「須得涼州，當以荊州相與。」權忿之，乃遣呂蒙襲奪長沙、零陵、桂陽三郡。先主引兵五萬下公安，令關羽入益陽。是歲，曹公定漢中，張魯遁走巴西。先主聞之，與權連和，分荊州，江夏、長沙、桂陽東屬，南郡、零陵、武陵西屬，引軍還江州。遣黃權將兵迎張魯，張魯已降曹公。曹公使夏侯淵、張郃屯漢中，數數犯暴巴界。先主令張飛進兵宕渠，與郃等戰於瓦口，破郃等，郃收兵還南鄭。先主亦還成都。

譯文

建安二十年（二一五），孫權因先主已經取得益州，便派使者前來致意，想收回荊州。先主說：「待我得到涼州後，定把荊州還給你們。」孫權甚為惱怒，便派呂蒙襲奪長沙、零陵、桂陽三郡。先主率領兵卒五萬下抵公安，令關羽進駐益陽。這年，曹操平定漢中，張魯逃往巴西。先主聞訊，與孫權和解結盟，將荊州平分，江夏、長沙、桂陽歸屬東吳，南郡、零陵、武陵歸屬西蜀，然後領兵返還江州。先主派黃權率軍迎接張魯，但張魯已投降曹操。曹操派夏侯淵、張郃駐軍漢中，曹軍屢次前犯騷擾巴西邊界。先主令張飛領兵進駐宕渠，與張郃等交戰於瓦口，擊敗張郃等，張郃收兵退還南鄭。先主也回到成都。

二十三年，先主率諸將進兵漢中。分遣將軍吳蘭、雷銅等入武都，皆為曹公軍所沒。先主次於陽平關，與淵、郃等相拒。

譯文

建安二十三年（二一八），先主率領眾將進軍漢中。另派將軍吳蘭、雷銅等進入武都，他們都被曹軍殲滅。先主進兵陽平關，與夏侯淵、張郃等相持對抗。

二十四年春，自陽平南渡沔水，緣山稍前，於定軍山勢作營。淵將兵來爭其地。先主命黃忠乘高鼓譟攻之，大破淵軍，斬淵及曹公所署益州刺史趙顒等。曹公自長安舉眾南征。先主遙策[1]之曰：「曹公雖來，無能為也，我必有漢川矣。」及曹公至，先主斂眾拒險[2]，終不交鋒，積月不拔，亡者日多。夏，曹公果引軍還，先主遂有漢中。遣劉封、孟達、李平等攻申耽於上庸。秋，羣下上先主為漢中王，……遂於沔陽設壇場，陳兵列眾，羣臣陪位，讀奏訖，御王冠於先主。……於是還治成都。拔魏延為都督[3]，鎮漢中。時關羽攻曹公將曹仁，禽于禁於樊。俄而孫權襲殺羽，取荊州。

注釋

1遙策：預先估計。2斂眾拒險：收斂兵眾把守要害。3魏延是最優秀的將領，由劉備親自予以重用。

譯文

建安二十四年（二一九）春，先主自陽平關南下渡過沔水，沿着山勢逐漸推進，在定軍山依山勢紮營。夏侯淵率軍前來爭奪要地。先主令黃忠依山勢居高擊鼓吶喊發起衝擊，將夏侯淵軍打得大敗，並斬殺夏侯淵及曹操委任的益州刺史趙顒等。曹操親自從長安率領大隊人馬南征。先主預測說：「雖說曹操親自前來，也無力挽回戰局，我們一定能夠佔領漢中。」待曹操到來，先主集結軍隊固守險地，始終不與曹軍正面交鋒，曹軍累月攻打未能獲勝，逃跑的軍卒卻日益增多。到夏天，曹操果然撤軍北還，於是先主佔有漢中。先主派劉封、孟達、李平等前往上庸攻打申耽。是年秋，羣臣擁立先主為漢中王。……於是在沔陽設立壇場，軍民排隊相列，百官依秩陪位，奏章宣讀完畢，即進獻王冠給先主。……於是先主退往成都以其為治所。提拔魏延為都督，鎮守漢中。此時關羽進擊曹仁，並在樊城生擒于禁。不久孫權襲殺關羽，奪取荊州。

二十五年，魏文帝稱尊號[1]，改年曰黃初。或傳聞漢帝見害[2]，先主乃發喪

制服，追謚曰孝愍皇帝。……太傅許靖、安漢將軍麋竺、軍師將軍諸葛亮、太常賴恭、光祿勳黃柱、少府王謀等……「與博士許慈、議郎孟光……上尊號」。即皇帝位於成都武擔之南。

注釋

1 稱尊號：稱帝。2 謠傳漢獻帝被殺害。

譯文

建安二十五年（二二〇），曹丕稱帝，尊號魏文帝，改年號為黃初。有傳聞說漢獻帝被害，於是先主身穿喪服訃告全蜀，為獻帝發喪，追謚為「孝愍皇帝」。太傅許靖、安漢將軍麋竺、軍師將軍諸葛亮、太常賴恭、光祿勳黃柱、少府王謀等……「與博士許慈、議郎孟光……上尊號」。於是先主在成都武擔山南即位登基。

章武元年夏四月，大赦，改年。以諸葛亮為丞相，許靖為司徒。置百官，立宗廟，祫祭[1]高皇帝以下。五月，立皇后吳氏，子禪為皇太子。六月，以子永為魯王，理為梁王。車騎將軍張飛為其左右所害[2]。初，先主忿孫權之襲殺關羽，將東征，秋七月，遂帥諸軍伐吳。孫權遣書請和，先主盛怒不許，吳將陸議、李異、劉阿等屯巫、秭歸；將軍吳班、馮習自巫攻破異等，軍次秭歸，武陵五谿蠻夷遣使請兵。

注釋 1祫祭：合祭。2張飛被害，詳見本書〈張飛傳〉。

譯文 章武元年（二二一）夏四月，大赦天下，更改年號。任命諸葛亮為丞相，許靖為司徒。設置百官，創建宗廟，合祭漢高祖以下列祖列宗。五月，立吳夫人為皇后，兒子劉禪為皇太子。六月，封兒子劉永為魯王、劉理為梁王。車騎將軍張飛被手下部將所殺。當初，先主對孫權襲殺關羽一事十分憤恨，準備東征，秋天七月，親自率領各路軍馬征伐東吳。孫權派遣使者致信請和，先主盛怒拒不答允，吳將陸議、李異、劉阿等駐軍巫縣、秭歸一帶，蜀將吳班、馮習自巫縣擊敗李異等人，進軍秭歸，武陵郡五溪蠻部落派使者前來請求出兵。

二年春正月，先主軍還秭歸，將軍吳班、陳式水軍屯夷陵[1]，夾江東西岸。二月，先主自秭歸率諸將進軍，緣山截嶺，於夷道猇亭[2]駐營，自佷山[3]通武陵，遣侍中馬良安慰五谿蠻夷，咸相率響應。鎮北將軍黃權督江北諸軍，與吳軍相拒於夷陵道。夏六月，……陸議大破先主軍於猇亭，將軍馮習、張南等皆

沒。[4]先主自猇亭還秭歸，收合離散兵，遂棄船舫，由步道還魚復，改魚復縣曰永安。吳遣將軍李異、劉阿等踵躡[5]先主軍，屯駐南山。秋八月，收兵還巫。司徒許靖卒。冬十月，詔丞相亮營南北郊於成都。孫權聞先主住白帝[6]，甚懼，遣使請和。先主許之，遣太中大夫宗瑋報命。

注釋

1 夷陵：縣名。縣治在湖北宜昌市東南。2 猇（粵：哮；普：xiāo）亭：在湖北宜都縣北。3 佷（粵：狠；普：hěn）山：縣名。縣治所在湖北長陽縣西。4 是役蜀漢國大敗，損失慘重，荊州自此長期失去。5 踵躡：追蹤。6 白帝：城名，在四川奉節縣東白帝山上。城據高山，形勢險要。

譯文

章武二年（二二二）春正月，先主率軍返還秭歸，將軍吳班、陳式領水軍駐紮夷陵，沿長江東西兩岸安營紮寨。二月，先主自秭歸率領眾將進軍五溪，翻山越嶺，至夷道猇亭紮下營寨，從佷山開通至武陵的山路，先主派侍中馬良安撫五溪各蠻部，各部相繼回應先主。鎮北將軍黃權督率江北各軍，在夷陵道與吳軍交戰。夏六月，……陸議在猇亭大敗先主軍隊，將軍馮習、張南等人陣亡。先主從猇亭退還秭歸，收攏戰鬥中打散的士卒，丟棄船艦，由陸路撤回魚復縣，改魚復縣為永安縣。吳國派遣將軍李異、劉阿等尾追先主部隊，吳軍進駐南山。秋八月，先主撤兵退還巫縣。司徒許靖去世。冬十月，下詔命丞相諸葛亮在成都營修冬、夏二祭祭壇。孫權聽説先主駐屯在白帝城，頗為恐懼，派遣使者求和。先主許和，派太中大夫宗瑋前去議和完成使命。

賞析與點評

蜀漢與東吳發生衝突始自江陵的爭奪，以關羽被襲殺暫告一段落。其後劉備傾全國之力為其義弟報仇，結果損兵折將，大敗而逃，崩於白帝城。這次戰役終於確定荊州為東吳所有。蜀漢因只佔益州，實力上大打折扣，自保或有餘，統一天下的條件則永遠失去了。

三年春二月，丞相亮自成都到永安。三月，……先主病篤，託孤[1]於丞相亮，尚書令李嚴為副。夏四月癸巳，先主殂[2]於永安宮，時年六十三。……五月，梓宮自永安還成都，謚曰昭烈皇帝。秋，八月，葬惠陵。

注釋

1 託孤：將後主交託給諸葛亮。2 殂：駕崩。

譯文

章武三年（二二三）春二月，丞相諸葛亮從成都趕到永安。三月，……先主病危，委託丞相諸葛亮輔佐扶立太子，並讓尚書令李嚴協助之。夏四月二十四日，先主逝世於永安宮，享年六十三歲。……五月，靈柩從永安宮起運成都，追加諡號為「昭烈皇帝」。秋，八月，葬於惠陵。

賞析與點評

陳壽稱讚劉備「弘毅寬厚，知人待士，折而不撓」，是正確的。這些優點，讓他成功建立蜀漢。但由於「機權幹略」不及曹操，也限制了他的成就。最後夷陵大敗，而歸咎天意，與項羽「天亡我也」，同樣反映失敗者逃避現實的情緒。

後主傳

本篇導讀——

劉禪（二〇七—二七一）是蜀漢國的君主，在位達四十一年之久。繼位之初，由丞相諸葛亮總管內外事務，他基本上是垂拱而治。諸葛亮逝於軍中，由蔣琬、費禕繼續輔政，蜀漢國總算得到平穩發展。其後劉禪寵信宦官黃皓，內政日趨腐敗。與此同時，姜維多次發動北伐，給弱小的蜀漢造成沉重的經濟負擔，加大了與本土豪族的矛盾。由於天性樂觀，劉禪在投降後受到司馬氏較好的對待，仍能怡然自樂，曾說出「此間樂，不思蜀」的荒唐話。相對於南唐後主李煜，在亡國後仍心存故國之思，終於被宋太宗毒死，可以說是較為「幸運」了。因作為一個負責任、有作為的君主，不應也不要在亡國後才長歎短嗟，無補於事。

後主諱禪，字公嗣，先主子也。……是歲魏黃初四年也。建興元年，……襲位[1]於成都，時年十七。……遣尚書郎鄧芝固好於吳[2]。……二年春，務農殖穀，閉關息民。三年春三月，丞相亮南征四郡，四郡皆平。……七年，……孫權稱帝，與蜀約盟，共交分天下。……十二年……秋八月，亮卒於渭濱。征西大將軍魏延與丞相長史楊儀爭權不和，舉兵相攻，延敗走，斬延首[3]，儀率諸軍還成都。……以丞相留府長史蔣琬為尚書令，總統國事[4]。十三年春正月，中軍師楊儀[5]廢徙漢嘉郡。夏四月，進蔣琬位為大將軍[6]。

注釋

1 襲位：繼位。2 固好於吳：與吳國重修舊好。3 魏延被楊儀斬首，蜀漢損失一員大將。4 諸葛亮逝世後，蜀漢國由蔣琬輔助後主全面管理國家。5 楊儀因斬殺魏延被追究。6 執掌全國軍事。

譯文

後主名禪，字公嗣，先主劉備之子。……後主在成都繼承帝位，時年十七歲。……這一年為魏文帝黃初四年。後主建興元年（二二三），……派尚書郎鄧芝出使吳國，以加強吳、蜀的友好關係。……建興二年（二二四）春，蜀國致力發展農業生產，停止征戰，讓百姓休養生息。建興三年春三月，丞相諸葛亮率軍南征四郡，四郡都平定了。……建興七年（二二九），……孫權在東吳登基稱帝，與蜀國訂立盟約，兩國平分天下。……建興十二年（二三四）……秋八月，諸葛亮在渭水旁病逝。征西大將軍魏延與丞相長史楊儀因爭奪權力不和，領兵互相攻打，魏延兵敗逃走；楊儀斬殺魏延，統率各路兵馬撤回成都。……任命丞相留府長史蔣琬為尚書令，總理國家政事。十三年正月，中軍師楊儀被罷免，流放漢嘉郡。四月，晉升蔣琬為大將軍。

延熙元年……冬十一月，大將軍蔣琬出屯漢中。……四年冬十月，尚書令費禕至漢中，與蔣琬諮論事計，歲盡還。……景耀元年，……宦人黃皓始專政[1]。吳大將軍孫綝廢其主亮，立琅邪王休。……六年夏，魏大興徒眾，命征西將軍鄧艾、鎮西將軍鍾會、雍州刺史諸葛緒數道並攻。於是遣左右車騎將軍張翼、廖化、輔國大將軍董厥等拒之。大赦。改元為炎興。冬，鄧艾破衛將軍諸葛瞻[2]於綿竹。用光祿大夫譙周策，降於艾。……明年春正月，艾見收。鍾會自涪至成都作亂。會既死，蜀中軍眾鈔略，死喪狼籍[3]，數日乃安集。後主舉家東遷，既至洛陽……為安樂縣公。……泰始七年，薨於洛陽。

注釋

1黃皓為後主親信，自此專斷朝政，內政腐敗。2諸葛瞻：諸葛亮之子。3死喪狼籍：死傷嚴重。

譯文

延熙元年（二三八）……冬十一月，大將軍蔣琬率軍出成都進駐漢中。……延熙四年（二四一）冬十月，尚書令費禕前往漢中，與蔣琬商討軍政大計，年終返歸成都。……景耀元年（二五八），……宦官黃皓開始把持朝政。吳國大將軍孫綝廢吳主孫亮，改立琅邪王孫休為君。……景耀六年（二六三）夏，魏國大舉進兵，魏主命令征西將軍鄧艾、鎮西將軍鍾會、雍州刺史諸葛緒分兵數路攻打蜀國。後主於是調派左右車騎將軍張翼、廖化、輔國大將軍董厥等前去抗擊。後主大赦天下，改年號為炎興。冬天，鄧艾擊敗駐守綿竹的蜀衞將軍諸葛瞻。後主接受光祿大夫譙周的建議，向鄧艾投降。鄧艾因擅權任意行事，故於第二年春正月被拘捕。鍾會自涪城進抵成都即謀反叛魏。鍾會死後，蜀中軍隊到處燒殺搶掠，城中屍首狼籍，幾天後才恢復安定。後主舉家東遷到洛陽，……他被冊封為安樂縣公。……晉武帝泰始七年（二七一），他在洛陽去世。

賞析與點評

諸葛亮對後主說：「親賢臣，遠小人，此先漢所以興隆也；親小人，遠賢臣，此後漢所以傾頹也。」這大概是針對後主而發出的叮嚀。後來蜀漢情勢，一如諸葛亮所言，真的不能不佩服他的高瞻遠屬的眼光，也慨歎他無法改變後主的行為。

諸葛亮傳

本篇導讀——

諸葛亮（一八一——二三四）是我國偉大的政治家和戰略家。他的〈隆中對〉分析天下大勢及劉備日後應採取的攻守策略，說明他成竹在胸、高瞻遠矚。同時，他的「鞠躬盡瘁」的無私精神，感動無數人的心靈。他自比管仲、樂毅，又能「淡泊明志、寧靜致遠」，才德兼備，充滿人格魅力。但是，由於蜀漢國的立國條件較弱，諸葛亮最後也無法完成「興復漢室」的大業。詩聖杜甫名作〈詠懷古跡〉，恰好概括他的一生功業。杜甫寫道：「諸葛大名垂宇宙，宗臣遺像肅清高。三分割據紆籌策，萬古雲霄一羽毛。伯仲之間見伊呂，指揮若定失蕭曹。運移漢祚終難復，志決身殲軍務勞。」

諸葛亮字孔明，琅邪陽都人也。漢司隸校尉諸葛豐後也。父珪，字君貢，漢末為太山郡丞。亮早孤，從父玄為袁術所署豫章太守，玄將亮及亮弟均之官。會漢朝更選朱皓代玄。玄素與荊州牧劉表有舊，往依之。玄卒，亮躬耕隴畝[1]，好為《梁父吟》[2]。身長八尺，每自比於管仲、樂毅，時人莫之許也。惟博陵崔州平、潁川徐庶元直與亮友善，謂為信然。

注釋　1隴畝：田地。2梁父吟：樂府「楚調」名，相傳為亮所作，寫齊相晏嬰以二桃殺三士。

譯文　諸葛亮，字孔明，琅邪郡陽都縣人，漢朝司隸校尉諸葛豐的後人。父珪，字君貢，漢朝末年為太山郡郡丞。諸葛亮少年喪父，叔父諸葛玄受袁術署任豫章郡太守，諸葛玄帶着亮和他的弟弟均前往任職。正逢東漢朝廷改派朱皓替代諸葛玄。諸葛玄與荊州牧劉表交情甚深，故此前往投奔劉表。諸葛玄去世後，諸葛亮寄住隆中耕田種地為業，喜誦古代憂傷亂世的歌謠《梁父吟》。諸葛亮身高八尺，常自喻為管仲、樂毅，當時常人都不以為然。惟有博陵人崔州平、潁川人徐庶與諸葛亮交情篤厚，說他確實具有管仲、樂毅的才能。

時先主屯新野[1]。徐庶見先主，先主器[2]之，謂先主曰：「諸葛孔明者，臥龍也，將軍豈願見之乎？」先主曰：「君與俱來。」庶曰：「此人可就見，不可屈致[3]也。將軍宜枉駕顧之[4]。」由是先主遂詣亮，凡三往，乃見[5]。因屏人曰：「漢室傾頹，姦臣[6]竊命，主上蒙塵[7]。孤不度德量力，欲信[8]大義於天下，而智術淺短，遂用猖蹶，至於今日。然志猶未已，君謂計將安出？」亮答曰：「自董卓已來，豪傑並起，跨州連郡者不可勝數。曹操比於袁紹，則名微而眾寡，然操遂能克紹，以弱為強者，非惟天時，抑亦人謀也。今操已擁百萬之眾，挾天子而令諸侯，此誠不可與爭鋒。孫權據有江東，已歷三世，國險而民附，賢能為之用，此可以為援而不可圖也。荊州北據漢、沔，利盡南海，東連吳會，西通巴、蜀，此用武之國，而其主不能守，此殆天所以資將軍，將軍豈有意乎？益州險塞，沃野千里，天府之土，高祖因之以成帝業。劉璋闇弱，張魯在北，民殷國富而不知存恤，智能之士思得明君。將軍既帝室之胄，信義著於四海，總攬英雄，思賢如渴，若跨有荊、益，保其巖阻，西和諸戎，南撫夷越，外結好孫權，內脩政理；天下有變，則命一上將將荊州之軍以向宛、洛，將軍身率益州之眾出於秦川，百姓孰敢不簞食壺漿以迎將軍者乎？誠如是，則霸業可成，漢室可興矣。」[9]先主曰：「善！」於是與亮情好日密。關羽、張飛等不悅，先主解之曰：「孤之有孔明，猶魚之有水也[10]，願諸君勿復言。」羽、飛乃止。

注釋

1新野：河南新野縣。2器：器重。3屈致：召見。4枉駕顧之：親自拜訪。5即所謂「三顧草廬」。6姦臣：指曹操。7蒙塵：流亡。8信：伸張。9這便是著名的〈隆中對〉。10表示君臣關係特別融洽。

譯文

當時劉備正駐軍新野縣。徐庶謁見劉備，劉備對他十分器重。徐庶對劉備說：「諸葛孔明這人，是『臥龍』啊！將軍想不想見見他？」劉備說：「你陪他一道來吧！」徐庶說：「此人只能拜訪，不可以召見。將軍您應該屈尊去拜見他。」於是劉備親自前往拜訪諸葛亮，一連去了三次，才得以相見。劉備摒退隨從，對諸葛亮說：「漢室朝綱傾頹，奸臣竊取國權，皇上避亂風塵。寡人沒有估計自己的德行和力量，企圖為天下伸張正義，苦於智術淺短，因而屢遭挫敗，以致今日這種地步。但我初衷不改、志向未泯，您教我該如何才好？」諸葛亮回答說：「自董卓竊權以來，天下豪傑紛起，割州據郡之人比比皆是。曹操相較袁紹，名望低而兵勢弱，但曹操卻能打敗袁紹，轉弱為強，這不僅是時機有利，而且也是靠人的智謀。現在曹操已擁兵百萬，挾持天子以號令諸侯，這確實是不能和他較量。孫權佔據江東，已經歷三世之久，地勢險要，民心歸附，賢能之士都願意為他效力，只能把他作為外援，而不能謀取。荊州地方，北有漢、沔二水，南可取用兩廣的物資，東向相連吳郡、會稽，西進可入巴、蜀之地，這是兵家必爭的戰略要地。可是，它的主人無力守住，這是上天安排來協助將軍，將軍有意奪取荊州嗎？益州地勢險要，沃野千里，是天府之國，從前高祖就是憑藉這裏而成就帝業。劉璋懦弱昏庸，北邊又有張魯的威脅，雖是民豐國富，但他不知體卹，智謀才幹之士都希望得到明君。將軍是漢室的後裔，而且信義聞名天下，廣納天下英雄，渴求人才，如果佔據荊、益二州，憑險據守，與西部戎族和好，對南面夷越加以安撫，對外與孫權和好結盟，對內革新政治、修德施仁，天下一旦發生變故，即派上將一員統率荊州士卒進攻宛城、洛陽，將軍則親自率領部將出兵秦川，百姓豈能不簞食壺漿來迎接將軍呢？如果真能做到，那麼霸業成功有日，漢王朝復興有望了。」劉備說：「太好了！」於是與諸葛亮情誼與日俱增。關羽、張飛等對此頗為不滿，劉備解釋：「我得到了孔明，猶如魚兒有了水，請你們不要再說了。」關羽、張飛這才不再有異議。

賞析與點評

劉備「三顧草廬」，終於以真誠爭取到諸葛亮的誓死追隨。兩人探討天下大勢，以「興復漢室」為基礎，奪取了道德高地，以抗衡「挾天子以令諸侯」的曹操。〈隆中對〉為劉備提供了重大的戰略部署，對蜀漢國的建立，發揮了關鍵作用。

劉表長子琦，亦深器亮。表受後妻之言，愛少子琮，不悅於琦。琦每欲與亮謀自安之術，亮輒拒塞[1]，未與處畫。琦乃將亮游觀後園，共上高樓，飲宴之間，令人去梯，因謂亮曰：「今日上不至天，下不至地，言出子口，入於吾耳，可以言未？」亮答曰：「君不見申生在內而危，重耳在外而安乎？」[2]琦意感悟，陰規出計[3]。會黃祖死，得出，遂為江夏太守。俄而表卒，琮聞曹公來征，遣使請降。先主在樊聞之，率其眾南行，亮與徐庶並從，為曹公所追破，獲庶母。庶辭先主而指其心曰：「本欲與將軍共圖王霸之業者，以此方寸之地也。今已失老母，方寸亂[4]矣，無益於事，請從此別。」遂詣曹公。

注釋

[1] 拒塞：拒絕。[2] 申生留在晉國被害；重耳流亡國外卻得到安全。[3] 陰規出計：暗中圖謀離開。[4] 方寸亂：內心慌亂。

譯文

劉表長子劉琦，也十分器重諸葛亮。劉表聽信後妻的話，偏愛小兒子劉琮，不喜歡劉琦。劉琦常常想與諸葛亮商量自全的辦法，但諸葛亮總是加以拒絕，不替他謀劃。於是劉琦請諸葛亮遊覽後花園，一同登上高樓，飲酒中，他派人將樓梯移走，然後對諸葛亮說：「現在上不到天，下不到地，從您口中出來的話，只進入我的耳中，可以指教一下吧？」諸葛亮說：「您沒有看到晉公子申生留在宮內遭受謀害，而重耳逃亡在外卻得到安全嗎？」劉琦茅塞頓開，便私地策劃外出襄陽。剛巧黃祖死去，劉琦借機脫身，出為江夏太守。不久劉表去世，劉琮聽說曹操前來征伐，即向曹操投降。劉備在樊城聽到消息，趕緊率領軍隊、百姓向南走，諸葛亮與徐庶一同隨行。劉備被曹軍追上擊敗後，曹軍俘獲了徐庶的母親。徐庶只得辭離劉備，他以手指心說：「我本想與將軍一起謀劃王霸大業，是憑着這顆心。現在失去老母，方寸已亂，對將軍的大事不再有幫助了，請允許我從此告別。」於是前往曹操那裏。

先主至於夏口，亮曰：「事急矣，請奉命求救於孫將軍。」時權擁軍在柴桑[1]，觀望成敗，亮說權曰：「海內大亂，將軍起兵據有江東，劉豫州亦收眾漢南，與曹操並爭天下。今操芟夷[2]大難，略已平矣，遂破荊州，威震四海。英雄無所用武，故豫州遁逃至此。將軍量力而處之：若能以吳、越之眾與中國抗衡，不如早與之絕；若不能當，何不案兵束甲，北面而事之！今將軍外託服從之名，而內懷猶豫之計，事急而不斷，禍至無日矣！」權曰：「苟如君言，劉豫州何不遂事之乎？」亮曰：「田橫，齊之壯士耳，猶守義不辱[3]，況劉豫州王室之胄，英才蓋世，眾士慕仰，若水之歸海，若事之不濟，此乃天也，安能復為之下乎！」權勃然[4]曰：「吾不能舉全吳之地，十萬之眾，受制於人。吾計決矣！非劉豫州莫可以當曹操者，然豫州新敗之後，安能抗此難乎？」亮曰：「豫州軍雖敗於長阪，今戰士還者及關羽水軍精甲萬人，劉琦合江夏戰士亦不下萬人。曹操之眾，遠來疲弊，聞追豫州，輕騎一日一夜行三百餘里，此所謂『彊弩之末，勢不能穿魯縞』者也。故兵法忌之，曰『必蹶上將軍』[5]。且北方之人，不習水戰；又荊州之民附操者，偪[6]兵勢耳，非心服也。今將軍誠能命猛將統兵數萬，與豫州協規同力，破操軍必矣。操軍破，必北還，如此則荊、吳之勢彊，鼎足之形成[7]矣。成敗之機，在於今日。」權大悅，即遣周瑜、程普、魯肅等水軍三萬，隨亮詣先主，并力拒曹公。曹公敗於赤壁，引軍歸鄴。先主遂收江南，以亮為軍師中郎將，使督零陵、桂陽、長沙三郡[8]，調其賦稅，以充軍實。

注釋

1柴桑：在江西九江市南。2芟（粵：衫；普：shān）夷：剷除。3恥向劉邦稱臣而自殺。4勃然：憤怒。5必蹶上將軍：領軍將士必然被挫敗。6偪（粵：壁；普：bī）：被迫。7三國鼎立的形勢確立。8荊州所屬的南方三個郡。

譯文

劉備行至夏口，諸葛亮說：「現在形勢危急，請將軍派我前往吳國向孫權將軍求援。」這時孫權正率軍屯集在柴桑，坐觀戰局的勝負，諸葛亮勸喻孫權說：「天下大亂，將軍起兵擁有江東，劉豫州也在漢南招集兵馬，共同與曹操爭奪天下。現在曹操平定內患，基本上穩定了北方，接着進軍南取荊州，威勢震懾天下。英雄無用武之地，故此劉豫州避逃到這裏。希望將軍能根據自己的力量來考慮對策：如果能起用吳國的軍隊與中原的曹軍相抗衡，就應該及早與曹操斷絕關係；假若不能抗衡，何不就此擱下武器、解除盔甲，向對方俯首稱臣呢！現在將軍表面上服從曹操，內心又猶豫不決，情勢危急而不當機立斷，大禍即在眼前！」孫權說：「假如情況如你所說，劉豫州為甚麼不投降曹操？」諸葛亮說：「田橫，只是齊國一個壯士，尚且能堅守節操而不投降受辱，何況劉豫州乃漢室的後裔，英才蓋世，羣士仰慕，猶如眾水歸海。如果功業不能成功，這是天意所定，豈可再做曹操的下屬！」孫權勃然大怒說：「我決不能拿整個吳國的土地和十萬軍隊去受他人控制。我已經決定了！你說除劉豫州外，便無人能抵擋曹操，可是他剛被打敗，又怎能抵擋住如此強敵呢？」諸葛亮說：「劉豫州的軍隊雖在長阪戰敗，但現在陸續歸還的兵卒加上關羽的水軍仍有上萬人馬；劉琦集合起的江夏兵卒亦不下萬人。曹操的兵馬遠道而來，疲憊不堪，聽說為了追趕劉豫州，輕騎一晝夜行走三百多里，這就是『強弓發出的箭，到了最後，連魯國的薄絹都不能穿透』，所以用兵之法忌諱這種作戰，並說『必會招致主將失敗』。同時，北方人不擅長水戰，而荊州百姓歸附曹操，實為兵勢所迫，也非心甘情願。現在，將軍真派出猛將，統率數萬兵馬，與劉豫州協力同心，一定能擊敗曹軍。曹操一敗，必然退歸北方，這樣荊州、吳國的勢力就強大起來，三分天下的局面就形成。成敗的時機，只在今天。」孫權聞言大喜，即派周瑜、程普、魯肅等率水軍三萬，隨諸葛亮趕赴劉備那裏，協力抗擊曹操。曹操在赤壁戰敗後，領軍退歸鄴城。劉備於是佔有江南之地，任命諸葛亮為軍師中郎將，派他督守零陵、桂陽、長沙三郡，徵調三郡的賦稅，以補充軍需。

賞析與點評

劉表新死，劉琮以荊州降曹操。曹操兵鋒隨即指向孫權，欲一舉而統一天下。諸葛亮出使東吳，指陳利弊，並清楚說明劉備不能投降的原因，迫使孫權作出正確的選擇。當時孫權的部下大多表示要歸附曹操，只有魯肅持異議。孫權當時已穩固了江東統治，又手握十萬大軍，終於立定心意，聯備抗操，導致赤壁大勝，奠定天下三分之局面。

建安十六年，益州牧劉璋遣法正迎先主，使擊張魯。亮與關羽鎮荊州。先主自葭萌還攻璋，亮與張飛、趙雲等率眾泝江[1]，分定郡縣，與先主共圍成都。成都平，以亮為軍師將軍，署左將軍府事。先主外出，亮常鎮守成都，足食足兵。

注釋

1 泝江：向長江上游推進。

譯文

漢獻帝建安十六年（二一一），益州牧劉璋派遣法正迎請劉備，讓劉備去攻打張魯。諸葛亮與關羽鎮守荊州。後來劉備從葭萌返回攻打劉璋，諸葛亮與張飛、趙雲等率軍沿江逆流而上，分頭平定沿江兩岸各郡、縣，然後與劉備合力圍攻成都。平定成都後，劉備任命諸葛亮為軍師將軍，並代理左將軍府的事權。劉備領兵外出期間，諸葛亮常留守成都，兵充糧足。

二十六年，羣下勸先主稱尊號，先主未許，亮說曰：「昔吳漢、耿弇等初勸世祖即帝位，世祖辭讓，前後數四，耿純進言曰：『天下英雄喁喁[1]，冀有所望。如不從議者，士大夫各歸求主，無為從公也。』世祖感純言深至，遂然諾[2]之。今曹氏篡漢，天下無主，大王劉氏苗族，紹世而起，今即帝位，乃其宜也。士大夫隨大王久勤苦者，亦欲望尺寸之功如純言耳。」先主於是即帝位，策亮為丞相曰：「朕遭家不造，奉承大統，兢兢業業，不敢康寧，思靖百姓，懼未能綏。於戲[3]！丞相亮其悉朕意，無怠輔朕之闕，助宣重光[4]，以照明天下，君其勖哉！」亮以丞相錄尚書事，假節。張飛卒後，領司隸校尉。

注釋

1 喁喁：比喻眾人的景仰。2 諾：答允。3 於戲（粵：烏呼；普：wū hū）：歎詞，同「嗚呼」。4 重光：光輝重新照耀，喻劉氏政權失而復興。

譯文

建安二十六年（二二一），部下都勸劉備稱帝，劉備不答應。諸葛亮勸說：「從前吳漢、耿弇等人起始勸世祖光武皇帝稱帝登基，世祖先後四次推讓，耿純於是進言說：『天下英雄對您十分景仰，希望追隨您而有所得。如果不答應，大家就會各擇新主，無人再追隨您了。』世祖感到耿純的話很有道理，於是答應了請求。現在曹丕篡漢，天下無主，大王是劉氏皇族後裔，承接漢統即位登基，是合情合理之事。士大夫們長期追隨大王，經歷艱辛困苦，也只是希望像耿純所說的那樣能建尺寸之功！」劉備於是即位稱帝，冊命諸葛亮為丞相，說：「朕家遭不幸，故謹承王位，一定兢兢業業，不敢貪逸康樂，一心安定百姓，惟恐他們不得安撫。嗚呼！丞相諸葛亮要盡量體察朕的心意，不倦地幫助我克服缺點，協助我佈施恩澤，讓光輝重新普照天下，請盡心竭力啊！」諸葛亮以丞相身份總理尚書事，並享「假以符節」的權利。張飛死後，又兼職司隸校尉。

章武三年春，先主於永安病篤，召亮於成都，屬以後事，謂亮曰：「君才十倍曹丕，必能安國，終定大事。若嗣子[1]可輔，輔之；如其不才，君可自取。」亮涕泣曰：「臣敢竭股肱之力，效忠貞之節，繼之以死！」先主又為詔敕後主曰：「汝與丞相從事，事之如父。」建興元年，封亮武鄉侯，開府治事。頃之，又領益州牧。政事無巨細，咸決於亮[2]。南中諸郡，並皆叛亂，亮以新遭大喪[3]，故未便加兵，且遣使聘吳，因結和親，遂為與國[4]。三年春，亮率眾南征，其秋悉平。軍資所出，國以富饒，乃治戎講武，以俟大舉。

注釋

1 嗣子：後主劉禪。2 咸決於亮：國家事務，全憑諸葛亮處置。3 新遭大喪：指劉備剛剛逝世。4 與國：盟國。

譯文

章武三年（二二三）春，劉備在永安病危，將諸葛亮從成都召來，託付後事。他對諸葛亮說：「你的才幹勝過曹丕十倍，一定能安定國家，完成統一大業。如果太子可以輔佐，你就輔佐他；如果他無才能，你就取而代之。」諸葛亮痛哭回言：「臣願竭盡心力輔佐太子，獻出自己的忠誠節操，鞠躬盡瘁，死而後已！」劉備又詔告後主：「你跟隨諸葛丞相治國時，一定要像對待父親那樣對待他。」建興元年（二二三），後主封諸葛亮為武鄉侯，設立丞相府署，讓諸葛亮自選僚屬，全權處理國事。不久，又讓諸葛亮兼任益州牧。朝中政事無巨細，由諸葛亮裁決。其時南方幾個郡同時起兵叛亂，諸葛亮考慮到新遭國喪，故此不便派兵鎮壓，更派遣使者訪問吳國，加強與吳國的親善友好關係，於是兩國結為盟國。建興三年（二二五）春，諸葛亮率軍南征，到秋天南方叛亂被徹底平定。軍需費用都由這些地方承擔，國家也日漸富強，於是諸葛亮整頓訓練軍隊，等待時機大舉伐魏。

五年，率諸軍北駐漢中，臨發，上疏曰：

先帝創業未半而中道崩殂，今天下三分，益州疲弊，此誠危急存亡之秋也。然侍衛之臣不懈於內，忠志之士忘身於外者，蓋追先帝之殊遇，欲報之於陛下也。誠宜開張聖聽，以光先帝遺德，恢弘志士之氣，不宜妄自菲薄，引喻失義，以塞忠諫之路也。宮中府中俱為一體，陟罰臧否，不宜異同。若有作姦犯科及為忠善者，宜付有司論其刑賞，以昭陛下平明之理，不宜偏私，使內外異法也。侍中、侍郎郭攸之、費禕、董允等，此皆良實，志慮忠純，是以先帝簡拔以遺陛下。愚以為宮中之事，事無大小，悉以咨之，然後施行，必能裨補闕漏，有所廣益。將軍向寵，性行淑均，曉暢軍事，試用於昔日，先帝稱之曰能，是以眾議舉寵為督。愚以為營中之事，悉以咨之，必能使行陳和睦，優劣得所。親賢臣，遠小人，此先漢所以興隆也；親小人，遠賢臣，此後漢所以傾頹也。先帝在時，每與臣論此事，未嘗不歎息痛恨於桓、靈也。侍中、尚書、長史、參軍，此悉貞良死節之臣，願陛下親之信之，則漢室之隆，可計日而待也。

臣本布衣，躬耕於南陽，苟全性命於亂世，不求聞達於諸侯。先帝不以臣卑鄙，猥自枉屈，三顧臣於草廬之中，諮臣以當世之事，由是感激[1]，遂許先帝以驅馳。後值傾覆，受任於敗軍之際，奉命於危難之間，爾來二十有一年矣。先帝知臣謹慎，故臨崩寄臣以大事也。受命以來，夙夜憂歎，恐託付不效，以傷先帝之明，故五月渡瀘，深入不毛。今南方已定，兵甲已足，當獎率三軍，北定中原，庶竭駑鈍，攘除姦凶，興復漢室，還於舊都。此臣所以報先帝，而忠陛下之職分也。至於斟酌損益，進盡忠言，則攸之、禕、允之任也。願陛下託臣以討賊興復之效；不效，則治臣之罪，以告先帝之靈。若無興德之言，則責攸之、禕、允等之慢，以彰其咎。陛下亦宜自謀，以諮諏善道，察納雅言，深追先帝遺詔[2]。臣不勝受恩感激，今當遠離，臨表涕零，不知所言。

遂行，屯於沔陽。

注釋

1 士為知己者死。2 謹記先帝的遺言。

譯文

建興五年（二二七），諸葛亮統率各軍北上，屯兵漢中。臨行之前，他上奏說：先帝所創帝業尚未完成一半，就中途去世。現在天下一分為三，而我蜀漢國力困乏，正是處在生死存亡的危急時刻。然而宮中侍衞近臣勤奮不懈，前方忠誠將士忘死捨生，只是追念先帝在世時對他們的恩德，想轉用來報答陛下。陛下應該廣開言路，兼聽各方意見，以繼承光大先帝的美德，振奮仁人志士的精神，不可妄自菲薄，説話要引喻得當，否則會堵塞臣民忠心勸諫的言路。皇宮和丞相府應是一個整體，賞罰褒貶，一視同仁。如果有作惡犯法和行忠善的事，應交給主管官員來判定對他們的懲處或嘉賞，以顯示陛下的公正嚴明，不存一點偏私，使宮廷內外的法度有所不同。侍中、侍郎郭攸之、費禕、董允等，都是忠良誠實之人，他們心志忠誠，思想純潔，所以先帝選拔他們以留給陛下。臣下認為宮廷中的事情，無論大小，都可以同他們商量，然後施行，這樣定能補偏救缺，收到集思廣益的成效。將軍向寵，言行公正、性情和善，精曉軍事，以前先帝曾予試用，稱讚他是有才有能之人，因此大家商議推舉他擔任中都督。臣下認為軍中之事，都可先與他商議，這樣定能使軍內和睦融洽，好的和差的各得其所。親近賢臣、疏遠小人，這就是前漢興盛強大的主要原因；親近小人，疏遠賢臣，這就是後漢衰弱頹敗的原因。先帝在世時，常常與臣談論此事，沒有一次不為桓、靈二帝歎息痛心。侍中郭攸之、費禕、尚書陳震、長史張裔、參軍蔣琬，這都是忠誠可靠、誓死守節的賢臣，希望陛下親近他們、信任他們，這樣興盛漢室就指日可待了。臣本是普通百姓，在南陽親自耕作，只為在亂世中保全性命，不企望獲得名聲和謀求職位。先帝不嫌棄臣卑賤淺陋，屈駕親謁，三顧茅廬求訪微臣，向臣詢問天下大事。臣因此感激不盡，便答允為先帝奔走效勞。後來遇上軍事失利，臣受任於敗軍之際、奉命於危難之間，至今已是二十一年了。先帝深知臣做事謹慎，所以在臨終前將國家大事託付給臣。臣自接受遺命以來，日夜愁慮歎息，惟恐所託之事不能收到成效，以至損害先帝知人之明。因此我五月渡過瀘水，率軍深入不毛之地。如今南方已被平定，兵力戰具準備充足，應該鼓勵督領全軍，北定中原，竭盡自己的平庸才能，剷除兇險奸惡的敵人，興復漢室，使國都能返還洛陽。這即是臣下用來報答先帝、效忠陛下的職責！至於權衡國事、進獻忠言，這是郭攸之、費禕、董允的責任。希望陛下將討伐奸賊、復興漢室的任務交給臣。如討伐無成績，則治臣之罪，以昭告先帝在天之靈。如果沒有勸勉陛下發揚德行之忠言，則追究郭攸之、費禕、董允等的怠慢失職。陛下也應當自我多加深思，向羣臣徵詢治國良策，明鑒和採納正確的意見，牢記先帝在遺詔中的告誡。這樣臣下就受恩非淺、感激至深。現在微臣即將遠離陛下，起草此表，淚如雨下，不知道自己說了些甚麼。

於是，諸葛亮率軍啟程，前至沔陽紮營。

賞析與點評

蜀漢國以「興復漢室」口號立國，所以當「南方已定，兵甲已足」後，便發動北伐戰爭。諸葛亮的主要戰略意圖是佔領長安，守護潼關，以抗衡魏國。最後由於實力較弱，加上後勤補給困難，多次進攻都沒法達到目的。魏國以司馬懿為抗蜀漢的負責人，採取拖延決戰的戰略，以求坐待其弊。戰爭持續大大增加了蜀漢國民的經濟負擔，難以長期進行。後來姜維繼續北伐，自然也動搖了蜀漢的立國基礎。

六年春，揚聲由斜谷道取郿，使趙雲、鄧芝為疑軍，據箕谷，魏大將軍曹真舉眾拒之。亮身率諸軍攻祁山，戎陳整齊，賞罰肅而號令明，南安、天水、安定三郡叛魏應亮，關中響震。魏明帝西鎮長安，命張郃拒亮，亮使馬謖督諸軍在前，與郃戰於街亭。謖違亮節度[1]，舉動失宜，大為郃所破。亮拔西縣千餘家，還於漢中，戮[2]謖以謝眾。……於是以亮為右將軍，行丞相事，所總統如前。冬，亮復出散關，圍陳倉，曹真拒之，亮糧盡[3]而還。魏將王雙率騎追亮，亮與戰，破之，斬雙。七年，亮遣陳式攻武都、陰平。魏雍州刺史郭淮率眾欲擊式，亮自出至建威，淮退還，遂平二郡。

注釋

1節度：部署、安排。2戮：斬。3由於糧食補給困難，諸葛亮六出祁山也難以取得關鍵性的勝利。

譯文

建興六年（二二八）春，諸葛亮揚言要從斜谷道攻取郿縣，並派遣趙雲、鄧芝率軍為疑兵，佔據箕谷虛張聲勢，魏國大將軍曹真領兵前來抗擊。諸葛亮親自統率各軍進攻祁山，軍容整齊，賞懲肅嚴，號令分明，南安、天水、安定三郡叛魏歸蜀，一時間整個關中地區震動驚懼。魏明帝御駕西進坐鎮長安，命令張郃率軍抵禦諸葛亮，諸葛亮派遣馬謖督率各軍前行，與張郃大戰於街亭。由於馬謖違背了諸葛亮的部署，進軍佈陣失策，被張郃大敗。諸葛亮只得遷移西縣一千多家，退軍漢中，處死馬謖，向全軍承認錯誤。……於是後主改任諸葛亮為右將軍，代行丞相事，仍然總管全國軍政。同年冬天，諸葛亮再次出兵散關，圍攻陳倉，魏國派曹真率軍前來抵抗，諸葛亮因糧食吃盡退兵而還。魏將王雙率領騎兵追擊諸葛亮，諸葛亮與他交戰，擊敗了魏軍，殺了王雙。建興七年（二二九），諸葛亮派遣陳式領兵攻打武都、陰平二郡。魏國的雍州刺史郭淮想要反擊陳式，諸葛亮親自領兵進取建威，郭淮只得退回雍州。諸葛亮於是平定武都、陰平二郡。

九年，亮復出祁山，以木牛[1]運，糧盡退軍，與魏將張郃交戰，射殺郃。

十二年春，亮悉大眾由斜谷出，以流馬[2]運，據武功五丈原，與司馬宣王對於渭南。亮每患糧不繼，使己志不申，是以分兵屯田[3]，為久駐之基。耕者雜於渭濱居民之間，而百姓安堵，軍無私焉。相持百餘日。其年八月，亮疾病，卒於軍，時年五十四。及軍退，宣王案行[4]其營壘處所，曰：「天下奇才也！」……初，亮自表後主曰：「成都有桑八百株，薄田十五頃，子弟衣食，自有餘饒。至於臣在外任，無別調度，隨身衣食，悉仰於官，不別治生，以長尺寸。若臣死之日，不使內有餘帛，外有贏財，以負陛下。」及卒，如其所言。亮性長於巧思，損益連弩[5]，木牛流馬，皆出其意；推演兵法，作八陳圖[6]，咸得其要云。亮言教[7]書奏多可觀，別為一集。

注釋

1木牛：木製的運輸工具，外型似牛。2流馬：移動的運輸工具，外型似馬。木牛流馬都是靈巧的運輸工具。3分兵屯田：實行軍事屯田以減低遠程運輸需要。4案行：巡視。5連弩：能夠連續發射的弩。6八陳圖：即八陣圖。7言教：著作和教令。

譯文

建興九年（二三一），諸葛亮再次兵出祁山，用木牛運送物資，糧盡退軍。與魏將張郃交戰，射死了張郃。建興十二年（二三四）春，諸葛亮統率全軍從斜谷出兵，用流馬作為運輸工具，佔據了武功縣的五丈原，和魏將司馬懿在渭水之南對壘。諸葛亮常常擔心糧草接濟不上，而使自己統一全國的志願不得實現，於是將部隊分作兩部分，一部分就地開荒耕種，作為長期駐紮的基礎。耕墾的兵卒雜居在渭水附近的百姓中間，百姓生活安定，屯田的軍隊也不求私利。兩軍相持一百多天。當年八月，諸葛亮得了病，死於軍中，時年五十四。待蜀軍撤走，司馬懿一一巡視蜀軍的營地，歎道：「孔明真是天下奇才啊！」……當初，諸葛亮向後主表明自己心願：「臣下在成都有桑樹八百棵，薄田十五頃，子孫的日常衣食費用已有寬餘。至於我隨軍在外，沒有別的開支，隨身的吃穿，都依靠官府供給，不再經營別的產業，來增加一點點家財。如果到了我死的時候，不要使家中有多餘的物品和錢財，以至辜負陛下的恩寵。」等到他死後，正像他所說的那樣。諸葛亮天生擅長巧思，曾構思並指導改進弓弩使之連射，製造木牛流馬作為運輸工具；他推演兵法，設計八卦陣圖，無不深得要領。他傳世的議論、教令、書信、奏疏都很值得一讀，另編成《諸葛亮集》。

賞析與點評

諸葛亮長於軍事戰略，屬於參謀人才，也擅於治理百姓，吏治清明。所以，陳壽認為他是「識治之良才，管、蕭之亞匹」。但對於「應變將略」，則認為「非其所長」，也是客觀的評述。因此，有人懷疑陳壽挾私怨而給予諸葛亮劣評，是子虛烏有的。

關羽傳　張飛傳　趙雲傳

本篇導讀——

本篇是蜀漢開國三大將的傳記。關羽（？—二二〇）、張飛（？—二二一）、趙雲（？—二二九）都是獨當一面的大將。三人的性格各有不同，但都是忠心輔助劉備的國之棟樑。

關羽在歷史上的形象尤為驍勇無匹，斬顏良、拘于禁，刮骨療傷等事跡，深受世人讚歎。他也不是完美的，性格較高傲，欠缺謀略，最後為陸遜部下所殺，要為劉備失掉荊州負主要責任。

張飛性格粗豪，號稱「萬人敵」，在當陽長阪坡一役，名震天下。在攻打益州及在漢中抵抗曹將張郃中，均扮演重要角色。他較能善待士大夫，但對部下卻較為粗暴，終於在追隨劉備伐吳前被帳下將刺殺。

趙雲以英勇善戰、一身是膽見稱。他在長阪坡亂軍中力保劉禪和甘夫人，更顯示出忠心不貳的情操。趙雲建立不少軍功，但對劉備稱帝持不同意見，受到貶謫，反映即使是以寬弘見稱的劉備，也不一定能容納異見，何況是一般庸主呢！

關羽字雲長，……河東解人也。亡命奔涿郡，先主於鄉里合徒眾，而羽與張飛為之禦侮。先主為平原相，以羽、飛為別部司馬，分統部曲。先主與二人寢則同牀，恩若兄弟。而稠人廣坐，侍立終日，隨先主周旋，不避艱險。先主之襲殺徐州刺史車冑，使羽守下邳城，行太守事，而身還小沛。

譯文

關羽字雲長，……河東郡解縣人。因戰亂逃亡到涿郡。劉備在家鄉招集兵馬，關羽和張飛擔任他的護衛。劉備任平原國國相後，任關羽、張飛為別部司馬，分管所轄軍隊。劉備與關、張二人連睡覺都同一張牀，親如同胞兄弟。關、張二人在大庭廣眾之中，整日侍立在劉備身旁，跟隨劉備對敵作戰，從不懼避艱險。劉備襲擊徐州殺死刺史車冑後，即讓關羽鎮守下邳城，代行太守職務，自己則率軍回駐小沛。

賞析與點評

劉備、關羽、張飛三人結義，關係比親兄弟還要好，他們的故事更傳誦千古。正是如此，關羽、張飛兩位號稱「萬人敵」的威猛，恰好與劉備的寬仁互相補足，成為一個牢固而強大的軍事集團。而關羽「千秋忠義」的形象也深入民心。

建安五年，曹公東征，先主奔袁紹。曹公禽羽以歸，拜為偏將軍，禮之甚厚。紹遣大將軍顏良攻東郡太守劉延於白馬，曹公使張遼及羽為先鋒擊之。羽望見良麾蓋，策馬刺良於萬眾之中，斬其首[1]還，紹諸將莫能當者，遂解白馬圍。曹公即表封羽為漢壽亭侯。初，曹公壯羽為人，而察其心神無久留之意，謂張遼曰：「卿試以情問之。」既而遼以問羽，羽歎曰：「吾極知曹公待我厚，然吾受劉將軍厚恩，誓以共死，不可背之。吾終不留，吾要當立效[2]以報曹公乃去。」遼以羽言報曹公，曹公義之[3]。及羽殺顏良，曹公知其必去，重加賞賜。羽盡封其所賜，拜書告辭，而奔先主於袁軍。左右欲追之，曹公曰：「彼各為其主，勿追也。」

注釋

1其首：顏良的首級。2立效：建立大功。3曹操奸雄，但對關羽、劉備的態度總是較為寬容，與別不同。

譯文

漢獻帝建安五年（二〇〇），曹操東征徐州，劉備投奔袁紹。曹操擒獲關羽後，任關羽為偏將軍，對他以禮相待，賞賜優厚。袁紹派大將軍顏良在白馬進攻東郡太守劉延，曹操派遣張遼和關羽為先鋒進擊顏良。關羽遠遠望見顏良的帥旗車蓋，策馬上前刺殺顏良於千軍萬馬之中，割下他的首級然後回來，袁紹軍中的將領沒人敢阻擋，於是解除白馬之圍。曹操當即上奏朝廷封關羽為漢壽亭侯。起初，曹操欽佩關羽的勇猛氣概，後來察言觀色，發現關羽並無久留之意，於是對張遼說：「你利用與關羽的交情設法去探探他。」不久，張遼借機向關羽問起此事，關羽感慨地說：「我深知曹公對我情深意厚，但我深受劉將軍的厚恩，發誓與他同生共死，我決不會背叛他。我最終不會留在此地，我一定要立下大功以報答曹公的恩情後再離去。」張遼把關羽這番話回報給曹操，曹操為他的義氣深受感動。待關羽斬殺顏良後，曹操知道關羽一定要離開自己，對其賞賜更為厚重。關羽將曹操賞賜的錢物全部封好，留下書信告辭而去，徑直趕往袁紹軍營投奔劉備。曹操手下人想將他追回來，曹操說：「大家各為其主，不必追了。」

賞析與點評

關羽對曹操待己之厚，也深為感動。但他已許身先主，故只能以建立功勳作回報，這更凸顯他的忠義形象。

從先主就劉表。表卒，曹公定荊州，先主自樊將南渡江，別遣羽乘船數百艘會江陵。曹公追至當陽長阪，先主斜趣漢津，適與羽船相值，共至夏口。孫權遣兵佐先主拒曹公，曹公引軍退歸。先主收江南諸郡，乃封拜元勳，以羽為襄陽太守、盪寇將軍，駐江北。先主西定益州，拜羽董督荊州事。羽聞馬超來降，舊非故人，羽書與諸葛亮，問超人才可誰比類。亮知羽護前，乃答之曰：「孟起兼資文武，雄烈過人，一世之傑，黥、彭之徒，當與益德[1]並驅爭先，猶未及髯之絕倫逸羣[2]也。」羽美鬚髯，故亮謂之髯。羽省書大悅，以示賓客。

注釋

1 益德：張飛字。2 絕倫逸羣：超卓不凡。

譯文

關羽跟隨劉備依附劉表。劉表死後，曹操平定荊州，劉備自樊城準備南渡長江，另派關羽統率數百艘船隻走水路，約定在江陵會師。曹操追擊劉備至當陽長阪，劉備抄小路逃往漢津，正碰上關羽的船隊，於是一起趕到夏口。孫權派兵協助劉備打敗曹操，曹操退歸北方。劉備乘勝佔有江南數郡，然後封拜各有功將士，任命關羽為襄陽太守、盪寇將軍，派他駐軍江北。後來劉備西進平定益州，委派關羽督掌荊州大政。關羽聽說馬超歸降劉備，他過去與馬超毫不相識，於是便寫信給諸葛亮，詢問馬超武藝才幹與誰人可以相比。諸葛亮知道關羽氣傲心高，於是回信答道：「馬孟起文武兼備，勇猛超羣，不愧一代人傑，是英布、彭越一類的人物，可與張飛並駕齊驅，但不及美髯公超凡出眾、卓爾不羣。」關羽蓄着一副漂亮的長鬚，所以諸葛亮稱他美髯公。看了諸葛亮的回信，關羽十分高興，把它交給賓客幕僚們傳閱。

羽嘗為流矢所中，貫其左臂，後創雖愈，每至陰雨，骨常疼痛，醫曰：「矢鏃有毒，毒入於骨，當破臂作創，刮骨去毒，然後此患乃除耳。」羽便伸臂令醫劈之。時羽適請諸將飲食相對，臂血流離，盈於盤器，而羽割炙引酒，言笑自若。

譯文

關羽曾被流矢射中，箭頭穿透左臂，後來傷口雖然癒合，但一遇陰雨天氣，臂骨便常疼痛。醫生說：「箭頭有毒，其毒已滲入骨中，需要在臂上重新開刀，刮去臂骨上的毒素，才能徹底除掉這一病患。」關羽當即伸出手臂讓醫生為他開刀治病。當時關羽正請眾將飲酒進餐，臂上刀口鮮血淋漓，流滿了盛血的的盤子，而關羽卻在割肉把酒，與大家談笑自若。

賞析與點評

「刮骨療傷」一事再次反映關羽能人所不能的豪邁個性和能耐。陳壽寫關羽只寫典型事例，反映他擅長挑選精彩的片段以打動讀者，不愧為大手筆。

二十四年，先主為漢中王，拜羽為前將軍，假節鉞。是歲，羽率眾攻曹仁於樊。曹公遣于禁助仁。秋，大霖雨，漢水汎溢，禁所督七軍皆沒。禁降羽，羽又斬將軍龐德。梁、郟、陸渾羣盜或遙受羽印號，為之支黨，羽威震華夏[1]。曹公議徙許都以避其鋭，司馬宣王、蔣濟以為關羽得志，孫權必不願也。可遣人勸權躡[2]其後，許割江南以封權，則樊圍自解。曹公從之。先是，權遣使為子索羽女[3]，羽罵辱其使，不許婚，權大怒。又南郡太守麋芳在江陵，將軍傅士仁屯公安，素皆嫌羽輕己。自羽之出軍，芳、仁供給軍資，不悉相救。羽言「還當治之」。芳、仁咸懷懼不安。於是權陰誘芳、仁，芳、仁使人迎權。而曹公遣徐晃救曹仁，羽不能克，引軍退還。權已據江陵[4]，盡虜羽士眾妻子，羽軍遂散。權遣將逆擊羽，斬羽及子平於臨沮。追謚羽曰壯繆侯。

注釋

1華夏：中原。2躡：從後攻擊。3此事不知是否可靠。4使關羽失掉根據地。

譯文

建安二十四年（二一九），劉備為漢中王，官封關羽為前將軍，並授予符節和斧鉞。同年，關羽率軍在樊城攻打曹仁。曹操派于禁領兵救援曹仁。當年秋天，大雨連綿，漢水氾濫，于禁督率的七軍全被淹沒，于禁投降關羽。關羽又斬殺魏國將軍龐德。梁縣、郟縣、陸渾縣一帶的豪強武裝，有的遙受關羽的印信號令，成為關羽指揮的地方武裝，關羽聲威震動中原。面對如此形勢，曹操建議遷離許都以避開關羽的威脅。司馬懿、蔣濟認為關羽得志取勝，孫權是不會高興的，應該派人前去勸說孫權，讓他派兵從後面襲擊關羽，並答應事成之後割讓東南諸郡封給孫權，這樣樊城之圍自然而解。曹操採納了這一意見。起先，孫權曾派人為自己的兒子向關羽的女兒求婚，關羽辱罵來使，拒絕結親，孫權十分惱恨。另外南郡太守糜芳駐守江陵，將軍傅士仁駐紮公安，兩人一向怨恨關羽輕視他們。當關羽領兵出征，由糜芳、傅士仁等負責供應糧草軍需，兩人不願全力救援關羽。關羽放出話說「回去後就懲處他們」。糜、傅二人都恐懼不安。於是孫權暗中派人去誘降糜、傅二人，二人即派人迎接孫權。曹操又派來徐晃率軍救援曹仁。關羽攻不下樊城，只好領兵退還。這時孫權已佔據江陵，將關羽及其將士的妻兒老小全部俘獲，關羽軍隊於是全部潰散。孫權派部將堵擊關羽，在臨沮斬殺關羽及其子關平。關羽死後被追諡為「壯繆侯」。

賞析與點評

關羽北伐襄陽，雖然成功合圍和拘捕于禁，其實不足以動搖曹操的根本。曹操只派遣徐晃一軍來便足以抵禦，所以說「議徙許都」應屬言過其實。即使沒有孫權攻襲江陵城，關羽也不可能成功。最後，因為關羽的驕矜粗疏，被孫權的部下殺了，函首洛陽，令人惋惜！

張飛字益德，涿郡人也，少與關羽俱事先主。羽年長數歲，飛兄事之。先主從曹公破呂布，隨還許，曹公拜飛為中郎將。先主背曹公依袁紹、劉表。表卒，曹公入荊州，先主奔江南。曹公追之，一日一夜，及於當陽之長阪。先主聞曹公卒至，棄妻子走，使飛將二十騎拒後。飛據水斷橋，瞋目橫矛曰：「身是張益德也，可來共決死！」[1]敵皆無敢近者，故遂得免。

注釋　[1]張飛的勇猛於此可見一斑。

譯文　張飛，字益德，涿郡人，年輕時與關羽一起侍奉劉備。關羽比張飛年長幾歲，故張飛把關羽當作兄長侍奉。劉備跟從曹操擊敗呂布後，隨曹操返回許都，曹操任命張飛為中郎將。劉備脫離曹操先後投靠袁紹、劉表。劉表死後，曹操進軍荊州，劉備逃往江南。曹操率兵追擊，急行一日一夜，在當陽縣長阪追上劉備。劉備聞知曹操突然趕到，留下妻子兒女逃跑，並令張飛率領二十名騎兵斷後。張飛守住河岸、拆毀河橋，怒目圓睜，手執長矛大叫：「我是張益德，誰敢前來與我決一死戰！」曹軍無人敢近，故劉備等才幸免於難。

賞析與點評

張飛的威猛形象，極為可觀，有「一夫當關，萬夫莫敵」的豪邁氣概。加上他的大鬍子和長矛，形象更為凸顯。

先主既定江南，以飛為宜都太守、征虜將軍，封新亭侯，後轉在南郡。先主入益州，還攻劉璋，飛與諸葛亮等泝流而上，分定郡縣。至江州，破璋將巴郡太守嚴顏，生獲顏。飛呵顏曰：「大軍至，何以不降而敢拒戰？」顏答曰：「卿等無狀，侵奪我州，我州但有斷頭將軍，無有降將軍也。」飛怒，令左右牽去斫頭，顏色不變，曰：「斫頭便斫頭，何為怒邪！」飛壯而釋之，引為賓客。飛所過戰克，與先主會於成都。益州既平，賜諸葛亮、法正、飛及關羽金各五百斤，銀千斤，錢五千萬，錦千匹，其餘頒賜各有差，以飛領巴西太守。

譯文

劉備平定江南各郡，任張飛為宜都太守、征虜將軍，封爵新亭侯，後又調守南郡。劉備西進益州，後還攻劉璋，張飛與諸葛亮等溯江而上，分兵平定沿江各郡、縣。張飛到江州，擊敗劉璋的部將巴郡太守嚴顏，並活捉了嚴顏。張飛怒斥嚴顏：「我大軍已到，你為何不及早投降而斗膽抗拒？」嚴顏回說：「你等無故興兵，侵奪我益州，我們益州只有斷頭將軍，沒有投降將軍。」張飛大怒，喝令手下兵卒將嚴顏推出去砍頭，嚴顏面色不變，對張飛說：「砍頭就砍頭，發甚麼火呢！」張飛對嚴顏的勇氣甚為敬佩，當即下令釋放，並把他作為貴客禮待。張飛一路勢如破竹，與劉備會師成都。劉備平定益州後，賞賜諸葛亮、法正、張飛和關羽每人五百斤黃金、一千斤白銀、五千萬銅錢、一千匹蜀錦，對其他將士也給以數量不等的獎賞，任命張飛兼巴西太守。

曹公破張魯，留夏侯淵、張郃守漢川。郃別督諸軍下巴西，欲徙其民於漢中，進軍宕渠、蒙頭、盪石，與飛相拒五十餘日。飛率精卒萬餘人，從他道邀郃軍交戰，山道迮狹[1]，前後不得相救，飛遂破郃。郃棄馬緣山，獨與麾下十餘人從閒道退，引軍還南鄭，巴土獲安[2]。先主為漢中王，拜飛為右將軍、假節。

注釋　1 迮狹：狹窄。2 此戰對確立蜀漢佔據漢中有關鍵作用。

譯文

曹操打敗張魯後，留夏侯淵、張郃鎮守漢川。張郃單獨率領幾隊兵馬南下巴西，打算將那裏的百姓遷往漢中。張郃進兵宕渠、蒙頭、盪石，與張飛軍隊相持了五十多天。張飛率領精兵一萬多人，從另外的道路將張郃軍隊截斷後再與之交戰，山路狹窄，前隊後隊無法呼應救援，張郃遂被張飛打敗。張郃捨馬攀越山崖，只帶着十多名部下從小路逃走，帶領部隊退入南鄭，巴西這片地方於是得到安寧。劉備自立為漢中王後，任命張飛為右將軍，並賜予他假節的稱號。

賞析與點評

劉備能控制益州和漢中，張飛都曾作出不少貢獻。

章武元年，遷車騎將軍，領司隸校尉，進封西鄉侯，策曰：「朕承天序，嗣奉洪業，除殘靖亂，未燭厥理。今寇虜作害，民被荼毒，思漢之士，延頸鶴望。朕用怛然，坐不安席，食不甘味，整軍誥誓，將行天罰。以君忠毅，侔蹤召、虎，名宣遐邇，故特顯命，高墉進爵，兼司于京。其誕將天威，柔服以德，伐叛以刑，稱朕意焉。詩不云乎，『匪疚匪棘，王國來極。肇敏戎功，用錫爾祉』。可不勉歟！」

譯文

章武元年（二二一），張飛被晉升為車騎將軍兼司隸校尉，晉封爵位西鄉侯，冊封說：「朕承應天命，續嗣漢室大業，掃殘敵平禍亂，但仍未大治天下。現在賊寇作亂，百姓蒙受苦難，思念漢室的志士仁人，都引頸翹首盼望國家復興。朕憂愁萬分，坐不安席，食不甘味，整頓各軍，宣佈誓辭，準備替天行道，懲罰亂臣賊子。由於您忠誠果毅，有如周宣王名臣召伯虎，聲震遠近，故此特地宣佈為您晉升官、爵，授權您兼掌京師護衞。您應該協助君王弘揚恩威，以仁德安撫百姓，用威刑討伐叛逆，滿足朕的心願。《詩經》說，『不能侵擾百姓，不能過急冒進，一切都要以王朝的禮法為準。努力成就偉大的功業，我賞賜福祉給你』。不可不努力啊！」

初，飛雄壯威猛，亞於關羽，魏謀臣程昱等咸稱羽、飛萬人之敵也。羽善待卒伍而驕於士大夫，飛愛敬君子而不恤小人。先主常戒之曰：「卿刑殺既過差[1]，又曰鞭撾健兒，而令在左右，此取禍之道也。」飛猶不悛[2]。先主伐吳，飛當率兵萬人，自閬中會江州。臨發，其帳下將張達、范彊殺飛，持其首，順流而奔孫權。飛營都督表報先主，先主聞飛都督之有表也，曰：「噫！飛死矣。」追謚飛曰桓侯。

注釋

1過差：過度。2不悛：不改。

譯文

當初，張飛雄武威猛，僅次於關羽，魏國謀臣程昱等都誇讚關羽、張飛有萬夫不敵之氣概。關羽待下級士卒很和善，對士大夫則很傲慢；而張飛則敬重、愛戴有聲望的人，卻不愛護士卒、百姓。劉備常常告誡張飛：「你過度運用刑法，又隨意鞭打將士，還安排這些人在身邊辦事，你這樣做會自招禍害的！」張飛聽後仍不悔改。劉備征伐吳國，張飛遵令準備率領一萬人馬，從閬中出兵趕赴江州與劉備會合。臨發兵前，張飛的帳下部將張達、范強殺害了張飛，並割下他的首級，順江而下投奔孫權。張飛軍營都督上表飛報劉備，劉備一聽到張飛的都督有表上奏，即說：「唉！張飛死了。」於是追謚張飛為「桓侯」。

趙雲字子龍，常山真定人也。本屬公孫瓚，瓚遣先主為田楷拒袁紹，雲遂隨從，為先主主騎[1]。及先主為曹公所追於當陽長阪，棄[2]妻子南走，雲身抱弱子[3]，即後主也，保護甘夫人，即後主母也，皆得免難。遷為牙門將軍。先主入蜀，雲留荊州。

注釋

1主騎：掌管騎兵。2棄：留下。3即俗所謂「百萬軍中藏阿斗」。

譯文

趙雲，字子龍，常山真定縣人。他本是公孫瓚的部下，公孫瓚派劉備與田楷共同抗擊袁紹，趙雲隨同前往，為劉備掌管騎兵。當劉備被曹操追逼至當陽長阪時，劉備留下妻兒向南逃走，趙雲身裹劉備的幼子，即後主劉禪，保護甘夫人，即劉禪的母親，捨命拚殺使他們母子倖免於難。後趙雲被升遷為牙門將軍。劉備率軍入蜀，留趙雲在荊州。

先主自葭萌還攻劉璋，召諸葛亮。亮率雲與張飛等俱泝江西上，平定郡縣。至江州，分遣雲從外水[1]上江陽，與亮會[2]於成都。成都既定，以雲為翊軍將軍。建興元年，為中護軍、征南將軍，封永昌亭侯，遷鎮東將軍。五年，隨諸葛

亮駐漢中。明年，亮出軍，揚聲由斜谷道，曹真遣大眾當之。亮令雲與鄧芝往拒，而身攻祁山。雲、芝兵弱敵彊，失利於箕谷，然斂眾固守，不至大敗。軍退，貶為鎮軍將軍。七年卒，追謚順平侯。

注釋

1外水：泯江。2會：會師。

譯文

劉備從葭萌回攻劉璋，召諸葛亮前往。諸葛亮率領趙雲、張飛等沿長江逆流而上，平定沿途郡、縣。至江州後，諸葛亮分派趙雲率領一支軍隊從岷江直上江陽，與諸葛亮會師成都。成都平定以後，劉備任趙雲為翊軍將軍。建興元年（二二三），趙雲被升任為中護軍、征南將軍，封爵為永昌亭侯，隨後又升遷為鎮東將軍。建興五年（二二七），趙雲跟隨諸葛亮駐守漢中。明年，諸葛亮出兵伐魏，揚言從斜谷道出兵，魏將曹真急調大軍前往抵禦。諸葛亮命令趙雲與鄧芝前去斜谷抗擊曹軍，自己則率領大部隊進攻祁山。趙、鄧兵力弱小而敵軍兵多勢眾，故在箕谷受挫，但他們隨即收整人馬固守險要，終於避免慘敗。軍隊退還漢中後，趙雲被貶為鎮軍將軍。建興七年（二二九），趙雲去世，被追謚為「順平侯」。

賞析與點評

趙雲在亂軍中力保危急的阿斗和主母，顯示其忠與勇，受到很多人的讚賞，是實至名歸的。其後，他也曾為攻取成都和協助諸葛亮北伐有所貢獻，是蜀漢政權的中堅份子，英名蓋世。

龐統傳　法正傳

本篇導讀——

龐統（一七九—二一四）初與諸葛亮齊名，號稱「鳳雛」。劉備得荊州，以統為治中從事，又與諸葛亮同任軍師中郎將。後從備入蜀，劉備採納他的建議，進軍成都。後來龐統率眾攻打雒城，不幸為流矢射死。英才早逝，是劉備的一大損失。

法正（一七六—二二〇）是才智之士，在建安初入蜀，不受重用。他與張松合力把劉備引入益州，成為蜀漢國建立的關鍵人物。之後，他以多智謀獲劉備倚重，也受到諸葛亮的推許，死年四十五。夷陵之戰大敗後，諸葛亮曾歎息地說：「若法孝直在，則能制主上，令不東行。」法正的經歷，說明才智之士也需要等待時機，才能有所發展。

龐統字士元，襄陽人也。少時樸鈍，未有識者。潁川司馬徽清雅有知人鑒，統弱冠[1]往見徽，徽採桑於樹上，坐統在樹下，共語自晝至夜。徽甚異之，稱統當為南州士之冠冕，由是漸顯。後郡命為功曹。性好人倫[2]，勤於長養[3]。每所稱述，多過其才，時人怪而問之，統答曰：「當今天下大亂，雅道陵遲[4]，善人少而惡人多。方欲興[5]風俗，長道業[6]，不美其譚[7]即聲名不足慕企[8]，不足慕企而為善者少矣。今拔十失五，猶得其半，而可以崇邁世教，使有志者自勵，不亦可乎？」吳將周瑜助先主取荊州，因領南郡太守。瑜卒，統送喪至吳，吳人多聞其名。及當西還，並會昌門，陸勣、顧劭、全琮皆往。統曰：「陸子可謂駑馬有逸足之力，顧子可謂駑牛能負重致遠也。」謂全琮曰：「卿好施慕名，有似汝南樊子昭。雖智力不多，亦一時之佳也。」績、劭謂統曰：「使天下太平，當與卿共料四海之士。」深與統相結而還。

注釋

1弱冠：二十歲。2人倫：品評人物。3長養：培養聲望。4雅道陵遲：正道受到破壞。5興：改善。6長道業：弘揚儒學事業。7美其譚：抬高聲望。8慕企：仰慕。

譯文

龐統，字士元，襄陽郡人。年少時樸實魯鈍，沒有甚麼聲譽。潁川郡名士司馬徽人品高雅，善於鑒別人材。龐統二十歲時去拜訪司馬徽，司馬徽正在樹上採摘桑甚，讓龐統坐在樹下，兩人交談，從白天一直到夜晚。司馬徽覺得他極不凡，讚賞他是南州士子的翹楚，從此龐統名聲漸漸顯揚起來。後來龐統接受本郡任命為功曹。龐統熱衷評判別人高下，樂於培養別人聲望。當他評論他人時，總是超出這人的才幹。當時的人都感到奇怪，問他這是為甚麼？龐統回答說：「如今天下大亂，正道受到破壞，善人少而惡人多。要想淳化社會風尚，弘揚儒學事業，不抬高他的聲譽，他們的名聲就不足以讓人仰慕仿效，這樣一來善人就更少了。現在拔舉十人，如有五人不合標準，可是還可得到一半。通過這一半向社會推廣教化，使有志的人自我勉勵，這樣做難道不可以嗎？」吳國大將周瑜協助劉備奪得荊州，因功兼職南郡太守。周瑜去世了，龐統扶送周瑜靈柩到吳國，吳國很多人士都聽到過龐統的大名。當龐統辭別吳主返回荊州時，這些人齊集昌門送別，陸勣、顧劭、全琮都趕來了。龐統說：「陸君可說是匹駑馬，但實際卻有餘力；顧君可說是條駑牛，但卻能負重而道遠。」又對全琮說：「您樂善好施敬慕美名，頗類汝南樊子昭。雖然智力一般，但也稱得上是一時俊秀！」陸勣、顧劭對龐統說：「待將來天下太平了，再與您一道品評天下名士。」於是他們與龐統結下深交，然後送他歸返。

賞析與點評

漢末人物品鑒的風氣很盛，龐統是當時善於鑒別人才的表表者，很有聲望。他對協調與吳國的關係，發揮了積極作用。

先主領荊州，統以從事守耒陽令，在縣不治[1]，免官。吳將魯肅遺先主書曰：「龐士元非百里才[2]也，使處治中、別駕之任，始當展其驥足[3]耳。」諸葛亮亦言之於先主，先主見與善譚，大器之，以為治中從事。親待亞於諸葛亮，遂與亮並為軍師中郎將。亮留鎮荊州，統隨從入蜀。

注釋

1 不治：政績不佳。2 龐統的能力不在掌管一個小地方。3 驥足：傑出的才華。

譯文

劉備任荊州牧，龐統以從事身份試任耒陽縣令，因在任政績不好，被免除官職。吳國將領魯肅寫信對劉備說：「龐士元的才能不在掌管一個州縣。讓他擔任治中、別駕之類的職務，才能讓他施展傑出的才幹。」諸葛亮也向劉備提過此類建議，於是劉備召見龐統詳談，隨即十分器重他，任命他為治中從事。劉備對龐統的信任僅次於諸葛亮，龐統於是與諸葛亮一同擔任軍師中郎將。諸葛亮留守荊州，龐統則隨從劉備領兵入蜀。

益州牧劉璋與先主會涪，統進策曰：「今因此會，便可執之[1]，則將軍無用兵之勞而坐定一州也。」先主曰：「初入他國，恩信未著，此不可也。」璋既還成都，先主當為璋北征漢中，統復說曰：「陰選精兵，晝夜兼道，徑襲成都；璋既不武，又素無預備，大軍卒至，一舉便定，此上計也。楊懷、高沛，璋之名將，各仗彊兵，據守關頭，聞數有牋諫璋，使發遣將軍還荊州。將軍未至，遣與相聞，說荊州有急，欲還救之，並使裝束，外作歸形；此二子既服將軍英名，又喜將軍之去，計必乘輕騎來見，將軍因此執之[2]，進取其兵，乃向成都，此中計也。退還白帝，連引荊州，徐還圖之，此下計也。若沈吟不去[3]，將致大困，不可久矣。」先主然其中計，即斬懷、沛，還向成都，所過輒克。於涪大會，置酒作樂，謂統曰：「今日之會，可謂樂矣。」統曰：「伐人之國而以為歡，非仁者之兵也。」先主醉，怒曰：「武王伐紂，前歌後舞，非仁者邪？卿言不當，宜速起出！」於是統逡巡[4]引退。先主尋悔，請還。統復故位，初不顧謝，飲食自若。先主謂曰：「向者之論，阿誰為失？」統對曰：「君臣俱失。」先主大笑，宴樂如初。進圍雒縣，統率眾攻城，為流矢所中，卒，時年三十六。先主痛惜，言則流涕。

注釋

1 執之：扣留劉璋。2 執之：扣留楊懷、高沛。3 沈吟不去：猶豫不決。4 逡巡：不知所措。

譯文

益州牧劉璋在涪城會見劉備，龐統向劉備獻計說：「乘今天會晤之機，可將劉璋抓住，這樣將軍不需勞師動眾即可坐得益州。」劉備說：「剛入別國，恩德威信尚未建立，這種事是不能做的。」劉璋返還成都，劉備承擔起替劉璋北上征討漢中張魯的使命，龐統再次勸說劉備：「暗中選派精兵，晝夜兼程急行，抄小道襲擊成都。劉璋既缺乏領兵作戰的才幹，又素來沒有預防戒備，我方大軍突然趕到，一舉便能奪得成都，這是上策。楊懷、高沛，乃劉璋手下的名將，他們倚仗手中的強大兵力，據守白水關，聽說他們曾幾次寫信勸說劉璋，要劉璋把您打發回荊州。將軍未到達白水關時，先派人去告知他們，就說荊州形勢危急，準備回軍救援，同時下令我軍將士整理行裝，佯裝即將撤還的樣子。楊、高二人既欽佩將軍的英名，又高興您撤離益州，估計他們一定會輕裝前來拜送將軍，將軍可乘機下令將他們捉拿，進而進關收編他們的軍隊，迅即揮軍攻打成都，這是中策。退回白帝城，聯絡荊州兵馬入蜀，然後慢慢設法一步步攻佔益州，這是下策。如果猶豫不決而滯留此地，必然陷入嚴重的困境，切不可如此長久拖延啊。」劉備採納龐統所説的中策，隨即用計斬殺楊懷、高沛，回軍進攻成都，所過郡縣紛紛攻克。劉備在涪城召開慶功大會，大擺筵席飲酒奏樂，在席間他對龐統説：「今日聚會，可真快樂。」龐統説：「攻佔別人的國土卻認為是件樂事，這不是仁義之師所為啊。」劉備已經喝醉，故此大怒説：「武王伐紂，前歌後舞，難道不是仁義之師嗎？你的話很不得當，應該馬上給我離席出去！」於是龐統不知所措地退席而出。劉備很快就感到後悔，忙派人請龐統回來。龐統回到席間，對劉備不理不睬也不道歉，只管像開始那樣吃喝。劉備問他：「剛才的談論，究竟是誰不對？」龐統回答：「咱們君臣都有錯。」劉備聽後大笑，筵席上氣氛仍像開始時一樣熱鬧歡樂。劉備軍隊進圍雒縣，龐統率軍攻城，被亂箭射中而死，年僅三十六歲。劉備十分痛惜，一提到龐統之死就流淚。

賞析與點評

龐統在劉備佔據益州的過程中擔任參謀長的角色，提供不少有益的建議。同時，他為人嚴謹，對劉備與將士在涪城飲得醉醺醺加以批評。不幸的是，他在攻城時被流矢所殺，未能施展抱負，十分可惜。

法正字孝直，扶風郿人也。祖父真，有清節高名。建安初，天下饑荒，正與同郡孟達俱入蜀依劉璋，久之為新都令，後召署軍議校尉。既不任用，又為其州邑俱僑客者所謗[1]無行，志意不得。益州別駕張松與正相善，忖璋不足與有為[2]，常竊歎息。松於荊州見曹公[3]還，勸璋絕曹公而自結先主。璋曰：「誰可使者？」松乃舉正，正辭讓，不得已而往。正既還，為松稱說先主有雄略，密謀協規，願共戴奉[4]，而未有緣。後因璋聞曹公欲遣將征張魯之有懼心也，松遂說璋宜迎先主，使之討魯，復令正銜命[5]。正既宣旨，陰獻策於先主曰：「以明將軍之英才，乘劉牧之懦弱；張松，州之股肱，以響應於內；然後資益州之殷富，馮[6]天府之險阻，以此成業，猶反掌[7]也。」先主然之，泝江而西，與璋會涪。北至葭萌，南還取璋。

注釋：[1]受到與他一起遷到四川的同鄉的誹謗。[2]不足與有為：難以成就大事業。[3]張松受到曹操的輕視。4二人密議決定，一起擁戴劉備。這對劉備奪取荊州是轉折點。5復令正銜命：再次派法正去荊州。6馮：通「憑」，憑藉。7反掌：易如反掌。

譯文

法正，字孝直，扶風郡郿縣人。祖父法真有節操，名望很高。建安初年，天下饑荒，法正與同郡人孟達一起入蜀依附劉璋。過了很久，他才被任命為新都縣令，後來被召到成都，代理軍議校尉。法正既得不到重用，又遭到僑居蜀地的同郡縣人的誹謗，說他品行不好，感到很不得志。益州別駕張松與法正十分友好，張松認為劉璋不會有甚麼作為，常常暗自歎息沒有遇到明主。張松出使到荊州見曹操後，勸說劉璋與曹操斷絕關係而與劉備結盟。劉璋問：「誰可擔任使者？」張松於是舉薦法正，法正推辭，最後勉強接受命令。法正回蜀後，向張松誇讚劉備有雄才大略，於是兩人密謀商定，決心共同擁戴劉備，但一時找不到機會。後來劉璋聽說曹操派遣兵將進攻張魯，心中恐懼，於是張松乘機勸劉璋迎請劉備入蜀，擔負征伐張魯的工作。劉璋再次派遣法正前往荊州。法正向劉備轉述了劉璋的意圖後，即私下向劉備獻計：「憑將軍的英才，利用劉璋的懦弱；張松，州裏的得力人才，讓他在成都作內應。成事後，將軍再憑藉益州的富庶和險要地勢來成就霸業，實在易如反掌。」劉備聽從了法正的計謀，領兵沿長江逆流而上，西進與劉璋相會於涪城。隨後劉備率軍北上葭萌，接着又率軍掉頭進攻劉璋。

賞析與點評

法正有智術，入蜀後卻得不到劉璋的重用。他又認為劉璋懦弱，不足以成就大業，便與張松策劃迎接劉備入蜀。劉備最後能建立蜀漢國，法正的貢獻極大。

鄭度說璋曰：「左將軍[1]縣軍襲我，兵不滿萬，士衆未附，野穀是資，軍無輜重。其計莫若盡驅巴西、梓潼民內涪水以西，其倉廩野穀，一皆燒除，高壘深溝[2]，靜以待之。彼至，請戰，勿許，久無所資，不過百日，必將自走。走而擊之，則必禽耳。」先主聞而惡之，以問正。正曰：「終不能用，無可憂也。」璋果如正言，謂其羣下曰：「吾聞拒敵以安民，未聞動民以避敵也。」於是黜度，不用其計。

注釋

1 左將軍：指劉備。2 實行堅壁清野的手段。

譯文

鄭度勸說劉璋：「劉備帶領孤軍進襲我們，百姓尚未向他歸附，全靠臨時徵集民間的糧草，軍隊嚴重缺乏物資。對付他們最好的計策是把巴西、梓潼兩地的百姓全部遷往涪水以西，把那裏田地裏、糧倉裏的糧食全部燒掉，修築高壘深挖濠溝，鎮靜地等待他們的到來。他們來後，向我們挑戰，我們堅守不出，他們時間一長就會斷絕糧草供應，不出百日，必然自行退走。他軍一退，我軍進追，這樣即可生擒劉備。」劉備聽到這一消息甚為忿恨，問法正如何應對。法正說：「劉璋最終不會聽用鄭度的計謀，將軍不必擔憂。」劉璋果然如法正所料，對他的部下說：「我只聽說出軍抗敵以保護百姓，未聽說遷移百姓以躲避敵人。」於是罷免鄭度，不用其計。

及軍圍雒城，正牋與璋[1]曰：「正受性無術，盟好違損，懼左右不明本末，必並歸咎[2]，蒙恥沒身，辱及執事，是以損身於外，不敢反命。恐聖聽穢惡其聲，故中間不有牋敬，顧念宿遇，瞻望悢悢。然惟前後披露腹心，自從始初以至於終，實不藏情，有所不盡，但愚闇策薄，精誠不感，以致於此耳。今國事已危，禍害在速，雖捐放於外，言足憎尤，猶貪極所懷[3]，以盡餘忠。明將軍本心，正之所知也，實為區區不欲失左將軍之意，而卒至於是者，左右不達英雄從事之道，謂可違信黷誓，而以意氣相致，日月相遷，趨求順耳悅目，隨阿遂指，不圖

遠慮為國深計故也。事變既成，又不量彊弱之勢，以為左將軍縣遠之眾，糧穀無儲，欲得以多擊少，曠日相持。而從關至此，所歷輒破，離宮別屯，日自零落。雒下雖有萬兵，皆壞陳之卒，破軍之將[4]，若欲爭一旦之戰，則兵將勢力，實不相當。各欲遠期計糧者，今此營守已固，穀米已積，而明將軍土地日削，百姓日困，敵對遂多，所供遠曠。愚意計之，謂必先竭，將不復以持久也。空爾相守，猶不相堪，今張益德數萬之眾，已定巴東，入犍為界，分平資中、德陽，三道並侵，將何以禦之？本為明將軍計者，必謂此軍縣遠無糧，饋運不及，兵少無繼。今荊州道通，眾數十倍，加孫車騎遣弟及李異、甘寧等為其後繼。若爭客主之勢，以土地相勝者，今此全有巴東，廣漢、犍為，過半已定，巴西一郡，復非明將軍之有也。計益州所仰惟蜀，蜀亦破壞；三分亡二，吏民疲困，思為亂者十戶而八；若敵遠則百姓不能堪役，敵近則一旦易主[5]矣。廣漢諸縣，是明比也。又魚復與關頭實為益州福禍之門，今二門悉開，堅城皆下，諸軍並破，兵將俱盡，而敵家數道並進，已入心腹，坐守都、雒[6]，存亡之勢，昭然可見。斯乃大略，其外較耳，其餘屈曲[7]，難以辭極也。以正下愚，猶知此事不可復成，況明將軍左右明智用謀之士，豈當不見此數哉？旦夕偷幸[8]，求容取媚，不慮遠圖，莫肯盡心獻良計耳。若事窮勢迫，將各索生，求濟門戶，展轉反覆，與今計異，不為明將軍盡死難也。而尊門[9]猶當受其憂。正雖獲不忠之謗，然心自謂不負聖德，顧惟分義，實竊痛心。左將軍從本舉來，舊心依依，實無薄意。愚以為可圖變化，以保尊門。」

注釋

1正牋與璋：法正寫信給劉璋。2並歸咎：把全部錯過推給我。3企圖將心中所想對你說出。4破軍之將：敗軍之將。5易主：投降。6坐守都、雒：困守成都、雒城二地。7屈曲：曲折隱晦的地方。8旦夕偷幸：短暫的苟且僥倖。9尊門：指劉璋一家。

譯文

待劉備的軍隊包圍雒城，法正寫信給劉璋說：「我稟賦缺乏才智，現在您與左將軍劉備友好結盟受到損害，我擔心您身旁的人不明事情的來龍去脈，必定會把所有過錯都歸咎到我一人身上，使我終生蒙受恥辱，也使您連帶受辱，故而失身流落在外，不敢回去覆命。怕您厭惡我的言語聲音，所以這期間也不敢向您寫信致意。回想起往日您對我的恩情，我常常翹首西望，心中極為悲傷惆悵；然而我考慮還是把事情的前因後果說清楚以披露自己的心跡。從事情的初始直到最終，我絕沒有隱瞞任何真情，有言不盡意表白不清之處，是我愚笨拙劣，誠意沒能將您打動，以致造成今天這種局面。現在國事危急，大禍臨頭，雖然我流落在外，張口就會增加您對我的怨恨，我覺得還是應該把心中要說的話說出來，以剖明自己的忠心。將軍的本心，我是了解的。實際是謹慎小心不願得罪左將軍，而最終還是引起矛盾，是因為您身邊的人不明白英雄處世從事的道理，以為可以違背信義誓約，憑着意氣辦事。他們長期以來，追求順耳悅目，阿諛奉承趨炎附勢，皆因他們缺乏遠慮不為國家作長遠打算。事變發生以後，他們又不能估量雙方實力的強弱，以為左將軍孤軍遠道而入，缺乏糧草儲備，故想以多擊少，曠日相持。而左將軍自白水關到此，所過郡縣全被攻破，將軍所有的行宮、營寨，日益孤立衰落。雒下雖有兵馬上萬，但都是敗陣之卒、破軍之將，如果打算憑此軍隊爭一時戰鬥的勝利，那麼兵將勢力確實不相當；打算長期相持來消耗左將軍的糧草也行不通，因為左將軍的營地已紮守堅固，糧草已有了積囤，而將軍的地盤日益減少，百姓日益窮困，敵對力量越來越多，軍需供應又被遠遠隔開。以臣愚見，真正糧草先竭、無法堅持長久的卻是將軍。照目前兩邊情況相持下去，將軍實難維持。現在張飛率領數萬之眾，已平定巴東，進入犍為，並分兵平定資中、德陽，正三路向前挺進，您如何抵擋得住？原來替將軍謀劃的人，肯定說左將軍是孤軍遠來而缺乏糧草，運送不及，而且兵少無援。如今荊州入蜀的道路已被開通，左將軍的軍隊比原來增強幾十倍，還有孫權將軍已派遣他的弟弟及李異、甘寧等領兵做後援。比較主客雙方的形勢變化，如果您想憑土地廣大來取勝，而今對方已佔領了巴東，廣漢、犍為也大半被攻佔，巴西郡又非將軍所有了。計算起來益州所能憑依的只有蜀郡，而蜀郡已經不復完整，益州土地已三分失二，官員百姓已疲憊不堪，每十戶人家就有八戶企圖起來作亂。如果敵軍離得遠則百姓忍受不了長久的勞役，敵軍進逼近則他們就會投降反叛。廣漢郡各縣就是明證。此外魚復縣與白水關，實在是決定益州禍福成敗的門戶，如今兩門全被打開，堅固的城池皆被攻破，各路軍隊都被擊敗，能戰的兵將已損失殆盡，而敵軍幾路進擊，已攻入益州的心腹之地，而您僅能困守成都、雒城二地，誰存誰亡的局勢，昭然可見。這只是大致情形，比較明顯易見，至於其餘曲折隱伏的因素，就難以一一用文字表述清楚了。像我這種下愚之人，尚且明白如此局面再難扭轉，何況將軍身旁聰明多智的謀士，豈能不明白事情的必然後果？他們靠暫時的苟且僥倖，乞求容身，獻媚邀寵，不作長久打算，不肯盡心獻上良策。如果事情危急大勢已去，他們將各自謀生逃命，保全自家門戶，調身轉背，就會作出與現在完全不同的打算，絕不會為將軍盡忠死節，反過來您的家口還會受到他們帶來的憂患。我雖已蒙受不忠的誹謗，但捫心自問我並未有負於您的恩德，顧念我們之間的君臣名分義務，我實在為將軍疾首痛心。左將軍為了國家的根本利益而舉兵前來，對您的舊情依舊，並無敵意，我私下以為您可以根據事情的變化而改變策略，以便保全自己的家族。」

賞析與點評

法正寫信給劉璋，當然是為自己開脫。由於此時的君臣關係並不穩定，我們對法正不需深責。正如戰國時代的謀士「朝秦暮楚」，或現代企業的人事變動，都很難以忠心、道義等觀念來看待雙方關係的改變。

十九年，進圍成都，璋蜀郡太守許靖將踰城降，事覺，不果。璋以危亡在近，故不誅靖。璋既稽服，先主以此薄靖不用也。正說曰：「天下有獲虛譽而無其實者，許靖是也。然今主公始創大業，天下之人不可戶說，靖之浮稱[1]，播流四海，若其不禮，天下之人以是謂主公為賤賢也。宜加敬重，以眩遠近[2]，追昔燕王之待郭隗。」先主於是乃厚待靖。以正為蜀郡太守、揚武將軍，外統都畿，內為謀主[3]。一餐之德，睚眥之怨，無不報復，擅殺毀傷己者數人。[4]或謂諸葛亮曰：「法正於蜀郡太縱橫，將軍宜啟主公，抑其威福。」亮答曰：「主公之在公安也，北畏曹公之彊，東憚孫權之逼，近則懼孫夫人生變於肘腋之下；當斯之時，進退狼跋[5]，法孝直為之輔翼，令翻然翱翔，不可復制，如何禁止法正使不得行其意邪！」初，孫權以妹妻先主，妹才捷剛猛，有諸兄之風，侍婢百餘人，皆親執刀侍立，先主每入，衷心常凜凜；亮又知先主雅愛信正，故言如此。

注釋

1 浮稱：虛名。2 以眩遠近：昭示遠近。3 法正成為劉備治蜀初期最重要的助手。4 這四句指法正心胸不寬廣，以往小小的私怨，都加以報復。5 進退狼跋：形勢已狼狽不堪。

譯文

建安十九年（二一五），劉備進軍圍困成都，劉璋的蜀郡太守許靖企圖越城投降，事情敗露並未成功。劉璋因益州即將失陷，故此也沒有處決許靖。劉璋投降後，劉備因許靖背主之事而看不起許靖，對他不加任用。法正勸劉備說：「天下有的是博得虛名而無真正德才之人，許靖即是如此。然而今日主公起手開創大業，天下之人又不可能挨家挨戶地去作說明，而許靖的虛名，已傳播天下，如果對他不能待之以禮，天下之人則會因此說主公在輕賤賢才。所以應該敬重許靖，以此昭示遠近，您可效法燕昭王厚待郭隗的作法。」劉備於是厚待並起用許靖，任命法正為蜀郡太守、揚武將軍，在外統領都城及京郊地區，在內則為劉備的主要謀臣。

法正胸襟偏狹，一飯之德，小小怨隙，無不回報，並擅自處死幾個譭謗過他的人。有人對諸葛亮說：「法正在蜀郡太橫行了，將軍應稟告主公，對他作威作福的行為加以約制。」諸葛亮回答說：「主公在公安時，害怕北面曹操強盛，擔心東面孫權威逼，身邊又恐懼孫夫人生變，當時的情景真是進退兩難狼狽不堪。法孝直成為主公的輔佐後，使主公展翅飛騰，不再受人抑制，如今怎麼能禁止法正的意氣辦事呢？」當初，孫權將妹妹許配劉備為妻，她才思敏捷、性情剛猛，大有幾位兄長的性格氣度，在她身旁總是侍立着一百多名持刀的侍婢，劉備每次進她的房間，心中都恐懼不安。諸葛亮又明知劉備十分信任喜愛法正，故此才這麼講。

賞析與點評

諸葛亮的一段話，無意之間披露了劉備在治蜀初期仍面對很多困難。

二十二年，正說先主曰：「曹操一舉而降張魯，定漢中，不因此勢以圖巴、蜀，而留夏侯淵、張郃屯守，身遽北還，此非其智不逮而力不足也，必將內有憂

偪[1]故耳。今策淵、郃才略，不勝國之將帥，舉眾往討，則必可克。克之之日，廣農積穀，觀釁伺隙[2]，上可以傾覆寇敵，尊獎王室，中可以蠶食雍、涼，廣拓境土，下可以固守要害，為持久之計。此蓋天以與我，時不可失也。」先主善其策，乃率諸將進兵漢中，正亦從行。

注釋

1 內有憂偪：內部有憂患困難。2 觀釁伺隙：尋找機遇，待時出擊。法正的建議十分準確，使蜀漢國力伸展到漢中一帶，為後來諸葛亮北伐創造了必要條件。

譯文

建安二十二年（二一七），法正勸劉備說：「曹操一戰就降伏張魯，平定漢中，但他沒有乘此破竹之勢而進取巴、蜀，卻留下夏侯淵、張郃鎮守漢中，自己率軍北還，這樣做並非他智謀不行，兵力不足，必定是自己內部有憂患迫使他這樣。現在分析夏侯淵、張郃的才幹謀略，並無比我國將帥高明之處，如果我們舉兵征伐，一定能取得成功。取勝之後，可以在那裏大力發展生產，廣積糧食，尋找時機出兵進擊，這樣上可以消滅敵寇、安輔漢室，中可以蠶食佔取雍、涼二州，開拓疆土，下可以固守險要，為長遠割據一方之計。這大概是上天有意給我們良機，機不可失！」劉備十分贊同法正的計策，於是率領諸將領兵挺進漢中，法正也隨同前往。

二十四年，先主自陽平南渡沔水，緣山稍前，於定軍、興勢作營。淵將兵來爭其地。正曰：「可擊矣。」先主命黃忠乘高鼓譟攻之，大破淵軍，淵等授首。曹公西征，聞正之策，曰：「吾故知玄德不辦有此，必為人所教也。」先主立為漢中王，以正為尚書令、護軍將軍。明年卒，時年四十五。先主為之流涕者累日。謚曰翼侯。賜子邈爵關內侯，官至奉車都尉、漢陽太守。諸葛亮與正，雖好尚不同，以公義相取。亮每奇正智術。先主既即尊號，將東征孫權以復關羽之恥，羣臣多諫，一不從。[1]章武二年，大軍敗績，還住白帝。亮歎曰：「法孝直若在，則能制主上，令不東行；就復東行，必不傾危矣。」

注釋

1 一不從：一概不從。

譯文

建安二十四年（二一九），劉備從陽平關南渡沔水，順着山勢走向逐步向前推進，在定軍、興勢兩山紮下營寨。夏侯淵領兵前來爭奪要地。法正說：「可以出擊！」劉備令黃忠依山勢居高臨下擊鼓吶喊向夏侯淵軍隊發起攻擊，將夏侯淵軍打得大敗，並將夏侯淵等斬首。曹操正領兵西征烏丸，聽到法正這一計策，說：「我本來算定劉玄德想不到這步棋，一定是人家教他的。」劉備被擁立為漢中王，任命法正為尚書令、護軍將軍。第二年法正即去世，年僅四十五歲。劉備為法正之死一連痛哭了幾天。法正被追諡為「翼侯」，他的兒子法邈被賜爵為關內侯，官至奉車都尉、漢陽太守。諸葛亮與法正，雖說二人志趣不同，但都能以大義為重互相取長補短，諸葛亮常常驚奇法正的智術謀略。劉備稱帝後，準備東征孫權為關羽報仇雪恥，許多大臣都進行勸諫阻止，但劉備一概不聽。章武二年（二二二），劉備大軍被吳軍擊敗，退駐白帝城。諸葛亮歎息說：「法孝直如果在世，一定能勸阻主上，使他不進兵東吳；即使進兵東吳，也不會遭到如此慘敗！」

賞析與點評

法正鼓勵劉備進據漢中，使蜀漢國的基礎能夠較為穩固，是很有眼光的分析。他因早逝而無法制止劉備發動夷陵之戰，對蜀漢國是重大損失。所以，諸葛亮才歎息不已，說「法孝直若在，則能制主上，令不東行；就復東行，必不傾危矣」的一番無奈話。

魏延傳

本篇導讀——

魏延（？—二三四）隨劉備入蜀時以勇猛見稱，被劉備親自選拔為漢中太守。諸葛亮北伐，以延督前部、涼州刺史。他善於撫養戰士，多謀略，為諸葛亮規劃出兵關中、佔領長安做了部署，但由於諸葛亮以穩重治軍，不採納魏延的計劃，錯失了良機。魏延性情矜高，與長史楊儀勢成水火，雙方在諸葛亮逝世後發生激烈衝突，最後被殺，使蜀國失去了一位富有軍事天才的大將。

魏延字文長，義陽人也。以部曲隨先主入蜀，數有戰功，遷牙門將軍。先主為漢中王，遷治成都，當得重將以鎮漢川，眾論以為必在張飛，飛亦以心自許。先主乃拔延為督漢中鎮遠將軍，領漢中太守，一軍盡驚。先主大會羣臣，問延曰：「今委卿以重任，卿居之欲云何？」延對曰：「若曹操舉天下而來，請為大王拒之；偏將十萬之眾至，請為大王吞之。」先主稱善，眾咸壯其言。先主踐尊號，進拜鎮北將軍。建興元年，封都亭侯。

譯文

魏延，字文長，義陽人。他率領私人武裝跟隨劉備入蜀，屢立戰功，被任命為牙門將軍。劉備自立為漢中王，把治所遷到成都，需要一員重要將領鎮守漢川，大家都認定是張飛，張飛也心想必定是自己。先主劉備卻提拔魏延為督漢中鎮遠將軍，領漢中太守，全軍無人不感到驚訝。劉備大宴羣臣，問魏延道：「現在對你委以重任，你作何打算？」魏延回答說：「若曹操帶領天下兵馬前來，請讓我為大王去抗擊他；如果是其他將領帶領十萬人馬前來，請讓我為大王把他們吞掉。」劉備聞言叫好，眾人也都覺得他出言豪壯。劉備稱帝後，又升魏延為鎮北將軍。建興元年（二二三），魏延被封為都亭侯。

賞析與點評

魏延是蜀中少有的傑出將領，具韜略，能撫養戰士。受到劉備賞識而擔任漢中太守，負責北方的防務工作。

五年，諸葛亮駐漢中，更以延為督前部，領丞相司馬、涼州刺史。八年，使延西入羌中[1]，魏後將軍費瑤、雍州刺史郭淮與延戰於陽谿，延大破淮等。遷為前軍師征西大將軍，假節，進封南鄭侯。延每隨亮出，輒欲請兵萬人，與亮異道會於潼關，如韓信故事，亮制而不許。延常謂亮為怯，歎恨己才用之不盡。延既善養士卒，勇猛過人，又性矜高，當時皆避下之。唯楊儀不假借[2]延，延以為至忿，有如水火。十二年，亮出北谷口，延為前鋒。

注釋

1 羌中：羌族人民居住的地區。2 不假借：不稍作退讓。

譯文

建興五年（二二七），諸葛亮駐軍漢中，更以魏延為督前部，領丞相司馬、涼州刺史，建興八年（二三〇），又派遣魏延率軍西進羌中。魏國後將軍費瑤、雍州刺史郭淮與魏延大戰於陽溪，郭淮等大敗。因此，魏延升任前軍師征西大將軍、假節，晉封為南鄭侯。魏延每次隨諸葛亮出兵，都請求單獨率領一萬人馬，與諸葛亮分兵兩路進發而會師潼關，像從前韓信所為，諸葛亮總是制止不允。魏延常以為諸葛亮膽小，歎恨自己的才能沒有得到充分的發揮。魏延既善於養兵，又勇猛過人，加上性格矜驕高傲，當時大家都對他敬而遠之。惟有楊儀對他不寬容不讓步，魏延對此十分仇恨，兩人關係有如水火。建興十二年（二三四），諸葛亮出兵北谷口，以魏延為先鋒。

秋，亮病困，密與長史楊儀、司馬費禕、護軍姜維等作身歿之後退軍節度，令延斷後，姜維次之；若延或不從命，軍便自發。亮適卒，祕不發喪，儀令禕往揣延意指。延曰：「丞相雖亡，吾自見在。府親官屬便可將喪還葬，吾自當率諸軍擊賊，云何以一人死廢天下之事邪？且魏延何人，當為楊儀所部勒，作斷後將乎！」因與禕共作行留部分，令禕手書與己連名，告下諸將。禕紿[1]延曰：「當為君還解楊長史，長史文吏，稀更軍事，必不違命也。」禕出門馳馬而去，延尋悔，追之已不及矣。延遣人覘[2]儀等，遂使欲案亮成規，諸營相次引軍還。延大怒，攙[3]儀未發，率所領徑先南歸，所過燒絕閣道。延、儀各相表叛逆，一日之中，羽檄交至。後主以問侍中董允、留府長史蔣琬，琬、允咸保儀疑延。儀等槎[4]山通道，晝夜兼行，亦繼延後。延先至，據南谷口，遣兵逆擊儀等，儀等令何平在前禦延。平叱延先登曰：「公亡，身尚未寒，汝輩何敢乃爾！」延士眾知曲在延，莫為用命，軍皆散。延獨與其子數人逃亡，奔漢中。儀遣馬岱追斬之，致首於儀，儀起自踏之，曰：「庸奴！復能作惡不？」遂夷延三族。初，蔣琬率宿衛諸營赴難北行，行數十里，延死問至，乃旋。原[5]延意不北降魏而南還者，但欲除殺儀等。平日諸將素不同，冀時論必當以代亮。本指如此。不便背叛。[6]

注釋

1給：欺騙。2覘：觀察。3攙：趁着。4槎：鑿。5原：推測。6楊儀後來受到嚴重處分，結果自殺身亡。

譯文

當年秋天，諸葛亮病重，便祕密地與長史楊儀、司馬費禕、護軍姜維等討論籌劃他死後退軍的安排，讓魏延斷後，姜維次之；若魏延不服從軍令，便棄他不顧，軍隊照常行動。諸葛亮病逝後，祕不發喪，楊儀令費禕前去探聽魏延的口氣。魏延說：「丞相雖然死了，我還在嘛，府中的親屬和官員可發喪還葬，我自然應當率領各軍去進擊敵人，怎麼可以因為死了一個人而耽擱國家大事呢？再說我魏延是何等人，豈能受楊儀的指派，作斷後的將軍！」故此要同費禕一起作出留下的行動安排，要求費禕寫出文告並由他們共同署名，告訴手下各位將領。費禕騙他說：「我應該回去把您的意見跟楊長史說明，長史是文官，不懂軍事，一定不會反對您的意見。」費禕一出魏延營門就飛馬而去，魏延隨即就後悔了，追他又來不及。魏延派人去觀察楊儀等的動靜，才知道他們全都準備按照諸葛亮生前安排好的計劃，各營依次引兵撤退。魏延得到消息十分震怒，趁楊儀尚未發令撤軍，自己率先帶領手下的部隊直接南歸，燒毀所過地方所有的棧道。魏延、楊儀各自上表控告對方叛變，一日之內，文書都傳遞朝廷。劉禪就此事問侍中董允、留府長史蔣琬，蔣、董二人都保證楊儀而懷疑魏延。楊儀等劈山開道，晝夜兼行，隨魏延之後到達。魏延先到後，佔據南谷口，派兵阻擊楊儀等，楊儀等命何平在前抵禦魏延。何平斥責魏延派出的先頭部隊說：「丞相歸天，屍骨未寒，你們這些人竟敢如此行動！」魏延的將士知道魏延理虧，便不聽他的指揮，部隊全都散去。魏延只得與他的兒子等幾個人逃往漢中。楊儀派馬岱追殺魏延，馬岱砍下魏延的腦袋交給楊儀，楊儀起身用腳踏踩魏延的頭說：「庸才！還能幹壞事嗎？」於是誅殺魏延三族。開始，蔣琬正率領宿衛各營北上，行了數十里，魏延被殺的消息傳來，他又返回。起初魏延不北往投降魏國而南往返蜀，其本意只是為了殺掉楊儀等。平日諸位將領一向不和睦，當時時論也認為一定由魏延接替諸葛亮。魏延也自視為此而已，並非想背叛蜀國。

賞析與點評

魏延在諸葛亮的謹慎治軍的大方針下不能施展抱負，沒法充分發揮其軍事才華。到了諸葛亮逝世後，又受到長史楊儀、司馬費禕的壓抑，終於憤而南歸，又燒毀棧道，最後被楊儀殺掉，落得慘淡收場。這次事件，楊儀應負很大的責任，但諸葛亮作為北伐軍最高統帥，生前已深悉兩人關係惡劣，卻不能阻止事情發生，也顯示他的治軍之才不算高明。

譙周傳

本篇導讀——

譙周（二〇一——二七一）曾主管蜀漢國教育的典學從事，後為太子家令。他多次上書諫勸後主節制玩樂，又批評姜維多次興兵北伐，將損害蜀漢國的基礎。當鄧艾率軍直迫成都，他與羣臣辯論，一力主張劉禪降魏，使蜀地免受兵災，劉禪也獲得較好的對待。後人對他主張降魏有不同的看法，讀者可以有自己的判斷。

譙周字允南，巴西西充國人也。……周幼孤，與母兄同居。既長，耽古篤學，家貧未嘗問產業，誦讀典籍，欣然獨笑，以忘寢食。研精六經，尤善書札，頗曉天文。……身長八尺，體貌素朴，性推陳不飾，無造次辯論之才，然潛識內敏。建興中，丞相亮領益州牧，命周為勸學從事。……大將軍蔣琬領刺史，徙為典學從事，總州之學者。後主立太子，以周為僕，轉家令。時後主頗出游觀，增廣聲樂。周上疏諫。……徙為中散大夫，猶侍天子。於時軍旅數出，百姓彫瘁，周與尚書令陳祗論其利害，退而書之，謂之《仇國論》。……後遷光祿大夫，位亞九列。周雖不與政事，以儒行見禮，時訪大議，輒據經以對，而後生好事者亦咨問所疑焉。

譯文

譙周，字允南，巴西郡西充國人。……譙周幼年喪父，與母親、哥哥一起生活。成年後，酷愛古籍，篤志好學，家裏雖然貧困但他從不留心治理產業，誦讀典籍，欣然自樂會心而笑，廢寢忘食。他精研《六經》，尤其擅長草寫書劄。他十分熟悉天文。……譙周身高八尺，衣着外表簡樸，本性誠實無矯飾，雖然沒有隨機應變的辯才，但卻淵博聰明、內心反應敏捷。建興年間，丞相諸葛亮兼任益州牧，任用譙周為勸學從事。……大將軍蔣琬兼任刺史，升譙周為典學從事，主管州中學者。後主劉禪成為太子，以譙周任僕，後調任為家令。當時後主常常外出遊玩，增加供奉音樂的人數，譙周上疏進諫。譙周後來調任中散大夫，仍然侍奉天子。當時軍隊不斷出動，百姓衰敗憔悴，譙周與尚書令陳祇議論形勢的利害，退朝後便寫了出來，名叫《仇國論》。……後來譙周升為光祿大夫，爵位僅次於九卿。譙周雖然不親躬政事，而以儒者的品行受到禮遇，後主劉禪常就國家大事向他諮詢，他則一一引經據典給以答覆，而一些求知好奇的後生也向他請教一些疑難問題。

賞析與點評

《仇國論》的主旨是反對姜維窮兵黷武、不斷北伐，對蜀漢百姓不利，也反映本土居民對外來政權的不滿。

景耀六年冬，魏大將軍鄧艾克江由，長驅而前。而蜀本謂敵不便至，不作城守調度，及聞艾已入陰平，百姓擾擾，皆迸山野，不可禁制。後主使羣臣會議，

或以為蜀之與吳，本為和國[1]，宜可奔吳；或以為南中七郡，阻險斗絕，易以自守，宜可奔南。惟周以為：「自古已來，無寄他國為天子者也。今若入吳，固當臣服。且政理不殊，則大能吞小，此數之自然也。由此言之，則魏能并吳，吳不能并魏明矣。等為小稱臣，孰與為大，再辱之恥，何與一辱？且若欲奔南，則當早為之計，然後可果；今大敵以近，禍敗將及，羣小之心，無一可保？恐發足之日，其變不測，何至南之有乎！」……眾人無以易周之理[2]。……於是遂從周策。劉氏無虞，一邦蒙賴，周之謀也！時晉文王[3]為魏相國，以周有全國之功，封陽城亭侯。……晉泰始六年冬卒。凡所著述，撰定《法訓》、《五經論》、《古史考》之屬百餘篇。

注釋

1和國：盟國。2無以易周之理：改變譙周所說的道理。3晉文王：司馬昭。

譯文

景耀六年（二六三）冬，魏國大將軍鄧艾攻佔江由，長驅直入。而蜀國本以為敵軍不會馬上攻來，未作守城的準備，等到聽說鄧艾已進入陰平，百姓慌亂騷動，紛紛逃避山林，嚴禁不止。後主劉禪召集羣臣討論對策，無人能想出妙計。有人認為蜀國與吳國，本為友盟，可以投靠吳國；有人認為南中七郡，高山險阻，容易守禦，可以南奔。只有譙周認為：「自古以來，沒有寄依別國而作天子的事，現在如果投奔吳國，一定要臣服吳國。而國家的政治和自然界一樣，大的能吞併小的，這是自然規律。由此可見，魏國能夠吞併吳國，而吳國卻不能吞併魏國，這是很明白的事。與其向小國稱臣，不如向大國稱臣；與其遭受兩次屈辱，不如忍受一次屈辱。再說如果投奔南中，應該早作準備，才能有所憑依。現在大敵當前，滅亡在即，底下的人心，不能保證不會改變，恐怕出發之日，就會發生不測之變，還能等到您到南中嗎？」……大家沒有人能夠辯駁譙周所說的道理。……於是後主聽從譙周的建議。劉氏沒有受到殺害，蜀國也沒有受到屠戮，都得力於譙周的謀劃。此時司馬昭為魏國的相國，因為譙周有全蜀歸附的功勞，故封譙周為陽城亭侯。……晉泰始六年（二七〇）冬天，譙周去世。他的著述，計有《法訓》、《五經論》、《古史考》等共一百多篇。

賞析與點評

陳壽是譙周的入室弟子，對譙周規勸劉禪投降加以肯定，認為是「劉氏無虞，一邦蒙賴，周之謀也！」究竟這個評價是否恰當，歷史上總有不同意見。《左傳・襄公十四年》夏天有一段值得參考的對話，我們或許能得到一些啟示。它的內容是：「師曠侍於晉侯，晉侯曰：『衞人出其君，不亦甚乎？』對曰：『或者其君實甚。良君將賞善而刑淫，養民如子，蓋之如天，容之如地。民奉其君，愛之如父母，仰之如日月，敬之如神明，畏之如雷霆，其可出乎？夫君，神之主而民之望也。若困民之主，匱神乏祀，百姓絕望，社稷無主，將安用之？弗去何為？天生民而立之君，使司牧之，勿使失性……天之愛民甚矣，豈其使一人肆於民上，以從其淫而棄天地之性？必不然矣！』」

姜維傳

本篇導讀——

姜維（二〇二—二六四）在家鄉天水郡擔任郎中，參本郡軍事，是曹魏的基層官員。他在諸葛亮北伐時降蜀，因熟悉該區形勢而受重用，迅速成為諸葛亮部下的高級將領。蜀漢後期，姜維負責北方防務，多次主持北伐，無功而還，損害了國家的經濟基礎。其時，內政為宦官黃皓把持，姜維也難有作為。鄧艾攻入益州，劉禪降魏，命姜維降於鍾會。後鍾會謀叛司馬昭，他偽與配合，擬恢復蜀漢，事敗被殺。姜維是蜀漢後期的主要軍事官員，這方面的才華卻並不太高超。蜀漢的滅亡他應負上一部分責任。

姜維字伯約，天水冀人也。少孤，與母居。好鄭氏學。仕郡上計掾，州辟為從事。以父冏昔為郡功曹，值羌、戎叛亂，身衞郡將，沒於戰場，賜維官中郎，參本郡軍事。建興六年，丞相諸葛亮軍向祁山，時天水太守適出案行，維及功曹梁緒、主簿尹賞、主記[1]梁虔等從行。太守聞蜀軍垂至，而諸縣響應，疑維等皆有異心，於是夜亡保上邽[2]。維等覺太守去，追遲，至城門，城門已閉，不納。維等相率還冀，冀亦不入維。維等乃俱詣諸葛亮。會馬謖敗於街亭，亮拔將西縣千餘家及維等還，故維遂與母相失。亮辟維為倉曹掾，加奉義將軍，封當陽亭侯，時年二十七。亮與留府長史張裔、參軍蔣琬書曰：「姜伯約忠勤時事，思慮精密，考其所有，永南、季常諸人[3]不如也。其人，涼州上士也。」又曰：「須先教中虎步兵[4]五六千人。姜伯約甚敏於軍事，既有膽義，深解兵意。此人心存漢室，而才兼於人，畢教軍事，當遣詣宮，覲見主上。」後遷中監軍征西將軍。

注釋

1主記：負責文書起草工作。2上邽：甘肅天水市。3李邵、馬良等蜀中官員。4中虎步兵：直屬統帥的精銳。

譯文

姜維，字伯約，天水郡冀縣人。他幼年喪父，與母一起生活。喜好鄭玄的經學。他任本郡上計掾，州裏徵召他為州從事。姜維的父親姜冏曾是天水郡功曹，時逢羌、戎少數民族叛亂，他挺身護衛郡守，死在戰場，故此姜維受賜官為中郎，天水郡參軍。建興六年（二二八），丞相諸葛亮出師祁山，當時天水郡太守外出巡視，姜維和功曹梁緒、主簿尹賞、主記梁虔等一同隨行。太守聽到蜀軍將到而各縣都紛起回應，懷疑姜維等隨行諸人懷有二心，因此當夜逃亡去把守上邽。姜維等發覺太守已去，追趕不及，趕到上邽城門下，城門已閉，太守不讓他們進城。姜維等又一同返還冀縣，冀縣同樣不收留他們。於是姜維等只好到諸葛亮那裏。正趕上馬謖在街亭戰敗，諸葛亮帶領西縣一千多戶及姜維等收兵返回，因而姜維與母親失散。諸葛亮徵用姜維為倉曹掾，官加奉義將軍，封當陽亭侯，當時二十七歲。諸葛亮在給留府長史張裔、參軍蔣琬的信中說：「姜伯約對自己的職任忠心勤奮，思考問題詳細周密，考察他的德行，即使李紹和馬良等也不及他。此人的確為涼州的上等士人。」又說：「應先交給他五六千禁中兵卒。姜伯約非常敏於軍事，既有膽略勇義，又精通用兵之道。此人忠心於漢室，而且才力過人，將軍事大權交給他，宜派他進宮朝見主上。」後來姜維被升任為中監軍、征西將軍。

十二年，亮卒，維還成都，為右監軍輔漢將軍，統諸軍，進封平襄侯。延熙

元年，隨大將軍蔣琬住漢中。琬既遷大司馬，以維為司馬，數率偏軍西入。六年，遷鎮西大將軍，領涼州刺史。十年，遷衞將軍，與大將軍費禕共錄尚書事。是歲，汶山平康夷反，維率眾討定之。又出隴西、南安、金城界，與魏大將軍郭淮、夏侯霸等戰於洮西。胡王治無戴等舉部落降，維將還安處之。十二年，假維節，復出西平，不克而還。維自以練[1]西方風俗，兼負[2]其才武，欲誘諸羌、胡以為羽翼，謂自隴以西可斷而有也。每欲興軍大舉，費禕常裁制[3]不從，與其兵不過萬人。

注釋

1練：熟悉。2負：自信。3裁制：限制。

譯文

建興十二年（二三四），諸葛亮病逝，姜維回到成都，任右監軍、輔漢將軍，統率各軍，又被晉封為平襄侯。延熙元年（二三八），姜維隨大將軍蔣琬駐守漢中，蔣琬升為大司馬後，姜維任司馬，多次獨領一部分軍隊西進。延熙六年（二四三），姜維被升為鎮西大將軍，兼涼州刺史。延熙十年（二四七），他又被升為衞將軍，同大將軍費禕一起任錄尚書事。同年，汶山平康縣少數民族叛亂，姜維率軍討伐平息了反叛。又出兵隴西、南安、金城的邊界，在洮西與魏國大將軍郭淮、夏侯霸等交戰。胡王治無戴等帶領自己的部族歸降，姜維送他們歸返並對他們作好安排。延熙十二年（二四九），後主劉禪賜授姜維假節，使之再從西平出兵，不勝而還。姜維自以為自己熟悉西地風俗，且自負自己的才能武藝，計劃聯合各羌人、胡人的部落為羽翼，認為這樣可以截佔隴地以西的地方。姜維常想要大舉興兵，費禕常加以限制，撥給的兵馬不超過一萬人。

十六年春，禕卒。夏，維率數萬人出石營，經董亭，圍南安，魏雍州刺史陳泰解圍至洛門，維糧盡退還。明年，加督中外軍事。復出隴西，守狄道長李簡舉城降。進圍襄武，與魏將徐質交鋒，斬首破敵，魏軍敗退。維乘勝多所降下，拔河關、狄道、臨洮三縣民還，後十八年[1]，復與車騎將軍夏侯霸等俱出狄道，大破魏雍州刺史王經於洮西，經眾死者數萬人。經退保狄道城，維圍之。魏征西將軍陳泰進兵解圍，維卻住鍾題[2]。

注釋　1後十八年：兩年後。2鍾題：城名，在甘肅成縣西北。

譯文　延熙十六年（二五三）春，費禕去世。同年夏天，姜維率領數萬人馬從石營出兵，經由董亭，包圍南安，魏國雍州刺史陳泰前往洛門解圍。姜維因糧盡而退兵。次年，朝廷加姜維官為督中外軍事。又出兵隴西，代理狄道縣縣長李簡獻城投降。姜維進兵包圍襄武縣，與魏國將軍徐質交鋒，斬首破敵，魏軍敗退。姜維乘勝進軍，俘降不少敵兵，將河關、狄道、臨洮三縣的百姓遷徙後引兵返還。後在延熙十八年（二五五），又與車騎將軍夏侯霸等一道從狄道出兵，在洮西大敗魏國雍州刺史王經，王經的部隊死亡幾萬人。王經退守狄道城，姜維率軍包圍狄道城。魏國征西將軍陳泰率領軍隊前來解圍，姜維退兵駐紮鍾題。

十九年春，就遷維為大將軍。更整勒戎馬，與鎮西大將軍胡濟期會上邽，濟失誓不至，故維為魏大將鄧艾所破於段谷，星散流離，死者甚眾。眾庶由是怨讟[1]，而隴已[2]西亦騷動不寧，維謝過引負[3]，求自貶削。為後將軍，行大將軍事。

注釋

1怨讟：怨恨。2已：以。3引負：引咎自責。

譯文

延熙十九年（二五六）春，姜維於駐地被任命為大將軍。於是又整頓軍馬，與鎮西大將軍胡濟約定在上邽會師，胡濟失約未按期而至，故此姜維在段谷被魏國大將鄧艾擊敗，士卒四散，死者很多。大家由此怨忿指責，而隴地以西地區也騷動不寧，姜維承認過失，引咎自責，自請削職貶官，被降為後將軍，行大將軍事。

賞析與點評

姜維以認真辦事、思考細密見稱。他是天水郡人，因熟悉這地區而受到諸葛亮的器重。至於說他有膽略，又精通用兵之道，則不大可靠。他後來多次帶兵北伐，不但虛耗國力，而且死傷甚多，戰果很少，受到益州百姓的抨擊和怨恨。

二十年，魏征東大將軍諸葛誕反於淮南，分關中兵東下。維欲乘虛向秦川，復率數萬人出駱谷，徑至沈嶺。時長城積穀甚多而守兵乃少，聞維方到，眾皆惶懼。魏大將軍司馬望拒之，鄧艾亦自隴右，皆軍於長城。維前住芒水，皆倚山為營。望、艾傍渭堅圍，維數下挑戰，望、艾不應。景耀元年，維聞誕破敗，乃還成都。復拜大將軍。

譯文

延熙二十年（二五七），魏國征東大將軍諸葛誕在淮南反叛，拉出一部分關中軍隊東下。姜維想要乘敵方空虛進襲秦川，再次率領數萬人馬出駱谷，徑直撲向沈嶺。這時魏國在長城積囤的糧食很多而守兵甚少，探聽姜維軍隊將到，都十分恐慌。魏國大將軍司馬望帶兵抵禦，鄧艾也從隴右出兵前往相救，都駐軍長城。姜維前進駐守芒水，倚山結寨紮營。司馬望、鄧艾傍依渭水堅守營寨，姜維幾次率兵下山挑戰，司馬望、鄧艾置之不應。景耀元年（二五八），姜維聽到諸葛誕城破兵敗的消息後，率軍返回成都，重被任命為大將軍。

初，先主留魏延鎮漢中，皆實兵諸圍以禦外敵[1]，敵若來攻，使不得入。及興勢之役，王平捍拒曹爽，皆承此制。維建議，以為錯守諸圍，雖合周易「重門」之義[2]，然適可禦敵，不獲大利。不若使聞敵至，諸圍皆斂兵聚穀，退就漢、樂二城[3]，使敵不得入平，且重關鎮守以捍之。有事之日，令游軍並進以伺其虛。敵攻關不克，野無散穀，千里縣糧，自然疲乏。引退之日，然後諸城並出，與游軍并力搏之，此殄敵之術也。於是令督漢中胡濟卻住漢壽，監軍王含守樂城，護軍蔣斌守漢城，又於西安、建威、武衛、石門、武城、建昌、臨遠皆立圍守。

注釋

1在邊境各營壘駐紮重兵。2指加強防禦。3這是誘敵深入的計策。

譯文

當初，先主劉備留魏延鎮守漢中，都是重兵堅守各營寨以抵禦外敵，敵人如果來攻，使他們越不過防禦設置。至興勢戰役，王平抵拒曹爽，都襲用此種辦法。姜維提出，以為交錯防守各營寨，雖合於《周易》「重門」的道理，但只可防禦敵人，卻不能獲得更大的好處。不如探聽敵軍來到，各營寨即都收兵積糧，退守漢、樂二城，使敵軍進不了平川，並且以鎮守層層關隘來抵禦敵人。有敵來犯時，讓遊擊部隊並進伺機攻擊敵人。敵軍攻關不得破，四野又無糧，從千里之外搬運糧草，自然疲乏不堪。待其退卻之時，各城一齊出兵，與遊擊部隊合力進擊，這是殲滅敵人的好辦法。於是命令督守漢中的胡濟退守漢壽，將軍王含守樂城，護軍蔣斌守漢城，又在西安、建威、武衛、石門、武城、建昌、臨遠等處都建置防禦工事。

賞析與點評

姜維改變原來較穩妥的部署，導致蜀漢國北邊防務出現漏洞。

五年，維率眾出漢、侯和，為鄧艾所破，還住沓中[1]。維本羈旅託國，累年攻戰，功績不立，而宦官黃皓[2]等弄權於內，右大將軍閻宇與皓協比，而皓陰欲廢維樹宇。維亦疑之。故自危懼，不復還成都。六年，維表後主：「聞鍾會治兵關中，欲規進取，宜並遣張翼、廖化督諸軍分護陽安關口、陰平橋頭以防未然。」皓徵信鬼巫，謂敵終不自致，啟後主寢其事，而羣臣不知。及鍾會將向駱谷，鄧艾將入沓中，然後乃遣右車騎廖化詣沓中為維援，左車騎張翼、輔國大將軍董厥等詣陽安關口以為諸圍外助。比至陰平，聞魏將諸葛緒向建威，故住待之。月餘，維為鄧艾所摧，還住陰平。鍾會攻圍漢、樂二城，遣別將進攻關口，蔣舒開城出降，傅僉格鬥而死。會攻樂城，不能克，聞關口已下，長驅而前。翼、厥甫至漢壽，維、化亦舍陰平而退，適與翼、厥合，皆退保劍閣以拒會。會與維書曰：「公侯以文武之德，懷邁世之略，功濟巴、漢，聲暢華夏，遠近莫不歸名。每惟疇昔[3]，嘗同大化，吳札[4]、鄭喬[5]，能喻斯好[6]。」維不答書，列營守險[7]。會不能克，糧運縣遠，將議還歸。

注釋

[1]沓中：在甘肅舟曲西北。[2]黃皓：後主寵信的宦官，在董允逝世后開始干預政事，蜀漢內政腐敗與他有關。[3]每惟疇昔：每每想到過去。[4]吳札：季札。[5]鄭喬：子產。

6斯好：這種友好關係。7守險：據險防守。

譯文

景耀五年（二六二），姜維率眾出兵漢城、侯和，被鄧艾擊敗，退還駐守沓中。姜維本是託身異國羈旅他鄉，連年攻戰未立功績，而宦官黃皓在朝廷玩弄權術，右大將軍閻宇與黃皓狼狽一氣，黃皓陰謀廢除姜維代之以閻宇。姜維也懷疑黃皓，故自己頗感危懼，不再返還成都。景耀六年（二六三），姜維上表給後主劉禪說：「聽說鍾會在關中整軍練兵，企圖進取我國，應該同時派遣張翼和廖化督率各軍，分守陽安關口、陰平橋頭，以防患於未然。」黃皓崇信鬼神巫術，說敵人最終不能自致，啟奏後主中止計劃，而朝中大臣全不知道此事。及至鍾會即將進攻駱谷，鄧艾即將進入沓中，然後才派遣右車騎將軍廖化前往沓中援助姜維，派左車騎將軍張翼、輔國大將軍董厥等，前往陽安關口作為各邊防營寨的外援。等蜀軍出發到陰平時，聽說魏國將領諸葛緒向建威進軍，故蜀軍駐紮下來等待敵人。一個多月後，姜維被鄧艾擊敗，退守陰平。鍾會攻打包圍漢、樂二城，另派將領進攻關口，蔣舒開城投降，傅僉奮戰陣亡。鍾會攻打樂城，未攻下，聽說關口已經攻下，便率軍長驅直往。張翼、董厥剛到漢壽，姜維、廖化也捨棄陰平退到那裏，正與張、董會合，都退保劍閣抵抗鍾會。鍾會致姜維書信說：「公侯文武全才，超世謀略，功揚巴、蜀，聲播華夏，遠近無不推崇。每每思念以往，我們同朝共沐大魏教化，吳季札、鄭子產的友誼，可用來譬喻我們之間的關係。」姜維並不覆信，而是佈置各軍紮營守險。鐘會進攻不下，加之糧草運輸路程遙遠，便計劃撤軍。

而鄧艾自陰平由景谷道[1]傍入，遂破諸葛瞻於綿竹。後主請降於艾，艾前據[2]成都。維等初聞瞻破，或聞後主欲固守成都，或聞欲東入吳，或聞欲南入建寧，於是引軍由廣漢、郪道以審虛實。尋被後主敕令，乃投戈放甲，詣會於涪軍前，將士咸怒，拔刀砍石。

注釋

1景谷道：由甘肅文縣南沿白水江進入四川的道路。2前據：前進控制。

譯文

此時鄧艾從陰平由景谷道小路進入蜀境，在綿竹戰敗諸葛瞻。後主劉禪向鄧艾請降，鄧艾進駐成都。姜維等一開始聽說諸葛瞻戰敗，又有傳說後主準備死守成都，也有傳說後主打算東往吳國，還有傳說後主要南往建寧，於是姜維退兵到廣漢、郪縣一帶，在途中查明情況虛實。不久後主下令，姜維方放下武器，解除鎧甲，到涪縣鍾會軍前投降。將士們都十分忿怒，拔刀砍石。

會厚待維等，皆權還其印號節蓋。會與維出則同轝[1]，坐則同席，謂長史杜預曰：「以伯約比中土名士，公休、太初[2]不能勝也。」會既構鄧艾，艾檻車徵[3]，因將維等詣成都，自稱益州牧以叛[4]。欲授維兵五萬人，使為前驅。魏將士憤怒，殺會及維，維妻子皆伏誅。

注釋

1 同轝：同車。2 公休、太初：指諸葛誕和夏侯玄。3 檻車徵：用囚車運回朝廷。4 鍾會想獨佔益州，於是背叛魏國。

譯文

鍾會厚待姜維等，把印號節蓋暫時都還給姜維。鍾會同姜維出則同車，坐則同席，鍾會對長史杜預説：「用姜伯約來比中原的名士，即使諸葛誕、夏侯玄也趕不上他。」鍾會在構陷鄧艾後，鄧艾被監押囚車送往魏都。鍾會帶着姜維等進入成都，自稱益州牧，反叛魏國。鍾會要給姜維五萬人馬，作為先鋒部隊。魏國將士十分憤怒，殺死鍾會及姜維，姜維的妻子兒女都被殺害。

賞析與點評

姜維被亂兵所殺，是依傍鍾會的必然結果。或説他有意利用鍾會的野心去重建蜀漢政權，無論這説法是否可靠，事實上沒有產生任何成果。最後，把妻子兒女的性命都賠上了。

吳書

（《新唐書》稱為《吳國志》）

孫氏崛起江東，始於孫堅（一五五——一九二，字文臺）。他「世仕吳，家於富春」。起兵之初，以勇毅見稱，隨袁術討伐董卓，被任為破虜將軍、豫州刺史。董卓遷都長安，堅率兵入洛陽，修治諸陵，還軍魯陽。後來袁術派孫堅征荊州劉表，被劉表部下黃祖射殺。稍後，長子孫策（一七五——二〇〇，字伯符）要求袁術歸還孫氏舊部，又獲周瑜等人輔佐，終於平定了江東六郡。袁術稱帝，策與之絕交。當曹操與袁紹在官渡對峙，策準備偷襲許昌，迎漢獻帝，不幸被吳郡太守許貢門客刺殺。其弟孫權繼位，於二〇八年與劉備結盟發動赤壁之戰。二一一年，孫權遷都至秣陵，二一二年改秣陵為建業。二一九年，孫權派陸遜襲殺關羽，奪取了荊州。二二九年，孫權於建業稱帝，國號「吳」。有揚、荊、交三州，共有五十二萬餘戶。孫權重視農業，實施屯田制，修築水利，寬賦息調。發展造船業、青瓷業、銅鐵冶鑄業、紡織業等，促使江東經濟有顯著發展。諸葛亮死後，魏漢戰爭暫停，魏加緊對吳的進攻，吳軍於沿江駐軍、築堤嚴密防守，魏吳相持數年。孫權逝世後，東吳勢力日趨衰落，北方則不斷壯大勢力。二八〇年三月，晉攻打建業，孫皓投降，吳國滅亡，歷四帝，共五十二年。

本書選錄孫權、孫亮、孫休、孫皓四帝，以了解吳國的發展概況。由於篇幅所限，除孫權外，其餘三帝均只能加以節略。此外，所選重要將領二人，重要謀士二人，學者官員一人，連同四位君主，合共九人。

吳主傳

本篇導讀——

孫權（一八二——二五二）繼承了父親孫堅、兄長孫策的基業，得張昭、周瑜等優秀人才輔助，迅速穩定了江東六郡，並逐步招誘山越百姓，加速了江南的開發。數年後，曹操統一北方，並率兵南下，迫降了劉表之子劉琮。曹軍隨即轉向江東。最後孫權與劉備聯軍赤壁，並大破曹軍，確立了天下三分的局面。其後，孫吳政治勢力延伸到交州，又殺敗關羽，全面控制荊州。雙方關係極為惡劣，劉備為了報仇而發動夷陵之戰，結果又被陸遜大敗。劉備託孤後駕崩，諸葛亮才派使者修補關係，一起以曹魏為共同大敵。孫權稱帝後，曾派遣部隊遠征夷州，得數千人而返，開展了中國航海史的新一頁。孫權晚年寵信奸佞，又改易儲君，動搖了吳國的根本。曹操說：「生子當如孫仲謀。」卓爾不凡的孫權，到了晚年也逃不過「昏憒」的指責，豈不讓人反思。英國阿克頓爵士在一八八七年說：「權力使人腐化，絕對的權力使人絕對的腐化。」這句名言符合大部分當權者的天性，很少例外。

孫權字仲謀。兄策既定諸郡[1]，時權年十五，以為陽羨長。郡察孝廉，州舉茂才，行奉義校尉。漢以策遠脩職貢[2]，遣使者劉琬加錫命。琬語人曰：「吾觀孫氏兄弟雖各才秀明達，然皆祿祚[3]不終，惟中弟孝廉，形貌奇偉，骨體不恆，有大貴之表，年又最壽，爾試識之。」建安四年，從策征廬江太守劉勳。勳破，進討黃祖於沙羨。

注釋 1平定了江東地區。2脩職貢：貢獻禮物，表示對朝廷的效忠。3祿祚：爵位和年壽。

譯文 孫權，字仲謀，長兄孫策平定江東諸郡時十五歲，被任命為陽羨縣縣長。曾被察舉為孝廉，州裏推薦為茂才，代理奉義校尉。朝廷考慮到孫策遠在江東，還能夠盡責交納貢物，派遣使者劉琬賜給他爵位、官服。劉琬對人說：「我看孫氏兄弟雖才華出眾、深明事理，但都富貴不終、壽命不永，只有二弟孫權孝廉，體態相貌奇偉，不同於凡人，有大貴之相，壽命又最長，你們看看我的話是否應驗。」建安四年（一九九），孫權跟隨孫策征討廬江太守劉勳。劉勳敗逃，又進軍沙羨討伐黃祖。

賞析與點評

傳統中國流行相人之術，帶有相當的迷信色彩。

五年，策薨，以事[1]授權，權哭未及息[2]。策長史張昭謂權曰：「孝廉，此寧哭時邪？」……乃改易權服[3]，扶令上馬，使出巡軍。是時惟有會稽、吳郡、丹楊、豫章、廬陵，然深險之地猶未盡從，而天下英豪布在州郡，賓旅寄寓之士以安危去就為意，未有君臣之固[4]。張昭、周瑜等謂權可與共成大業，故委心而服事焉。曹公表權為討虜將軍，領會稽太守，屯吳，使丞之郡行文書事。待張昭以師傅之禮[5]，而周瑜、程普、呂範等為將率。招延俊秀，聘求名士，魯肅、諸葛瑾等始為賓客。分部諸將，鎮撫山越，討不從命。……八年，權西伐黃祖，破其舟軍，惟城未克，而山寇復動。還過豫章，使呂範平鄱陽，程普討樂安，太史慈領海昏，韓當、周泰、呂蒙等為劇縣令長。……十二年，西征黃祖，虜其人民而還。

注釋

1事：掌管江東的大權。2哭未及息：不停哭泣。3改易權服：脱下喪服，改穿戎裝。4君臣關係不太穩固。5孫權視張昭為師傅。

譯文

建安五年（二〇〇），孫策去世，把軍政託付給孫權，而孫權只不停痛哭。長史張昭對孫權説：「孝廉，這是哭的時候嗎？」……於是改換孫權的衣服，扶他上馬，外出巡察軍營。此時孫權只佔有會稽、吳郡、丹楊、豫章、廬陵等五郡，而其中的偏遠險要之地並未完全服從。而且，天下豪傑英雄各州郡皆有，作客寄寓的士人，則以個人的安危隨意去留，君臣之間沒有建立穩固的關係。張昭、周瑜等為可與孫權一起成就大業，所以甘心服事於他。曹操上表奏請任命孫權為討虜將軍，兼任會稽太守，駐守吳郡，派使丞至會稽郡行文書事。孫權以張昭為師傅，以周瑜、程普、呂範等為將軍。廣招賢能，禮聘名士，魯肅、諸葛瑾等於是做了他的幕僚。他分別派遣諸將，鎮壓及安撫山越族，討伐不服從者。建安八年（二〇三），孫權西討黃祖，擊潰黃祖的水軍，只是未能攻破城池，而此時山越賊寇又開始叛亂。孫權撤軍路過豫章，派呂範平定鄱陽，程普討伐樂安，太史慈統領海昏，韓當、周泰、呂蒙等都被任命到那些事務繁劇的縣，擔任縣令或縣長。

賞析與點評

孫策是江東政權的奠基人，不幸遇刺身亡，臨終託張昭輔助弟弟孫權。由於當時控制的地盤較少，孫權年紀又只有十七八歲，所以部分手下有另投明主的打算。張昭一方面安撫部下，一方面積極招了一批人才，又得到周瑜的鼎力襄助，局面才逐漸穩住。

十三年春，權復征黃祖[1]，祖先遣舟兵拒軍，都尉呂蒙破其前鋒，而淩統、董襲等盡銳攻之，遂屠其城[2]。祖挺身亡走，騎士馮則追梟其首[3]，虜其男女數萬口。是歲，使賀齊討黟、歙[4]，分歙為始新、新定、犁陽、休陽縣，以六縣為新都郡。荊州牧劉表死，魯肅乞奉命弔表二子，且以觀變。肅未到，而曹公已臨其境，表子琮舉眾以降。劉備欲南濟江，肅與相見，因傳權旨，為陳成敗。備進住夏口，使諸葛亮詣權，權遣周瑜、程普等行。是時曹公新得表眾，形勢甚盛，諸議者皆望風畏懼，多勸權迎之[5]。惟瑜、肅執拒之議，意與權同。瑜、普為左右督，各領萬人，與備俱進，遇於赤壁，大破曹公軍。公燒其餘船引退[6]，士卒飢疫，死者大半。備、瑜等復追至南郡，曹公遂北還，留曹仁、徐晃於江陵，使樂進守襄陽。時甘寧在夷陵，為仁黨所圍，用呂蒙計，留淩統以拒仁，以其半救寧，軍以勝反。權自率眾圍合肥，使張昭攻九江之當塗。昭兵不利，權攻城踰月不能下。曹公自荊州還，遣張喜將騎赴合肥。未至，權退。

注釋

1目的是報兄之仇。2屠其城：屠殺城中軍民。3梟其首：斬下黃祖的首級。4黟（粵：衣；普：yī）、歙（粵：攝；普：shè）：縣名，都在安徽省。5指向曹操投降。6按：此乃陳壽為曹操的大敗掩飾。

譯文

建安十三年（二〇八）春，孫權再次征伐黃祖，黃祖先派水軍抗擊，都尉呂蒙打敗黃祖的先鋒部隊，淩統、董襲等以精兵部隊攻打，進而屠城。黃祖脫身逃走，騎兵馮則追擊，砍下他的首級，又俘虜了他的部屬男女數萬人。當年，孫權派賀齊討伐黟縣和歙縣，分拆歙縣為始新、新定、犂陽、休陽縣，以此設置了新都郡。荊州牧劉表死，魯肅請求去弔喪並安慰劉表的兩個兒子，借機觀察荊州的變化。魯肅未到荊州，而曹操已大軍壓境，劉表的兒子劉琮率眾投降。劉備南渡長江，魯肅與他相見，轉述了孫權的計劃，並分析成敗的情勢。劉備進駐夏口，派諸葛亮去拜謁孫權，孫權派遣周瑜、程普等率軍前往。當時，曹操新得劉表的軍馬，聲勢浩大，孫權的謀士們都深感畏懼，不少人勸孫權迎降曹操，只有周瑜、魯肅力主抗擊曹軍，意見與孫權相合。孫權以周瑜、程普為左、右都督，各自領兵一萬人，與劉備一起進軍，在赤壁大敗曹操軍隊。曹操被燒毀了未及撤退的船隻，領兵撤退，士卒因飢餓瘟疫，死亡大半。劉備、周瑜等又追擊到南郡，曹操只好撤回北方，留曹仁、徐晃在江陵，派樂進鎮守襄陽。當時甘寧在夷陵，被曹仁的部隊包圍，孫權採納呂蒙的計策，留下淩統抗拒曹仁，用其中一半兵力馳救甘寧，吳軍勝利返歸。孫權親自率軍圍困合肥，派張昭率軍攻打九江郡的當塗縣。張昭出兵不利，孫權攻合肥一個多月，未能破城。曹操自荊州北還，派張喜率領騎兵奔赴合肥救援，還未到達，孫權已退兵。

賞析與點評

當曹操奄有荊州，劍指江東的時候，孫權的部下又亂作一團，幸好得到魯肅和周瑜的協助，確定聯劉抗曹的大方針，終於創下了天下三分的格局。

十四年，瑜、仁相守[1]歲餘，所殺傷甚眾。仁委[2]城走。權以瑜為南郡太

守。劉備表權行車騎將軍，領徐州牧。備領荊州牧，屯公安。十五年，分豫章為鄱陽郡；分長沙為漢昌郡，以魯肅為太守，屯陸口。十六年，權徙治秣陵[3]。明年，城石頭，改秣陵為建業。聞曹公將來侵，作濡須塢[4]。十八年正月，曹公攻濡須，權與相拒月餘。曹公望權軍，歎其齊肅，乃退。初，曹公恐江濱郡縣為權所略，徵令內移。[5]民轉相驚，自廬江、九江、蘄春、廣陵戶十餘萬皆東渡江，江西遂虛，合肥以南惟有皖城。

注釋

1 相守：對峙。2 委：放棄。3 秣陵：今南京。4 作濡須塢：在濡須口修築小城。5 此與清初遷海令相近，嚴重影響百姓生活。

譯文

建安十四年（二〇九），周瑜和曹仁相持了一年多，兵卒傷亡很多。曹仁棄城逃走。孫權以周瑜為南郡太守。劉備上表奏封孫權代理車騎將軍，兼任徐州牧。劉備兼任荊州牧，駐守公安。建安十五年（二一〇），孫權分拆豫章郡另置鄱陽郡，分拆長沙郡另置漢昌郡，任命魯肅為郡太守，駐守陸口。建安十六年（二一一），孫權將治所遷至秣陵。次年，修築石頭城，改秣陵為建業。吳國聽說曹操將南下侵犯，修築了濡須塢。建安十八年（二一三）正月，曹操攻打濡須塢，孫權與之相持一個多月。曹操望見孫權軍隊，感歎他的軍容嚴整，於是撤退。起初，曹操擔心長江北岸各郡縣被孫權侵奪，下令百姓北移。百姓自相驚擾，自廬江、九江、蘄春、廣陵一帶計十餘萬戶皆東渡長江，長江西岸一帶空虛無人，合肥以南只剩下皖城。

十九年五月，權征皖城。閏月，克之，獲廬江太守朱光及參軍董和，男女數萬口。是歲劉備定蜀。權以備已得益州，令諸葛瑾從求荊州諸郡。備不許，曰：「吾方圖涼州，涼州定，乃盡以荊州與吳耳。」權曰：「此假而不反[1]，而欲以虛辭引歲[2]。」遂置南三郡長吏，關羽盡逐之。權大怒，乃遣呂蒙督鮮于丹、徐忠、孫規等兵二萬取長沙、零陵、桂陽三郡，使魯肅以萬人屯巴丘以禦關羽。權住陸口，為諸軍節度。蒙到，二郡皆服，惟零陵太守郝普未下。會備到公安，使關羽將三萬兵至益陽，權乃召蒙等使還助肅。蒙使人誘普，普降，盡得三郡將守，因引軍還，與孫皎、潘璋并魯肅兵並進，拒羽於益陽。未戰，會曹公入漢中，備懼失益州，使使求和。權令諸葛瑾報，更尋盟好，遂分荊州長沙、江夏、桂陽以東屬權，南郡、零陵、武陵以西屬備。備歸，而曹公已還。權反自陸口，遂征合肥。合肥未下，徹軍還。兵皆就路，權與淩統、甘寧等在津北為魏將張遼所襲，統等以死扞權[3]，權乘駿馬越津橋得去。

注釋　1假而不反：借而不還。2以虛辭引歲：說空話以拖延時間。3以死扞權：拚死保護孫權。

譯文　建安十九年（二一四）五月，孫權征討皖城。閏五月，攻破皖城，俘獲廬江太守朱光及參軍董和，男女數萬人。當年，劉備平定蜀地。孫權認為劉備既已得到益州，命令諸葛瑾向劉備討還荊州土地。劉備不答允，說：「我正在圖取涼州，涼州如果平定，就將荊州全部歸還吳國。」孫權說：「這是借而不還，卻用空話拖延時間。」於是設置了荊州南部三個郡的太守，結果關羽把這些人全都驅走。孫權大怒，就派遣呂蒙統率鮮于丹、徐忠、孫規等，領兵二萬攻取長沙、零陵、桂陽三郡，派魯肅率領一萬人馬駐守巴丘，用以抵禦關羽。孫權駐紮陸口，負責各路軍隊的指揮和調度。呂蒙軍隊一到，長沙、桂陽二郡全部歸服，只有零陵太守郝普不願歸降。正好劉備來到公安，派關羽領兵三萬挺進益陽，孫權於是召回呂蒙等人回援魯肅。呂蒙派人誘降郝普，郝普投降吳國，呂蒙得到三郡的將領、太守後，領兵東還，與孫皎、潘璋歸併魯肅軍隊共同前進，在益陽抗擊關羽。還未交戰，適逢曹操進軍漢中，劉備害怕丟失益州，便派使者向孫權求和。孫權派諸葛瑾回訪，兩國重新結好為盟，於是平分荊州，長沙、江夏、桂陽以東地區歸屬孫權，南郡、零陵、武陵以西地區歸屬劉備。劉備返歸，而曹操已經退兵。孫權從陸口返還，於是征討合肥。未能攻下合肥，便撤軍東歸。兵士全部上路後，孫權與淩統、甘寧等在逍遙津以北被魏國大將張遼襲擊，淩統等拚死保護住孫權，孫權騎着駿馬衝過津橋才逃脱而去。

二十二年春，權令都尉徐詳詣曹公請降，公報使脩好，誓重結婚。二十三年十月，權將如吳，親乘馬射虎於庱亭[1]，馬為虎所傷，權投以雙戟，虎卻廢，常從張世擊以戈，獲之。二十四年，關羽圍曹仁於襄陽，曹公遣左將軍于禁救之。會漢水暴起，羽以舟兵盡虜禁[2]等步騎三萬送江陵，惟城未拔。權內憚羽，外欲以為己功，牋與曹公，乞以討羽自效。曹公且欲使羽與權相持以鬥之，驛傳權書，使曹仁以弩射示羽。羽猶豫不能去。閏月，權征羽，先遣呂蒙襲公安，獲將軍士仁。蒙到南郡，南郡太守麋芳以城降。蒙據江陵，撫其老弱，釋于禁之囚。陸遜別取宜都，獲秭歸、枝江、夷道，還屯夷陵，守峽口以備蜀。關羽還當陽，西保麥城。權使誘之。羽偽降，立幡旗為象人於城上，因遁走，兵皆解散，尚十餘騎。權先使朱然、潘璋斷其徑路。十二月，璋司馬馬忠獲[3]羽及其子平、都督趙累等於章鄉，遂定荊州。……曹公表權為驃騎將軍，假節領荊州牧，封南昌侯。權遣校尉梁寓奉貢於漢，及令王惇市馬，又遣朱光等歸。

注釋

1 庱（粵：撐；普：chēng）亭：在江蘇省丹陽市。2 禁：于禁。3 獲：拘捕。後來關羽被殺，首級送給曹操。

譯文

建安二十二年（二一七）春，孫權命都尉徐詳拜訪曹操請求歸降，曹操派使者回覆孫權同意修好，立誓結為姻親。建安二十三年（二一八）十月，孫權將前往吳郡，親自騎馬在庱亭射虎。他的馬被虎咬傷，他擲出雙戟刺虎，虎受傷後退卻，常從張世上前用戈擊虎，捉獲了這隻老虎。建安二十四年（二一九），關羽在襄陽圍攻曹仁，曹操派遣左將軍于禁前往救援，卻碰上漢江洪水暴漲，關羽用水軍將于禁等步騎兵三萬多人全部捕獲，押送到江陵，只留襄陽城未攻下。孫權心內畏懼關羽，對外又想討伐關羽向曹操表功，於是寫信給曹操，請求討伐關羽來效力。曹操正想讓關羽與孫權互相爭鬥，立即要驛站傳送孫權的書信給曹仁，讓曹仁用箭將信射出城給關羽。關羽看信後猶豫不決，但未撤圍。閏十月，孫權征討關羽，先派呂蒙襲擊公安，俘虜公安守將傅士仁。呂蒙率軍至南郡，南郡太守麋芳獻城投降。呂蒙佔據江陵，撫卹那些老弱兵民，釋放被囚禁的于禁。陸遜則另率軍攻取宜都郡，得到秭歸、枝江、夷道，退軍駐守夷陵，固守峽口，以防禦蜀軍的進攻。關羽還軍當陽，向西退保麥城。孫權派人前往誘降，關羽假裝投降，在城樓上樹起旗幟，擺置草人迷惑孫權，自己乘機逃走，兵士們都散離，只有十幾名騎兵跟隨他。孫權先派朱然、潘璋在關羽的必經之路截擊。十二月，潘璋的司馬馬忠抓獲關羽及其子關平、都督趙累等，於是孫權平定荊州。這年瘟疫流行，孫權免除荊州百姓的所有租稅。曹操上表任命孫權為驃騎將軍，假節兼任荊州牧，封爵南昌侯。孫權派遣校尉梁寓向朝廷送上貢品，又令王惇購買馬匹，又將原先魏國的俘虜朱光等人送歸北方。

賞析與點評

蘇軾《江城子・密州出獵》傳誦千古，便是寫這個故事：「老夫聊發少年狂，左牽黃，右擎蒼。錦帽貂裘，千騎卷平岡。為報傾城隨太守，親射虎，看孫郎。」

二十五年春正月，曹公薨，太子丕代為丞相魏王，改年為延康。……冬，魏嗣王稱尊號，改元為黃初。[1] 二年四月，劉備稱帝於蜀。權自公安都鄂，改名武昌，以武昌、下雉、尋陽、陽新、柴桑、沙羨六縣為武昌郡。……八月，城武昌，下令諸將曰：「夫存不忘亡，安必慮危，古之善教。昔雋不疑漢之名臣，於安平之世而刀劍不離於身，蓋君子之於武備，不可以已。況今處身疆畔，豺狼交接，而可輕忽不思變難哉？頃聞諸將出入，各尚謙約，不從人兵，甚非備慮愛身之謂。夫保己遺名，以安君親，孰與危辱？宜深警戒，務崇其大，副孤意焉。」自魏文帝踐阼[2]，權使命稱藩，及遣于禁等還。

注釋　[1]這一年共用了三個年號：建安、延康、黃初。[2]踐阼：登上帝位。

譯文　建安二十五年（二二〇）春正月，曹操去世，太子曹丕繼任丞相魏王，改年號為延康。……這年冬天，繼位的魏王曹丕稱帝，改元為黃初。黃初二年（二二一）四月，劉備稱帝於蜀。孫權自公安遷都鄂州，改鄂州為武昌，以武昌、下雉、尋陽、陽新、柴桑、沙羨六縣設置武昌郡。……八月，修築武昌城，孫權勸令諸將：「存不忘亡，居安思危，是古代有益的教訓。從前雋不疑為漢代的名臣，居太平年代而刀劍不離身，這是君子不能鬆弛武備的緣故。何況今日處於魏、蜀爭戰之地，與豺狼打交道，豈能輕率地不顧慮到突發的事變！近來聽說各位將軍出入時，崇尚謙虛約簡，不帶兵器、侍從，這並非周全考慮愛護自身的行為。保全自己以留名後世，使君王與家人都放心，這與崇尚謙虛約簡相比，何者更使自己處於危險受辱的位置？應該深以為警戒，務必從大處着想，這才符合我的思想。」

自從魏文帝曹丕稱帝，孫權派使者去請求為魏的藩屬，並把于禁等送回北方。

是歲，劉備帥軍來伐，至巫山、秭歸，使使誘導武陵蠻夷，假與印傳，許之封賞。於是諸縣及五谿民皆反為蜀。權以陸遜為督，督朱然、潘璋等以拒之。遣都尉趙咨使魏。魏帝問曰：「吳王何等主也？」咨對曰：「聰明仁智，雄略之主也。」帝問其狀[1]，咨曰：「納魯肅於凡品，是其聰也；拔呂蒙於行陳，是其明也；獲于禁而不害，是其仁也；取荊州而兵不血刃，是其智也；據三州[2]虎視於天下，是其雄也；屈身於陛下，是其略也。」帝欲封權子登，權以登年幼，上書辭封，重遣西曹掾沈珩陳謝，并獻方物[3]。立登為王太子。

注釋

1狀：具體情狀。2三州：揚州、荊州、交州。3方物：地方的珍貴特產。

譯文

當年，劉備率軍前來討伐，兵至巫山、秭歸一帶，並派遣使者前往誘降武陵的少數民族部落，授給他們印信，答應封賞他們。於是各縣及五溪一帶的夷民皆叛吳降蜀。孫權任命陸遜為都督，率領朱然、潘璋等領兵前往抵抗。同時派遣都尉趙諮出使魏國。魏文帝曹丕問趙諮：「吳王是怎樣的君主？」趙諮回答說：「他是聰明仁智、雄才大略的君主。」曹丕問其具體情形，趙諮回答說：「從基層中起用魯肅，是他的聰明；在一般兵士中提拔呂蒙，是他的明智；俘獲于禁而不殺，是他的仁慈；攻取荊州而兵不血刃，是他的智慧；佔領三州之地而虎視天下，是他的雄才；屈身稱臣於陛下，是他的謀略。」曹丕打算封孫權的長子孫登為侯，孫權以孫登年幼為藉口，上書辭謝，重新派遣西曹掾沈珩前去致謝，並獻上地方特產做貢品。孫權自己立孫登為吳王太子。

黃武元年春正月，陸遜部將軍宋謙等攻蜀五屯[1]，皆破之，斬其將。……蜀軍分據險地，前後五十餘營，遜隨輕重[2]以兵應拒，自正月至閏月，大破之，臨陳所斬及投兵降首數萬人。劉備奔走，僅以身免。初權外託事魏，而誠心不款。魏乃遣侍中辛毗、尚書桓階往與盟誓，并徵任子[3]，權辭讓不受。秋九月，魏乃命曹休、張遼、臧霸出洞口，曹仁出濡須，曹真、夏侯尚、張郃、徐晃圍南郡。權遣呂範等督五軍，以舟軍拒休等，諸葛瑾、潘璋、楊粲救南郡，朱桓以濡須督拒仁。時揚、越蠻夷[4]多未平集，內難未弭，故權卑辭上書，求自改厲，「若罪在難除，必不見置，當奉還土地民人，乞寄命交州，以終餘年。」文帝報曰：「……若君必效忠節，以解疑議，登身朝到，夕召兵還。此言之誠，有如大江！」[5]權遂改年，臨江拒守。冬十一月，……曹休使臧霸以輕船五百、敢死萬人襲攻徐陵，燒攻城車，殺略數千人。將軍全琮、徐盛追斬魏將尹盧，殺獲數百。十二月，權使太中大夫鄭泉聘劉備於白帝[6]，始復通也。

注釋

1五屯：五個軍營。2輕重：兵數多寡。3徵任子：以孫權長子孫登為人質。4揚、越蠻夷：山越族。5由於曹丕堅持索取孫登為人質，迫使孫權不再向他稱臣。6與曹魏決裂，迫使孫權重新與劉備言和。

譯文

黃武元年（二二二）春正月，陸遜帳下將軍宋謙等攻打蜀軍的五個軍營，都攻破了，並殺了守將。……蜀軍分頭佔據險要地方，前後連設五十多個兵營，陸遜根據各營的力量多寡派出相應兵將抵抗，從正月至閏六月，徹底擊敗蜀軍。蜀軍臨陣被斬殺和放下武器投降者有幾萬人。劉備逃跑，僅保得自身不死。當初，孫權對外假託歸服曹魏，但並非真心。魏國於是派侍中辛毗、尚書桓階前來吳國與之立誓結盟，並徵召太子孫登去做人質，孫權推辭不受。九月，魏國就命令曹休、張遼、臧霸出兵洞口，曹仁出兵濡須塢，曹真、夏侯尚、張郃、徐晃率軍圍攻南郡。孫權派遣呂範等率領五個軍，從水路抵禦曹休等，諸葛瑾、潘璋、楊粲前往救援南郡，朱桓擔任濡須督以抵抗曹仁。其時揚、越蠻夷少數民族大多尚未平定，內患並未消除，故此孫權恭敬謙卑地上書魏文帝，請求允許自己改正罪過：「如果我的罪行難以除去，必不見置，理當奉還您賞賜的土地與人民，請求讓我寄身交州，了卻餘生。」魏文帝回信說：「……如果您一定要表示自己的忠節，解除大家對您的嫌疑，孫登早上來朝為人質，晚上我就下令所有軍隊撤返。我所說的話，其中誠意如長江一樣不可改流！」孫權於是改了年號，派軍隊沿長江佈防。冬十一月，……曹休指揮臧霸率領輕捷戰船五百艘、敢死隊一萬人偷襲徐陵，燒掉攻城戰車，殺了數千人。吳國將軍全琮、徐盛追殺魏國將領尹盧，斬俘數百人。十二月，孫權派太中大夫鄭泉前往白帝城拜謁劉備，蜀、吳兩國自此重新通好。

賞析與點評

陸遜大敗劉備大軍，使孫權獨佔荊州，控制了三峽以下的長江中下游，鞏固了江東的防務。

二年夏四月，權羣臣勸即尊號，權不許。劉備薨於白帝。……冬十一月，蜀使中郎將鄧芝來聘。三年夏，遣輔義中郎將張溫聘於蜀。……四年夏六月，以太常顧雍為丞相。……五年春，令曰：「軍興日久，民離農畔，父子夫婦，不聽相卹[1]，孤甚愍之。今北虜縮竄，方外無事，其下州郡，有以寬息[2]。」是時陸遜以所在少穀，表令諸將增廣農畝。權報曰：「甚善。今孤父子親自受田，車中八牛以為四耦，雖未及古人，亦欲與眾均等其勞也。」秋七月，權聞魏文帝崩，征江夏，圍石陽，不克而還。

注釋

1 相卹：互相照顧。2 寬息：休養生息。

譯文

黃武二年（二二三）夏四月，大臣們進勸他稱帝，孫權不答應。劉備死於白帝城。……冬十一月，蜀國派遣中郎將鄧芝前來吳國訪問。黃武三年（二二四）夏，孫權派遣輔義中郎將張溫回訪蜀國。……黃武四年（二二五）六月，任命太常顧雍為丞相。……黃武五年（二二六）春，孫權下令：「戰爭多年，百姓荒農，父子夫婦之間，不能體貼撫愛，寡人深表同情。如今北方敵人已退縮逃竄，中原之外已沒有戰事，因此命各州郡守，對百姓實行休養生息政策。」這時陸遜因駐守的地方缺糧，上表請求孫權令諸將廣開農田。孫權回覆說：「主意很好！即日起我父子親自領受一份農田，用給我駕車的八條牛分拉四犁耕作，雖然比不上古代聖賢，也可以與大家一同勞動。」秋七月，孫權聽説魏文帝曹丕去世，興兵征討江夏郡，圍攻石陽城，無功而返。

黃龍元年春，公卿百司皆勸權正尊號。夏四月，夏口、武昌並言黃龍、鳳凰見。[1] 丙申，南郊即皇帝位，是日大赦，改年。追尊父破虜將軍堅為武烈皇帝，母吳氏為武烈皇后，兄討逆將軍策為長沙桓王。吳王太子登為皇太子。將吏皆進爵加賞。……秋九月，權遷都建業。……二年春正月，……詔立都講祭酒，以教學諸子。遣將軍衞溫、諸葛直將甲士萬人浮海求夷洲[2]及亶洲。亶洲在海中，長老傳言秦始皇帝遣方士徐福將童男童女數千人入海，求蓬萊神山及仙藥，止此洲不還。世相承有數萬家，其上人民，時有至會稽貨布，會稽東縣人海行，亦有遭風流移至亶洲者。所在絕遠，卒不可得至，但得夷洲數千人還。

注釋　[1] 這是附會帝王受命的祥瑞，並不可信。[2] 夷洲：臺灣。

譯文　黃龍元年（二二九）春，公卿百官都進勸孫權正式稱帝。夏四月，夏口、武昌都傳說有黃龍、鳳凰出現。十三日，孫權在南郊正式登基為帝，當日大赦，改年號。追諡父親破虜將軍孫堅為武烈皇帝，母親吳氏為武烈皇后，哥哥討逆將軍孫策為長沙桓王。立吳王太子孫登為皇太子。將軍官吏都晉爵加賞。……秋九月，孫權遷都建業。……黃龍二年（二三〇）春正月，……孫權下詔立都講祭酒，以便教育幾個兒子。孫權派遣將軍衞溫、諸葛直率領穿鎧甲的兵士上萬人，航海尋求夷洲和亶洲。亶洲在大海之間，長輩人傳說秦始皇派遣方士徐福率領童男童女幾千人泛行海上，尋找蓬萊仙山和仙藥，定居在亶洲就沒有回來。世代相傳現已幾萬戶人家，那裏的人，時常有人到會稽一帶來買賣布匹，會稽東部的人航海，也有遇上大暴風漂流到亶洲去的。亶洲遙遠，衞溫他們最終還是沒能到那裏，只帶了幾千名夷洲的人返回來。

賞析與點評

孫權目光延伸到海外，是具有特殊的歷史意義，眼界極為寬廣，也是中國海運史上的一項奇跡。當然，偉大事業的創始，並不一定能有立竿見影的效應。以當時吳國的國力和航海條件而論，孫權所為並不屬於好大喜功。夷洲就是臺灣，民間往來已有悠久的歷史。

嘉禾三年春正月，詔曰：「兵久不輟，民困於役，歲或不登。其寬諸逋[1]，勿復督課。」夏五月，權遣陸遜、諸葛瑾等屯江夏、沔口，孫韶、張承等向廣陵、淮陽，權率大眾圍合肥新城。……秋八月，以諸葛恪為丹楊太守，討山越。……四年秋七月，……魏使以馬求易珠璣、翡翠、玳瑁，權曰：「此皆孤所不用，而可得馬，何苦而不聽其交易？」五年春，鑄大錢。……二月，……輔吳將軍張昭卒。……六年春二月，……陸遜討彭旦等，其年，皆破之。冬十月，遣衛將軍全琮襲六安，不克。諸葛恪平山越事畢，北屯廬江。

注釋

1 寬諸逋：寬免所欠的租稅。

譯文

嘉禾三年（二三四）春正月，孫權下詔：「戰爭長期不停，百姓苦於徭役，年成時有歉收，要寬免各項拖欠的租稅，不要再次督促課徵。」夏五月，孫權派遣陸遜、諸葛瑾等駐軍江夏、沔口，派孫韶、張承等進軍廣陵、淮陽，孫權自己親率大軍進圍合肥新城。……秋八月，孫權任命諸葛恪為丹楊太守，討伐山越部族。……嘉禾四年（二三五）七月，……魏國派遣使節請求以馬換珠璣、翡翠、玳瑁，孫權說：「這些東西都於我無所用，卻可用來換馬，這種交換何樂而不為呢？」嘉禾五年（二三六）春，吳國鑄造大錢。……二月，……輔吳將軍張昭去世。……嘉禾六年（二三七）二月，……陸遜討伐彭旦等。這一年將他們全都擊敗。冬十月，遣衞將軍全琮襲擊六安，沒有成功。諸葛恪平定山越叛亂後，率軍北往駐紮廬江。

赤烏元年春，鑄當千大錢。……秋八月，……步夫人卒，追贈皇后。初，權信任校事呂壹，壹性苛慘[1]，用法深刻[2]。太子登數諫，權不納，大臣由是莫敢言。後壹姦罪發露[3]伏誅，權引咎責躬，乃使中書郎袁禮告謝諸大將[4]，因問時事所當損益。

注釋

1 苛慘：苛刻殘忍。2 深刻：嚴酷。3 露：暴露。4 告謝諸大將：向各位大將謝罪。

譯文

赤烏元年（二三八）春，東吳鑄造一枚可當小錢一千的大錢。……八月，……步夫人去世，追贈為皇后。起初，孫權信任校事呂壹，呂壹本性苛刻殘忍，執法嚴酷。太子孫登屢次進諫，孫權都不採納，大臣們都不敢進言。後來呂壹奸邪敗露被處死，孫權批評了自己的錯誤，於是派遣中書郎袁禮代表自己向各位大將致歉，借機向大家詢問政事應該怎樣變革。

三年春正月，詔曰：「蓋君非民不立，民非穀不生。頃者以來，民多征役，歲又水旱，年穀有損，而吏或不良，侵奪民時，以致饑困。自今以來，督軍郡守，其謹察非法，當農桑時，以役事[1]擾民者，舉正以聞。」夏四月，大赦，詔諸郡縣治城郭，起譙樓，穿塹發渠，以備盜賊。冬十一月，民饑，詔開倉廩以賑貧窮。

注釋

1役事：徭役公事。

譯文

赤烏三年（二四〇）春三月，孫權下詔：「君主沒有百姓不能立，百姓沒有五穀無以生。近期以來，百姓所負賦稅徭役甚重，又碰上水旱災害的年歲，糧食歉收，而官吏或有不良者，侵佔百姓務農時間，以致造成人民飢餓困苦。自今以後，督軍郡守，要嚴謹地督察非法行為，在農桑時節，如服役事侵擾百姓者，就向我舉報。」夏四月，大赦，下詔命令各郡縣修整城郭，添建譙樓，挖通護城河，以防盜賊。冬十一月，百姓饑荒，孫權下詔各地打開糧倉，賑救窮苦百姓。

四年春正月，大雪，平地深三尺，鳥獸死者大半。夏四月，遣衛將軍全琮略淮南，決芍陂，燒安城邸閣，收其人民。威北將軍諸葛恪攻六安。琮與魏將王淩戰於芍陂，中郎將秦晃等十餘人戰死。車騎將軍朱然圍樊，大將軍諸葛瑾取祖中。五月，太子登卒[1]。是月，魏太傅司馬宣王救樊。六月，軍還。閏月，大將軍瑾[2]卒。秋八月，陸遜城邾。

注釋

1 年三十三。2 瑾：指諸葛瑾。

譯文

赤烏四年（二四一）春正月，天降大雪，平地雪深三尺，鳥獸凍餓死亡大半。夏四月，孫權派遣衞將軍全琮攻略淮南，決開芍陂，焚燒安城糧倉，收掠那裏的百姓。威北將軍諸葛恪進攻六安。全琮與魏國將軍王淩在芍陂交戰，吳國中郎將秦晃等十餘人戰死。車騎將軍朱然圍攻樊城，大將軍諸葛瑾攻取祖中。五月，吳太子孫登去世。當月，魏國太傅司馬懿解救樊城。六月，吳軍撤回。閏六月，大將軍諸葛瑾去世。秋八月，陸遜築邾城。

五年春正月，立子和為太子，大赦，改禾興為嘉興。……夏四月，禁進獻御，減太官膳。秋七月，遣將軍聶友、校尉陸凱以兵三萬討珠崖、儋耳。……六年……冬十一月，丞相顧雍卒。十二月，扶南王范旃遣使獻樂人及方物。是歲，

司馬宣王率軍入舒，諸葛恪自皖遷於柴桑。

譯文　赤烏五年（二四二）春正月，孫權冊立兒子孫和為太子，大赦，改禾興縣為嘉興縣。……夏四月，禁止進獻御用物品，減少皇室膳食的供應。七月，孫權派遣將軍聶友、校尉陸凱率兵三萬攻討珠崖、儋耳。……赤烏六年（二四三）……冬十一月，丞相顧雍逝世。十二月，扶南國王范旃派遣使者貢獻歌舞藝伎和本國土產。當年，司馬懿率軍進入舒縣，諸葛恪率軍從皖城遷屯柴桑。

七年春正月，以上大將軍陸遜為丞相。……是歲，步騭、朱然等各上疏云：「自蜀還者，咸言欲背盟與魏交通，多作舟船，繕治城郭。又蔣琬守漢中，聞司馬懿南向，不出兵乘虛以掎角之，反委漢中，還近成都。事已彰灼，無所復疑，宜為之備。」權揆[1]其不然，曰：「吾待蜀不薄，聘享盟誓，無所負之，何以致此？又司馬懿前來入舒，旬日便退，蜀在萬里，何知緩急而便出兵乎？昔魏欲入漢川，此間始嚴，亦未舉動，會聞魏還而止，蜀寧可復以此有疑邪？又人家治國，舟船城郭，何得不護？今此間治軍，寧復欲以禦蜀邪？人言苦不可信，朕為諸君

破家保之。」蜀竟自無謀，如權所籌。

注釋

1 揆：推測。

譯文

赤烏七年（二四四）春正月，孫權用上大將軍陸遜為丞相。……當年，步騭、朱然等各上疏説：「從蜀國回來的人都説蜀國要背叛盟約而與魏國交往，製造了很多戰船，修治城郭。而且蔣琬駐守漢中，打聽到司馬懿率兵南下，而不出兵乘虛夾擊敵人，反而棄離漢中，撤兵靠近成都。事情已十分明白，沒有甚麼可懷疑的了，應當為此及早作好準備。」孫權推測蜀國不會這麼作，説：「我們對待蜀國不薄，派人訪問，遵守盟約，進獻物產，沒有對不起他們的地方，怎麼會弄到如此地步呢？再説司馬懿率兵南進舒城，十來天就撤兵退去，蜀國遠隔萬里之遙，怎會知道事情緊急而立即出兵呢？從前魏國打算進兵漢川，我們這邊剛開始戒備，也沒有派兵出擊的行動，難道蜀國也可以因此而懷疑我們嗎？況且人家治國，舟船城郭，怎麼可以不加以修繕保護呢？現在我們這裏也在訓練軍隊，難道也可被人懷疑為是用來抵禦蜀國嗎？人家傳言切不可信，朕可以為大家破家來擔保這種事。」蜀國終究沒有作出那種謀劃，正如孫權所剖析。

賞析與點評

孫權晚年失誤較多，最主要的是重用奸臣呂壹和易換儲君，導致朝政腐敗，爭執不斷，動搖了國家的基礎。

八年春二月，丞相陸遜卒[1]。……秋七月，將軍馬茂等圖逆，夷三族。八月，大赦。遣校尉陳勳將屯田及作士三萬人鑿句容中道，自小其至雲陽西城，通會市，作邸閣。九年春二月，車騎將軍朱然征魏柤中，斬獲千餘。……秋九月，以驃騎將軍步騭為丞相，車騎將軍朱然為左大司馬，衛將軍全琮為右大司馬，鎮南將軍呂岱為上大將軍，威北將軍諸葛恪為大將軍。……十年夏五月，丞相步騭卒。冬十月，赦死罪。十一年春正月，朱然城江陵。

注釋

1 孫權多次派人指責陸遜，導致他憂憤而逝。

譯文

赤烏八年（二四五）春二月，丞相陸遜去世。……秋七月，將軍馬茂等人圖謀反叛，被誅滅三族。赤烏九年（二四六）春二月，車騎將軍朱然出征魏國的柤中，斬殺俘獲一千餘人。……秋九月，孫權任驃騎將軍步騭為丞相，車騎將軍朱然為左大司馬，衛將軍全琮為右大司馬，鎮南將軍呂岱為上大將軍，威北將軍諸葛恪為大將軍。……赤烏十年（二四七）夏五月，丞相步騭去世。冬十月，赦免死囚。

赤烏十一年（二四八）春正月，朱然修建江陵城。

十三年秋八月，丹楊、句容及故鄣、寧國諸山崩，鴻水[1]溢。詔原逋責[2]，給貸種食。廢太子和，處故鄣。魯王霸賜死。冬十月，魏將文欽偽叛以誘朱異，權遣呂據就異以迎欽。異等持重，欽不敢進。十一月，立子亮為太子。遣軍十萬，作堂邑[3]涂塘[4]以淹北道。十二月，魏大將軍王昶圍南郡，荊州刺史王基攻西陵，遣將軍戴烈、陸凱往拒之，皆引還。

注釋

1 鴻水：洪水。2 原逋責：免去拖欠的債。3 堂邑：縣名，在江蘇省六合縣北。4 涂塘：六合縣北瓦梁堰，斷涂水作堰而成。

譯文

赤烏十三年（二五〇）八月，丹楊、句容及故鄣、寧國的山崩塌，洪水氾濫。孫權下詔免去拖欠的賦稅，借貸給百姓種子、糧食。孫權廢太子孫和，讓他住在故鄣。魯王孫霸被賜死。冬十月，魏國將領文欽假意叛魏引誘朱異，孫權派遣呂據往朱異那兒去迎接文欽。朱異等都很穩重謹慎，文欽不敢進兵。十一月，孫權冊立兒子孫亮為太子。孫權調遣軍隊十萬，修築堂邑縣的涂塘堰來淹沒往北的道路。十二月，魏國大將軍王昶圍攻南郡，荊州刺史王基進攻西陵，孫權派遣將軍戴烈、陸凱率軍前往抵抗，戴、陸都領兵返回。

太元元年夏五月，立皇后潘氏，大赦，改年。……十二月，驛徵大將軍恪[1]，拜為太子太傅。詔省傜役，減征賦，除民所患苦[2]。二年春正月，立故太子和為南陽王，居長沙；子奮為齊王，居武昌；子休為瑯邪王，居虎林。……夏四月，權薨，時年七十一，謚曰大皇帝。秋七月，葬蔣陵。

注釋

[1]恪：指諸葛恪。[2]反映孫權晚年對吳國百姓較苛刻。

譯文

太元元年（二五一）夏五月，冊立皇后潘氏，大赦，改年號。……十二月，遣驛使傳書召大將軍諸葛恪回來，拜封為太子太傅。孫權下詔省傜役、減征賦，解除百姓因賦稅傜役帶來的苦累。太元二年（二五二）春正月，孫權立原太子孫和為南陽王，居長沙；兒子孫奮為齊王，居武昌；兒子孫休為瑯邪王，居虎林。……
夏四月，孫權病逝，時年七十一歲，加謚為「大皇帝」。秋七月，安葬於蔣陵。

三嗣主傳　孫亮　孫休　孫皓

本篇導讀——

孫亮（二四三—二六〇）被立為繼任人時年紀很小，由諸葛恪輔政，以致其威權過大。出身皇族的孫峻後來設伏兵殺了諸葛恪，因此出任丞相，獨攬大權。孫峻死後，又將政權交給從弟孫綝。孫綝後廢掉孫亮，另立孫休（二三五—二六四）為帝。孫休在位不久便深感孫綝的威脅，最後耐心應付，終於把這個權臣鏟除。孫休在位時廣開農田，輕減賦稅，政績較為顯著。孫休三十而逝，適值蜀漢亡國，吳國大臣貪立長君，孫皓（二四二—二八三）繼位。皓在位不久，即粗暴驕淫，多忌諱，好酒色，又誅殺大臣，是典型的亡國之君。

孫亮字子明，權少子也。權春秋[1]高，而亮最少，故尤留意，……遂立亮為太子，……徵大將軍諸葛恪為太子太傅，會稽太守滕胤為太常，並受詔輔太子。明年四月，權薨，太子即尊號。大赦，改元建興。是歲，於魏嘉平四年也。

注釋　1春秋：年歲。

譯文　孫亮字子明，孫權的小兒子。孫權年歲已高，而孫亮是最小的兒子，故此對他特別關心，……於是立孫亮為太子，……徵召大將軍諸葛恪為太子太傅，會稽太守滕胤為太常，一道受詔輔佐太子。次年四月，孫權去世，太子孫亮繼位登基，大赦天下，更改年號為建興。這一年，是魏國的嘉平四年（二五二）。

建興二年冬十月，……武衛將軍孫峻伏兵殺恪於殿堂[1]。大赦。以峻為丞相，封富春侯。……太平元年九月丁亥，峻卒，以從弟偏將軍綝為侍中、武衛將軍，領中外諸軍事。……十一月，以綝為大將軍、假節，封永寧侯。……二年夏四月，亮臨正殿，大赦，始親政事。綝所表奏，多見難問，又科兵子弟年十八已下十五已上，得三千餘人，選大將子弟年少有勇力者為之將帥。亮曰：「吾立此軍，欲與之俱長。」日於苑中習焉。……三年，……亮以綝專恣，與太常全尚，將軍劉丞謀誅綝。九月戊午，綝以兵取尚，遣弟恩攻殺丞於蒼龍門外，召大臣會宮門，黜亮為會稽王[2]，時年十六。

注釋

1 諸葛恪被殺後，孫峻大權獨攬。2 按：孫綝先發制人，把在位的孫亮廢黜。

譯文

建興二年（二五三）十月，……武衞將軍孫峻設置伏兵在殿堂內殺死輔政的諸葛恪。大赦全國。任命孫峻為丞相，封爵富春侯。……太平元年（二五六）九月十四日，孫峻去世。他的堂弟孫綝被任命為侍中、武衞將軍，兼管朝廷中外各項軍務。……十一月，任命孫綝為大將軍、假節，封為永寧侯。……太平二年（二五七）四月，孫亮登臨正殿，大赦，開始親自處理政務。孫綝所上奏的事情，常常受到孫亮的責問詰難。孫亮又徵召兵家子弟十八歲以下、十五歲以上者，得三千餘人，拔選大將的子弟年輕有勇力者作這些人的將帥。孫亮說：「我建立這支軍隊，是要與他們一起成長。」天天在皇苑裏操習。……太平三年（二五八），……孫亮因為孫綝專橫跋扈，與太常全尚、將軍劉丞設計誅殺孫綝。九月二十六日，孫綝帶兵捉拿全尚，派弟弟孫恩攻殺劉丞於蒼龍門外，召集大臣們會齊宮門，將孫亮廢黜為會稽王，當時孫亮十六歲。

賞析與點評

當孫亮年紀稍大，感受到孫綝的威脅，遂設計誅殺孫綝。孫綝察覺後便廢掉孫亮，另立孫休為帝。

孫休字子烈，權第六子。……亮廢，己未，孫綝使宗正孫楷與中書郎董朝迎休。休初聞問，意疑，楷、朝具述綝等所以奉迎本意，留一日二夜，遂發。十月戊寅，行至曲阿。……綝以兵千人迎於半野[1]，拜於道側，休下車答拜。即日，御正殿，大赦，改元。是歲，於魏甘露三年也。

注釋

1 半野：近郊。

譯文

孫休字子烈，孫權的第六個兒子。……孫亮被廢，二十七日，孫綝派宗正孫楷與中書郎董朝迎請孫休。孫休聽到消息，起始有所疑慮，孫楷、董朝一起陳述孫綝等之所以奉迎孫休的原因，留住一天兩夜，於是出發。十月十七日，抵達曲阿。……十八日，孫綝率領士卒千人在近郊迎接，跪拜於道路旁，孫休下車回拜。當天就登上正殿，大赦全國，更改年號。這一年為魏國的甘露三年（二五八）。

永安元年冬十月壬午，……以大將軍綝為丞相、荊州牧。……綝一門五侯皆典禁兵，權傾人主，有所陳述，敬而不違，於是益恣。休恐其有變，數加賞賜。……頃之，休聞綝逆謀，陰與張布圖計。十二月戊辰臘，百僚朝賀，公卿升殿，詔武士縛綝，即日伏誅。己巳，……詔曰：「古者建國，教學為先，所以道世治性[1]，為時養器[2]也。自建興以來，時事多故，吏民頗以目前趨務，去本就末，不循古道。夫所尚不惇，則傷化敗俗。其案古置學官[3]，立五經博士，核取應選，加其寵祿，科見吏之中及將吏子弟有志好者，各令就業。一歲課試，差其品第，加以位賞。使見之者樂其榮，聞之者羨其譽。以敦王化[4]，以隆風俗。」

注釋

1 道世治性：提高社會道德，陶冶性情。2 養器：培養人才。3 案古置學官：依照古制設置教育官員。4 王化：帝王的德化。

譯文

永安元年（二五八）冬十月二十一日，……孫休下詔以大將軍孫綝為丞相、荊州牧。……孫綝一家五侯都掌領禁衞軍，權力震懾人主，他有所陳述表請，孫休只得恭敬對待，不敢有違，於是孫綝更加驕橫放肆。不久，孫休聽說孫綝有叛逆陰謀，就暗地與張布共同策劃。十二月八日舉行臘祭，百官朝賀，公卿上殿，下詔武士綁縛孫綝，即日處死。九日，……孫休下詔說：「古人創建國家，教育學習放在首要地位，以此導引民俗風情陶冶人物品性，為時代培養人才。自建興年間以來，時事多變，官吏百姓多着重於眼前利益的事情，拋棄本業，專近末業，不遵循古人的道義。社會所崇尚的思想不敦厚，則傷風敗俗。必須根據古制來設置學官，立五經博士，考核錄選應選的人才，給予他們優惠和俸祿，招收現有官吏之中以及軍隊將領官吏的子弟中有志向學之人，讓他們各就學業。一年後考試，分出品第高下，賞賜祿位。使看見的人樂於趨向這種榮耀，聽到的人羡慕取得這種聲名。以便敦促王道教化，發揚純美風俗。」

五年冬十月，以衛將軍濮陽興為丞相，廷尉丁密、光祿勳孟宗為左右御史大夫。休以丞相興及左將軍張布有舊恩，委之以事，布典宮省[1]，興關軍國[2]。休銳意於典籍，欲畢覽百家之言，尤好射雉，春夏之間常晨出夜還，唯此時舍書。休欲與博士祭酒韋昭[3]、博士盛沖講論道藝，昭、沖素皆切直，布恐入侍，發其陰失，令己不得專，因妄飾說以拒遏[4]之。……七年秋七月……癸未，休薨，時年三十，謚曰景皇帝。

注釋

1典宮省：官署設於禁中，如尚書、中書、門下省。典，主管。2興關軍國：軍國大事都向濮陽興稟報。3韋昭事跡可參看本書〈韋昭傳〉。4遏：禁止。指不讓他們接近皇帝。

譯文

永安五年（二六二）冬十月，任命衞將軍濮陽興為丞相，廷尉丁密、光祿勳孟宗為左、右御史大夫。孫休因為丞相濮陽興及左將軍張布過去對自己有恩，故將重要事務委託他們。張布掌管宮內官署，濮陽興執掌軍國大事。孫休專心於古典書籍，打算將各家著述通讀完，尤其喜歡射野雞，春夏之間常晨出夜還，只有這個時候才放下書本。孫休想與博士祭酒韋昭、博士盛沖討論學問理論和技藝，韋昭、盛沖兩人一向耿直，張布害怕他們入侍皇帝後，揭發出自己的過失，使自己不能獨斷專行。故此在孫休面前花言巧語胡謅，阻止孫休與兩人接近。……永安七年（二六四）秋七月……二十五日，孫休去世，時年三十歲，謚號為「景皇帝」。

賞析與點評

孫休有勇有謀地把竊弄大權的孫綝鏟除，又深好學問，銳意典籍，可惜未能洞察張布的缺點，而且年壽較短，令人歎息。

孫皓字元宗，權孫，和子也。……孫休立，封皓為烏程侯，遣就國。……休薨，是時蜀初亡[1]，而交阯攜叛[2]，國內震懼，貪得長君。左典軍萬彧昔為烏程令，與皓相善，稱皓才識明斷，……屢言之於丞相濮陽興、左將軍張布，……於是遂迎立皓，時年二十三。……是歲，於魏咸熙元年也。

注釋

1 蜀國在去年被吞滅。2 交阯攜叛：交州背叛吳國。

譯文

孫皓，字元宗，孫權的孫子，孫和的兒子。……孫休繼位，封孫皓為烏程侯，遣送他到烏程城去。……孫休去世，其時蜀國剛滅亡，而且交阯又叛離吳國，吳國人都震驚害怕，希望有一位年長的君主。左典軍萬彧過去擔任過烏程縣縣令，跟孫皓關係很好，稱讚孫皓聰慧有才、斷事明智，……多次向丞相濮陽興、左將軍張布進言，……於是迎接孫皓為皇帝，其時孫皓二十三歲。……這一年為魏國咸熙元年（二六四）。

元興元年九月，貶太后為景皇后，追謚父和曰文皇帝，尊母何為太后。……皓既得志，麤[1]暴驕盈，多忌諱[2]，好酒色，大小失望。興、布竊悔之。或以譖皓，十一月，誅興、布。……甘露元年……秋七月，皓逼殺景后朱氏。……又送休四子於吳小城，尋復追殺大者二人。……十二月，晉受禪[3]。……寶鼎二年，……分豫章、廬陵、長沙為安成郡。

注釋

1 麤（粵：粗；普：cū）：通「粗」。2 忌諱：因迷信而做或不做某些事情。3 晉受禪：指司馬炎篡奪曹魏政權。

譯文

元興元年（二六四）九月，孫皓貶太后朱氏為景皇后，追謚父親孫和為文皇帝，尊奉母親何氏為太后。……孫皓既已得志，粗暴驕橫，多忌諱，好酒色，大小官員都感到失望。濮陽興、張布心內十分後悔。有人把這事向孫皓進讒，十一月，孫皓誅殺濮陽興、張布。……甘露元年（二六五）……秋七月，孫皓逼殺景皇后朱氏。……又將孫休的四個兒子遣送到吳郡的小城，隨後又追殺了兩個大的。……

十二月，曹魏禪晉。……寶鼎二年（二六七），……分拆豫章、廬陵、長沙三郡另置安成郡。

賞析與點評

孫皓的繼位，與時局有關。其時蜀漢初亡，吳國大臣希望能以年長的君主繼位，便擁立了善於掩飾自己行為的孫皓。即位不久，孫皓原形畢露，倒行逆施，讓眾大臣失望。為了一己之欲，更要為亡父太子和立紀。

天紀三年……八月，以軍師張悌為丞相，牛渚都督何植為司徒。……冬，晉命鎮東大將軍司馬伷向涂中，安東將軍王渾、揚州刺史周浚向牛渚，建威將軍王戎向武昌，平南將軍胡奮向夏口，鎮南將軍杜預向江陵，龍驤將軍王濬、廣武將軍唐彬浮江東下，太尉賈充為大都督，量宜處要，盡軍勢之中[1]。

注釋　1使軍事行動能夠一致。

譯文　天紀三年（二七九）……八月，孫皓以軍師張悌為丞相，牛渚都督何植為司徒。……這年冬天，晉國命鎮東大將軍司馬伷向涂中進軍，安東將軍王渾、揚州刺史周浚向牛渚進軍，建威將軍王戎向武昌進軍，平南將軍胡奮向夏口進軍，鎮南將軍杜預向江陵進軍，龍驤將軍王濬、廣武將軍唐彬領兵由水路沿長江東下，太尉賈充為大都督，全面統籌調度，安排進攻的重要地點，使軍事行動能夠一致。

初，皓每宴會羣臣，無不咸令沈醉。置黃門郎十人，特不與酒，侍立終日，為司過之吏。宴罷之後，各奏其闕失，迕視之咎[1]，謬言之愆[2]，罔有不舉。大者即加威刑，小者輒以為罪。後宮數千，而採擇無已。又激水入宮，宮人有不合意者，輒殺流之。或剝人之面，或鑿人之眼。岑昬險諛[3]貴幸，致位九列，好興功役，眾所患苦。是以上下離心[4]，莫為皓盡力，蓋積惡已極，不復堪命故也。

注釋　1眼神不敬。2言語有錯失。3奸險阿諛的岑昬是孫皓的寵倖近臣。4按：吳國滅亡的徵兆已十分明顯。

譯文

當初，孫皓每次設筵宴會羣臣，沒有一次不強令他們全都喝醉。孫皓設置黃門郎十人，特地不給他們酒喝，讓他們整天侍立，專門作為檢查羣臣醉酒過失的官員。宴會結束後，讓每位官員都奏上大臣的過失，眼神不敬者，言語不尊者，沒有一個不受到檢舉。大的過失立即施加嚴刑，小的過失即被記為罪過。後宮已有美女數千，而孫皓還不斷地選拔民間女子入宮，又引急流入宮院內，遇有不合意的宮女，即將其殺死並讓屍體順流漂走。或者剝去人的面皮，或者挖去人的雙眼。岑昬因奸險阿諛而深受寵貴，官位高至九卿，他好興動勞役，國人深受其苦。由是上下離心，沒有人為孫皓盡力，這是由於孫皓已積惡到極點，全國人已不能再忍受他的驅使。

四年春，……濬、彬所至，則土崩瓦解，靡有禦者。預又斬江陵督伍延，渾復斬丞相張悌、丹楊太守沈瑩等，所在戰克。三月丙寅，殿中親近數百人叩頭請皓殺岑昬，皓惶憒[1]從之。……王濬順流將至，司馬伷、王渾皆臨近境。皓用光祿勳薛瑩、中書令胡沖等計，分遣使奉書於濬、伷、渾曰：「昔漢室失統，九州分裂，先人因時，略有江南，遂分阻山川，與魏乖隔。今大晉龍興，德覆四海。闇劣偷安，未喻天命。至於今者，猥煩六軍，衡蓋路次，遠臨江渚，舉國震惶，假息漏刻。敢緣天朝含夕光大，謹遣私署太常張夔等奉所佩印綬，委質請命，惟垂信納，以濟元元。」壬申，王濬最先到，於是受皓之降，解縛焚櫬，延請相見。伷以皓致印綬於己，遣使送皓。……太康元年四月甲申，詔曰：「孫皓窮迫歸降，前詔待之以不死，今皓垂至，意猶愍之，其賜號為歸命侯。」……五年，皓死於洛陽。

注釋

1 惶憒：恐懼。

譯文

天紀四年（二八〇）春，……王濬、唐彬所到之處，吳軍全都土崩瓦解，很少有人抵抗。杜預又斬殺吳江陵都督伍延，王渾又斬吳丞相張悌、丹楊太守沈瑩等，晉軍所到之地每戰必勝。三月九日，宮中親近者幾百人向孫皓叩頭請殺岑昬，孫皓惶恐地答允其請。……王濬順流而下即將抵至，司馬伷、王渾都已臨近吳境。孫皓採納光祿勳薛瑩、中書令胡沖等的建議，分遣使者送信給王濬、司馬伷、王渾說：「過去漢室失去皇統，九州分裂，我的祖人因時而起，佔有江南，於是分隔山河，與魏國衝突、絕隔。現在大晉皇帝登基，仁德澤被四海。我昏頑偷安，不明天命。及至今日，煩勞六軍，橫蓋田野、列隊道路，遠道馳臨長江之上，使我舉國震驚，苟延殘喘臨近末日。斗膽仰求天朝包容光大，謹派私署太常張夔等奉上佩帶的印璽、綬帶，交付我的身體請求保全，希望能夠信任接納，以便拯救百姓。」十五日，王濬最先到達，於是接受了孫皓的投降，給他解開縛着的繩子，焚毀孫皓帶的棺材，延請相見。司馬伷因為孫皓把印璽、綬帶交給自己，於是派人遣送孫皓。……晉太康元年（二八〇）四月二十八日，晉帝下詔：「孫皓窮途無路前來歸降，前次詔書答允他予以不死，現在他垂手前來，我對他仍然十分憐憫，賜他歸命侯的稱號。」……太康五年（二八四），孫皓死在洛陽。

賞析與點評

孫皓面對晉國南侵，不但沒有做任何準備，更胡作非為，強迫大臣喝酒，又重用奸人岑昬，把朝政弄到亂七八糟。最後兵臨城下，便欣然送上降表。孫皓真是名副其實的「亡國之君」。

張昭傳

本篇導讀——

張昭（一五六—二三六）是孫策的最重要謀士，任長史、撫軍中郎將，文武之事，一以委之。策臨亡，以弟權託昭。昭率羣僚立而輔之。權以昭性剛烈，不用他為宰相。張昭後雖退位，仍關心大政，與孫權意見不一，引發了不少爭執和衝突。孫權最後亦盡量容忍，雙方關係得以和解。張昭一生以輔助孫氏，以竭盡忠誠為己任。對孫氏政權的確立，貢獻極大。

張昭字子布，彭城人也。少好學，善隸書，從白侯子安受《左氏春秋》，博覽眾書，與琅邪趙昱、東海王朗俱發名[1]友善。弱冠察孝廉，不就。……刺史陶謙舉茂才，不應，謙以為輕己，遂見[2]拘執。昱傾身營救，方以得免。漢末大亂，徐方[3]士民多避難揚土[4]，昭皆南渡江。孫策創業，命昭為長史、撫軍中郎將，升堂拜母，如比肩之舊，文武之事，一以委之。昭每得北方士大夫書疏，專歸美於昭，昭欲嘿[5]而不宣則懼有私，宣之則恐非宜，進退不安。策聞之，歡笑曰：「昔管仲相齊，一則仲父，二則仲父，而桓公為霸者宗。今子布賢，我能用之，其功名獨不在我乎！」策臨亡，以弟權託昭，昭率羣僚立而輔之。上表漢室，下移屬城，中外將校，各令奉職。權悲感未視事，昭謂權曰：「……方今天下鼎沸，羣盜滿山，孝廉何得寢伏哀戚，肆匹夫之情哉？」乃身自扶權上馬，陳兵而出，然後眾心知有所歸。昭復為權長史，授任如前。後劉備表權行車騎將軍，昭為軍師。

注釋　1發名：出名。2見：被。3徐方：徐州。4揚土：揚州。5嘿：默，沉默。

譯文　張昭，字子布，彭城人。他年少好學，擅長隸書，跟白侯子安學習《左氏春秋》，博覽羣書，與琅邪人趙昱、東海人王朗都在年輕時出了名，並且相互友好。成年後被本郡舉薦過孝廉，但他推辭未就。……刺史陶謙舉薦他為茂才，他不應召，陶謙認為張昭輕視自己，於是抓捕了他。趙昱竭盡全力解救，才得以脫身。漢末大亂，徐州士民大多避難到揚州，張昭亦南渡長江。孫策創建東吳基業，任命張昭為長史、撫軍中郎將，同他一起登堂拜見母親，如同輩的密友，國家軍政大事，全部託付給張昭。張昭每每得到北方士大夫的信函，他們都將功勞歸於張昭一人。張昭想匿而不宣，又擔心有私情之嫌，呈報上去則考慮到恐有不妥，進退兩難，內心不自安。孫策聽到這種情況後，高興地笑着說：「古代管仲為齊國國相，人家開口仲父、閉口仲父，而齊桓公則稱霸諸侯為天下所尊崇。如今子布甚賢，我能重用，他的功名難道不為我所有嗎？」孫策臨終前，把弟弟孫權託付給張昭，張昭率領百官擁立孫權並輔佐他。向漢朝廷上奏章，給各屬縣發公文，對朝中內外將校則令他們各守其職。孫權因為悲傷而沒有過問政事，張昭就對他說：「……如今天下動盪不安，盜賊佔山蜂起，孝廉怎麼能臥牀哀傷，與常人那樣去放縱個人的感情呢？」於是他親自將孫權扶上馬，侍衞隨後列隊而出，這才使眾人心裏感到有所歸依。張昭又成為孫權的長史，接受與從前同樣的職任。後來劉備上表任命孫權兼為車騎將軍，張昭為軍師。

賞析與點評

孫策氣度不凡，又有容人之量，在建立江東政權的過程中，地位和貢獻都無與倫比。他不幸遇刺身亡，將大權交給孫權，又安排張昭輔助，減低了權力轉移的波折。

魏黃初二年，遣使者邢貞拜權為吳王。貞入門，不下車。昭謂貞曰：「夫禮無不敬，故法無不行。而君敢自尊大，豈以江南寡弱，無方寸之刃[1]故乎！」貞即遽下車。拜昭為綏遠將軍，封由拳侯。權於武昌，臨釣臺，飲酒大醉。權使人以水灑羣臣曰：「今日酣飲，惟醉墮臺中，乃當止耳。」昭正色不言，出外車中坐。權遣人呼昭還，謂曰：「為共作樂耳，公何為怒乎？」昭對曰：「昔紂為糟丘酒池長夜之飲，當時亦以為樂，不以為惡也。[2]」權默然，有慚色，遂罷酒。初，權當置丞相，眾議歸昭。權曰：「方今多事，職統者責重，非所以優之也。」後孫邵卒，百寮復舉昭，權曰：「孤豈為子布有愛乎？領丞相事煩，而此公性剛[3]，所言不從，怨咎將興，非所以益之也。」乃用顧雍。

注釋

1方寸之刃：小刀。2按：即使是眾口一詞，也可能是非不分。3剛：剛烈。

譯文

魏黃初二年（二二一），魏國派遣使者邢貞任命孫權為吳王。邢貞進宮門後不下車。張昭對邢貞說：「禮節沒有不恭敬這一條，故此法律也沒有不施行這一點。而你膽敢妄自尊大，難道是認為江南人寡勢弱，連一把用來執法行刑的小刀也沒有嗎？」邢貞趕緊下車。又任命張昭為綏遠將軍，封為由拳侯。孫權到武昌時，登臨釣臺，飲酒大醉。他讓人用水潑灑大臣們說：「今日痛飲，只有醉倒在臺上，才能甘休。」張昭神情嚴肅不發一言，起身走到外面的車中坐着。孫權派人喊他進來，對他說：「只是為了大家在一起高興高興而已，您為甚麼發火呢？」張昭回答說：「從前商紂王作酒糟山、美酒池而長飲通宵達旦，當時他也認為是作樂，而不以為是在做壞事啊！」孫權沉默無言面露愧色，於是宣佈停止宴飲。當初，孫權決定設置丞相，大家都認為張昭適合。孫權說：「如今天下多亂，執掌總統工作的人責任重大，其職位並非用作優待人的東西。」後來孫邵去世，百官又共同推舉張昭，孫權說：「寡人豈是對子布吝嗇呢！只是考慮到丞相的事務繁雜，而他性情剛烈，他的話要是沒有被聽從採納，就會產生怨忿詰難，這對他並無益處。」於是起用顧雍。

賞析與點評

即使是優秀的領袖，也會有得意忘形的時刻，急需輔助者的不時提點。張昭盡力匡輔，使孫權在繼位之初能有優異表現，是應該受到讚許的。張昭雖然性格率直，卻可以抑制孫權易於驕奢放縱的性格。

權既稱尊號，昭以老病，上還官位及所統領。更拜輔吳將軍，班亞三司，改封婁侯，食邑萬戶。在里宅無事，乃著《春秋左氏傳解》及《論語注》。……昭每朝見，辭氣壯厲，義形於色，曾以直言逆旨，中不進見。後蜀使來，稱蜀德美，而羣臣莫拒，權歎曰：「使張公在坐，彼不折則廢，安復自誇乎？」明日，遣中使勞問，因請見昭。昭避席謝[1]，權跪止之。昭坐定，仰曰：「昔太后[2]、桓王[3]不以老臣屬陛下，而以陛下屬老臣，是以思盡臣節，以報厚恩，使泯沒之後，有可稱述，而意慮淺短，違逆盛旨，自分幽淪[4]，長棄溝壑，不圖[5]復蒙引見，得奉帷幄。然臣愚心所以事國，志在忠益，畢命而已。若乃變心易慮，以偷榮取容[6]，此臣所不能也。」權辭謝焉。

注釋

1避席謝：離座起立，表示歉意。2太后：孫權母親吳氏。3桓王：孫策。4自分幽淪：自己以為將被廢棄。5不圖：沒有想到。6偷榮取容：為竊取榮華富貴以取悅別人。

譯文

孫權登基稱帝，張昭因為年老多病，即把官職及所統的軍隊奉上歸還。孫權改任他為輔吳將軍，地位僅次於三公，改封為婁侯，食邑一萬戶。張昭居家無事，於是著述《春秋左氏傳解》和《論語注》。張昭每次上朝，言談吐辭雄壯嚴厲，義形於色，曾因直言而忤逆孫權的意旨，中斷一段時間的入朝覲見。後來蜀國的使者來到東吳，稱頌蜀國大臣的德行高尚，東吳羣臣中無人出面應對，孫權歎息說：「如果張公在坐，此人不待別人使他折服就會喪氣，哪裏還敢自吹自擂呢？」第二天，他就派宮中使臣前往慰勞張昭，並乘機請張昭進見。張昭離席向孫權賠罪致歉，孫權阻止了他。張昭坐定後，抬頭說：「過去太后、桓王不把老臣託付給陛下，而將陛下託付給老臣，故此老臣想盡臣子的節操，來報答這般厚恩，使自己在死之後，有可為人稱道之處。但我見識思慮淺短，違逆陛下聖明的意旨，自己認為死後必被丟棄在溝壑中，不料又蒙召見，得以報效陛下於朝廷。然而我這顆愚昧的心用來服事國家，志在忠貞不移，死而後已。假如說要我改變思想，以求得世間的尊榮和陛下的歡心，這一點為臣是絕對做不到的！」孫權向他深表歉意。

權以公孫淵稱藩，遣張彌、許晏至遼東拜淵為燕王，昭諫曰：「淵背魏懼討，遠來求援，非本志也。若淵改圖[1]，欲自明於魏，兩使不反[2]，不亦取笑於天下乎？」權與相反覆，昭意彌切。權不能堪，案刀而怒曰：「吳國士人入宮則拜孤，出宮則拜君，孤之敬君，亦為至矣，而數於眾中折孤，孤嘗恐失計。」昭熟視權曰：「臣雖知言不用，每竭愚忠者，誠以太后臨崩，呼老臣於牀下，遺詔顧命之言故在耳。」因涕泣橫流。權擲刀致地，與昭對泣。然卒遣彌、晏往。昭忿言之不用，稱疾不朝。權恨之，土塞其門，昭又於內以土封之。淵果殺彌、晏。權數慰謝昭，昭固不起，權因出過其門呼昭，昭辭疾篤。權燒其門，欲以恐之，昭更閉戶。權使人滅火，住門良久，昭諸子共扶昭起，權載以還宮，深自克責。昭不得已，然後朝會。

注釋 [1]改圖：改變計劃。[2]不反：不能返回吳國。

譯文 孫權因為公孫淵派人前來稱藩，就派張彌、許晏前往遼東任命公孫淵為燕王，張昭勸諫說：「公孫淵背叛魏國，害怕受到征討，才遠道前來求援，這並非他的本意。如果公孫淵改變意圖，想向魏國表明心跡，我們的兩位使者就回不來了，這不是要讓天下人所取笑嗎？」孫權與他反覆爭辯，但張昭更加堅持自己的觀點。

孫權實難忍受，按刀在手憤怒地說：「吳國的官員士人進宮則向我拜謁，出宮則向您致禮。寡人對您的敬重，也算到了頂，而您卻屢次在大庭廣眾中反駁寡人，寡人真擔心自己會做出失策的事。」張昭久久地注視着孫權說：「臣雖說知道自己的話不會被採用，而每每竭盡愚忠，確是因為太后臨終之時，將老臣叫到牀前，遺詔顧命的話語總在我的耳邊啊！」說着涕泣交流。孫權把刀扔在地上，與張昭相對而泣。然而孫權最終還是派張彌、許晏去了遼東。張昭忿恨自己的忠言未被採納，就聲稱有病不再上朝。孫權對此很惱恨，用土堵塞住張昭家的大門，張昭又在裏面用土把門封死。公孫淵果然殺害了張彌、許晏。孫權多次派人慰問張昭並賠不是，張昭堅決不起牀，孫權因故路過張昭家門喊他出來相見，張昭以病重相推辭。孫權放火燒他家的大門，想以此把他嚇出來，而張昭反而又把內室的門窗關嚴。孫權讓人熄滅了火，在門外站立很長一段時間，張昭的幾個兒子一起把張昭攙扶起來，孫權用車把他帶進宮中，自我作了深深的譴責。張昭不得已，自是又恢復朝見。

賞析與點評

張昭多次公開強諫，引致孫權很不高興。雙方甚至久不來往，孫權甚至以土封閉張昭的家門，張昭不但不妥協，自己更從內裏加封門戶，關係鬧得很僵。類似的衝突發生不止一次，情況也日益嚴重。最後，張昭家人勉強把張昭送到宮中，孫權深自責備後，張昭才恢復上朝。這種情況，在歷史上也不多見，孫權在這種情況下表現已算寬弘。假如換了是曹操，真是二話不說，便給他殺掉了。

昭容貌矜嚴[1]，有威風，權常曰：「孤與張公言，不敢妄也。」舉邦憚之。年八十一，嘉禾五年卒。遺令幅巾素棺，斂以時服。權素服臨弔，謚曰文侯。

注釋

1 矜嚴：莊嚴、威嚴。

譯文

張昭容貌莊嚴端重，有威儀。孫權常說：「寡人與張公談話，不敢隨便信口而言。」整個國家的人都敬畏他。他八十一歲，即嘉禾五年（二三六）去世。留下遺囑，要求對他用縑布束髮，用不上漆色的棺材，以平常的穿着裝殮。孫權親自素服弔唁，追謚他為「文侯」。

周瑜傳　魯肅傳

本篇導讀——

周瑜（一七五—二一〇）出身士族，精音樂，少與孫策友善，協助孫策平定江東。策死，與張昭共同輔助孫權，任前部大都督。曹操東侵，受孫權之命率軍抵抗，大敗曹軍於赤壁。周瑜反對聯合劉備，擬帶兵入蜀，途中發病而死，年三十六。蘇軾《念奴嬌·赤壁懷古》云：「大江東去，浪淘盡，千古風流人物。故壘西邊，人道是，三國周郎赤壁。亂石崩云，驚濤裂岸，捲起千堆雪。江山如畫，一時多少豪傑！遙想公瑾當年，小喬初嫁了，雄姿英發。羽扇綸巾，談笑間，強虜灰飛煙滅……」周瑜完美形象，通過東坡生花妙筆躍於眼前，千載以下，令人神往。

魯肅（一七二—二一七）家富於財，好濟貧結士。初仕袁術，以其不足有為而棄之。後轉依周瑜，瑜薦之於孫權。他分析天下大勢，深獲孫權重視。當曹操南征荊州，孫權部下多數主張投降。魯肅獨持異議，勸說孫權聯合劉備抗曹，終於大敗曹軍，確立了三分大局。周瑜逝世後，代領兵，拜奮武校尉。魯肅是孫權抗操的主要謀士，又預見孫權稱帝。三國有很多傑出的戰略家，其中以魏之荀彧、蜀之諸葛亮及吳之魯肅三人成就最高。

周瑜字公瑾，廬江舒人也。從祖父景，景子忠，皆為漢太尉。父異，洛陽令。瑜長壯有姿貌。初，孫堅興義兵討董卓，徙家於舒。堅子策與瑜同年，獨相友善，瑜推道南大宅以舍策[1]，升堂拜母，有無通共。瑜從父尚為丹楊太守，瑜往省之。會策將東渡，到歷陽，馳書報瑜，瑜將兵迎策。策大喜曰：「吾得卿，諧也[2]。」遂從攻橫江、當利，皆拔之。乃渡擊秣陵，破笮融、薛禮，轉下湖孰、江乘，進入曲阿，劉繇奔走，而策之眾已數萬矣。因謂瑜曰：「吾以此眾取吳會平山越已足。卿還鎮丹楊。」瑜還。頃之，袁術遣從弟胤代尚為太守，而瑜與尚俱還壽春。術欲以瑜為將，瑜觀術終無所成，故求為居巢長，欲假塗[3]東歸，術聽之。遂自居巢還吳。是歲，建安三年也。

注釋　1以舍策：讓孫策居住。2諧：事情將會很順利。3假塗：借道。

譯文

周瑜，字公瑾，廬江郡舒縣人。他祖父的兄弟周景、周景的兒子周忠，都做過漢朝的太尉。周瑜的父親周異，當過洛陽縣令。周瑜身體修長健壯、相貌俊美。當初，孫堅舉義兵討伐董卓，將家眷遷置舒縣。孫堅的兒子孫策與周瑜同年，周瑜與孫策交誼深厚。周瑜將大路南面一所大宅院讓與孫策居住，還常去後堂拜見孫策的母親，各種生活所需兩家共通有無。周瑜的叔父周尚為丹楊太守，周瑜前往看望，正碰到孫策打算東渡長江，到了歷陽，孫策派人送信告知周瑜，周瑜領兵前來迎接孫策。孫策十分高興地說：「我得到了你，大事就順利了。」於是周瑜跟隨孫策前往攻打橫江、當利，全都攻克。隨即又渡江進擊秣陵，打敗笮融、薛禮，轉而攻下湖孰、江乘，進軍曲阿，劉繇逃走，此時孫策的軍隊已擴展到幾萬人。於是他對周瑜說：「我用這支隊伍攻取吳、會兩郡，平定山越，已經足夠了。你還是回軍鎮守丹楊。」周瑜回到丹楊。不久，袁術派堂弟袁胤替代周尚為丹楊太守，於是周瑜和周尚一起回到壽春。袁術打算任命周瑜為部將，周瑜認為袁術最終不會有大作為。故此只請求袁術讓他擔任居巢縣長，目的是打算借道回到江東，袁術同意他的要求。周瑜於是經居巢回到吳郡。這年為建安三年（一九八）。

策親自迎瑜，授建威中郎將，即與兵二千人，騎五十匹。瑜時年二十四，吳中皆呼為周郎。以瑜恩信著於廬江，出備牛渚，後領春穀長。頃之，策欲取荊州，以瑜為中護軍，領江夏太守，從攻皖，拔之。時得喬公兩女，皆國色也。策自納大喬，瑜納小喬。復進尋陽，破劉勳，討江夏，還定豫章、廬陵，留鎮巴丘。

譯文

孫策親自前來迎接周瑜，授任他建威中郎將，當即調撥給他二千兵卒及五十坐騎。周瑜當時二十四歲，吳郡的人都稱呼他「周郎」。孫策因周瑜恩信聲震廬江，便派他外出守備牛渚，後又兼職春穀縣長。不久，孫策打算攻取荊州，任命周瑜為中護軍，兼任江夏太守。周瑜跟隨孫策進軍皖城，並攻克之。當時得到喬公兩個女兒，都有傾國之色。孫策自己娶了大喬，周瑜娶了小喬。接着再進軍尋陽，打敗劉勳，征討江夏，還軍平定豫章、廬陵，周瑜留守巴丘。

賞析與點評

周瑜與孫策互相推重，是江東政權的重要基礎。二人又是連襟兄弟，婚姻美滿，成為一時佳話。

五年，策薨，權統事。瑜將兵赴喪，遂留吳，以中護軍與長史張昭共掌眾事[1]。十一年，督孫瑜等討麻、保二屯，梟其渠帥，囚俘萬餘口，還備宮亭。江夏太守黃祖遣將鄧龍將兵數千人入柴桑，瑜追討擊，生虜龍送吳。

注釋

1 一起輔助年輕的孫權。

譯文

建安五年（二〇〇），孫策去世，由孫權統領軍國事務。周瑜領兵前來弔喪。於是留在吳郡，以中護軍身份與長史張昭一同掌管軍政大事。建安十一年（二〇六），周瑜督率孫瑜等討伐麻、保二屯，將它們的首領斬首，俘虜餘眾一萬多人，回兵駐守宮亭。江夏太守黃祖派遣部將鄧龍帶領數千人馬進入柴桑，周瑜追擊征伐，將鄧龍活捉後送往吳郡。

十三年春，權討江夏，瑜為前部大督。其年九月，曹公入荊州，劉琮舉眾降，曹公得其水軍，船、步兵數十萬，將士聞之皆恐。權延見羣下，問以計策。議者咸曰：「曹公豺虎也，然託名漢相，挾天子以征四方，動以朝廷為辭，今日拒之，事更不順。且將軍大勢，可以拒操者，長江也。今操得荊州，奄有其地，劉表治水軍，蒙衝鬬艦，乃以千數，操悉浮以沿江，兼有步兵，水陸俱下，此為長江之險，已與我共之矣。而勢力眾寡，又不可論[1]。愚謂大計不如迎之。」瑜曰：「不然。操雖託名漢相，其實漢賊[2]也。將軍以神武雄才，兼仗父兄之烈[3]，割據江東，地方數千里，兵精足用，英雄樂業，尚當橫行天下，為漢家除殘去穢。況操自送死，而可迎之邪？請為將軍籌之：今使北土已安，操無內憂，能曠日持久，來爭疆埸，又能與我校勝負於船楫間[4]乎？今北土既未平安，加馬超、韓遂尚在關西，為操後患。且舍鞍馬，仗舟楫，與吳越爭衡，本非中國所長。又今盛寒，馬無藁草，驅中國士眾遠涉江湖之間，不習水土，必生疾病。此數四者，用兵之患也，而操皆冒行[5]之。將軍禽操，宜在今日。瑜請得精兵三萬人，進住夏口，保為將軍破之。」權曰：「老賊欲廢漢自立久矣，徒忌二袁、呂布、劉表與孤耳。今數雄已滅，惟孤尚存，孤與老賊，勢不兩立。君言當擊，甚與孤合，此天以君授孤也。」

注釋　1不可論：不可同日而語。2痛快地指出曹操的陰險。3烈：功績。4南人善於水戰。5冒險實行。

譯文　建安十三年（二〇八）春，孫權征討江夏，周瑜被任為前部大督。當年九月，曹操攻入荊州，劉琮率眾投降，曹操得到劉琮的水軍，水、步兩軍發展到幾十萬人，吳國將士聽到這一消息都非常驚恐。孫權召集部下，徵詢對策。大家都說：「曹操乃豺虎之人，他利用漢丞相名義，挾制天子以征討天下，動輒就說是朝廷旨意，如今要抗拒他，事情更不順利。況且將軍所據的形勢，能夠抵禦曹操的，就是長江天險。現在曹操佔有荊州全部，加上劉表原先訓練好的水軍，大船戰艦，乃至千數，曹操全部將它們擺開沿江直下，並兼有步兵，水陸兩路一齊進發，所謂長江天險，已成為曹操與我方共有的了。而在實力上眾寡懸殊，不可相提並論。故此最好還是向他投降。」周瑜說：「不對！曹操雖說名為漢相，實為漢賊！將軍以神明威武的雄才，兼有父兄的偉烈功業，割據江東，佔地幾千里，兵精糧足，英雄樂業，正當橫行天下，為漢家剷除奸邪禍患。何況現在是曹操自己前來送死，豈可反向他投降？請讓我為將軍分析一下：假使現在北方局勢完全穩定，曹操無後顧之憂，當然可以與我們曠日持久地爭奪疆土。但能夠與我方在水戰中爭個勝負嗎？現在北方的局勢既沒有得到穩定，加之馬超、韓遂在函谷關之西，成為曹操後方之患。況且捨棄騎兵優勢，依仗所繳獲的戰船，來與我吳越之地的軍隊在水戰中爭雄，本就不是中原人的長處。如今又值嚴寒季節，軍馬缺乏草料，驅使中原的士兵遠道來到南方江湖之上，水土不服，必然生發疾病。上述四點，都是用兵大忌，而曹操全然不顧，冒險而行。將軍要擒獲曹操，這正是最好時機。我請求率領精兵三萬，進駐夏口，為將軍打敗曹操。」孫權說：「曹操老賊企圖廢除漢室自立為帝，蓄謀已久，只是顧忌袁術、袁紹、呂布、劉表與我而已。如今幾位都被殲滅，只有我一人獨存，我與老賊，勢不兩立。你說要對他進行抗擊，與我的想法完全一致，這是老天爺把你送來助我呀！」

賞析與點評

周瑜指斥曹操「託名漢相，其實漢賊」，大義凜然，真是大快人心。他又清楚分析曹操雖擁兵數十萬，實際上內部有不少弱點，所以對方只是外強中乾，是個不堪一擊的對手。

時劉備為曹公所破，欲引南渡江，與魯肅遇於當陽，遂共圖計，因進住夏口，遣諸葛亮詣權[1]，權遂遣瑜及程普等與備并力逆曹公，遇於赤壁。時曹公軍眾已有疾病，初一[2]交戰，公軍敗退，引次江北。瑜等在南岸。瑜部將黃蓋曰：「今寇眾我寡，難與持久。然觀操軍船艦首尾相接，可燒而走也。」乃取蒙衝鬬艦數十艘，實以薪草，膏油[3]灌其中，裹以帷幕，上建牙旗，先書報曹公，欺以欲降。又豫備走舸，各繫大船後，因引次俱前。曹公軍吏士皆延頸觀望，指言蓋降。蓋放諸船，同時發火。時風盛猛，悉延燒岸上營落[4]。頃之，煙炎張天，人馬燒溺死者甚眾，軍遂敗退，還保南郡。備與瑜等復共追。曹公留曹仁等守江陵城，徑自北歸。

注釋

1 詣權：前往面見孫權。2 初一：第一次。3 膏油：易燃的物料。4 營落：營寨。

譯文

當時，劉備被曹操打敗，企圖南撤渡過長江，與魯肅在當陽相遇，於是共商抗曹大計。由是劉備進駐夏口，委派諸葛亮前往拜謁孫權。孫權於是派遣周瑜與程普等與劉備合力迎擊曹操，兩軍相戰於赤壁。這時曹操軍隊的士卒不少人染病，剛一交戰，曹軍即敗，退兵駐紮長江北岸。周瑜等駐軍長江南岸。周瑜的部將黃蓋說：「如今敵眾我寡，難以與之進行持久戰。然而觀察曹軍戰船全都首尾相接，可以用火攻將其燒毀打敗。」於是周瑜調撥幾十艘大船戰艦，船內裝滿柴草，在柴草上澆滿油膏，外面罩上帷幕，上面插上牙旗，先讓黃蓋寫信給曹操，欺騙說要前來投降。又預備一些輕便快捷的小船，分別繫在大船的尾後，於是船隊依次向前駛去。曹操軍中官兵都伸長脖子在觀望，指點說是黃蓋來投降。黃蓋命解開各小船，將大船同時點火。當時風勢威猛，大火蔓延江北燒到岸上的曹軍營寨。片刻之間，煙火沖天，曹軍人馬被燒死淹死者不計其數，於是全軍敗退，返還保守南郡。劉備與周瑜等又合力追擊。曹操留下曹仁等駐守江陵城，自己徑自退還北方。

賞析與點評

赤壁之戰的實際經過，在〈周瑜傳〉寫得最詳細，這是因為周瑜是孫劉聯軍的前線主帥。而黃蓋詐降，是火攻曹船的關鍵。火乘風勢，延及岸上的營寨，結果曹軍死傷無數，大敗而回。

瑜與程普又進南郡，與仁相對，各隔大江。兵未交鋒，瑜即遣甘寧前據夷陵。仁分兵騎別攻圍寧。寧告急於瑜。瑜用呂蒙計，留淩統以守其後，身與蒙上救寧。寧圍既解，乃渡屯北岸，克期大戰。瑜親跨馬擽陳[1]，會流矢中右脅，瘡甚[2]，便還。後仁聞瑜臥未起，勒兵就陳[3]。瑜乃自興[4]，案行軍營，激揚吏士，仁由是遂退。

注釋

1 擽陳：掠陣，擊陣。2 瘡甚：箭傷嚴重。3 勒兵就陳：親到前線。4 自輿：忍傷痛而起牀。

譯文

周瑜與程普又領軍挺進南郡，隔着大江與曹仁對壘。兵未交鋒，周瑜即派甘寧前去佔據夷陵。曹仁分派出一支部隊前去圍攻甘寧。甘寧向周瑜告急。周瑜採用呂蒙的計策，留下淩統鎮守後方，自己與呂蒙往上游解救甘寧。甘寧之圍被解後，周瑜軍隊便渡江駐紮在北岸，約定日期與曹仁軍隊大戰。周瑜親自跨馬掠陣，被亂箭射中右胸，傷勢嚴重，只好退還。後來曹仁聽説周瑜臥牀未起，便率兵上陣出戰。周瑜於是自我強行起牀，帶傷巡察軍營，激勵將士勇氣，曹仁於是只好撤軍。

權拜瑜偏將軍，領南郡太守。以下雋、漢昌、劉陽、州陵為奉邑，屯據江陵。劉備以左將軍領荊州牧，治公安。備詣京見權，瑜上疏曰：「劉備以梟雄[1]之姿，而有關羽、張飛熊虎之將[2]，必非久屈為人用者。愚謂大計宜徙備置吳[3]，盛為築宮室，多其美女玩好，以娛其耳目，分此二人，各置一方，使如瑜者得挾與攻戰，大事可定也。今猥割土地以資業之，聚此三人，俱在疆場，恐蛟龍得雲雨，終非池中物也。」權以曹公在北方，當廣攬英雄，又恐備難卒制[4]，故不納。

注釋

1梟雄：傑出的英雄。2熊虎之將：極其威猛的將士。3按：建議把劉備軟禁。4要制服劉備也不一定成功。

譯文

孫權任命周瑜為偏將軍，兼任南郡太守，以下雋、漢昌、劉陽、州陵作為俸邑，屯據江陵。劉備以左將軍身份兼任荊州牧，治所設在公安。劉備前往京口拜謁孫權，周瑜上奏說：「劉備以梟雄的姿態，且有關羽、張飛熊虎般的猛將，他一定不會長久屈身為他人所用。依我愚見，現在最好的計策是把劉備遷置到吳郡，為他修建最豪華的宮室，多給他一些美女及他喜玩的東西，以此滿足他的耳目享受，再把關羽、張飛二人分開，各安置在不同的地方，派遣像我這樣的人挾制他們，讓他們與我們一道作戰，大事即可成功。如今遷就他割讓土地來資助，讓這三個人聚在一起，又都安放在邊界疆埸，恐怕是蛟龍得到雲雨，終非小池塘所容納得了的！」孫權考慮到曹操在北方，應當廣招天下英雄，又擔心劉備難以制服，所以沒有採納建議。

是時劉璋為益州牧，外有張魯寇侵，瑜乃詣京見權曰：「今曹操新折衄[1]，方憂在腹心，未能與將軍連兵相事[2]也。乞與奮威俱進取蜀，得蜀而并張魯，因留奮威固守其地，好與馬超結援。瑜還與將軍據襄陽以蹙操，北方可圖也。」[3]權許之。瑜還江陵，為行裝，而道於巴丘病卒[4]，時年三十六。權素服舉哀，感動左右。喪當還吳，又迎之蕪湖，眾事費度，一為供給。後著令曰：「故將軍周瑜、程普，其有人客[5]，皆不得問。」初瑜見友於策，太妃又使權以兄奉之。是時權位為將軍，諸將賓客為禮尚簡，而瑜獨先盡敬，便執臣節。性度恢廓，大率為得人，惟與程普不睦。

注釋

1 折衄：敗北。2 連兵相事：興兵對抗。3 按：如周瑜的構想能成功，吳國便足以抗衡曹操。4 周瑜早逝，對吳國是極大損失。5 隸屬周瑜、程普家族的田客。

譯文

其時劉璋任益州牧，北面有張魯為寇相侵，周瑜於是到京口拜見孫權說：「現在曹操剛受挫折，正擔心自己內部發生變亂，未能對陣作戰。請允許我和奮威將軍孫瑜一起進軍攻取蜀地，得蜀後再吞併張魯，然後留奮威將軍在那裏固守，以便與馬超結援呼應，我再回來與將軍一起佔據襄陽進擊曹操，這樣攻取北方就有希望了。」孫權同意了。周瑜回到江陵，準備行裝，然而路過巴丘時即發病去世，年僅三十六歲。孫權身着素服舉行哀悼，感動所有部下。當周瑜靈柩運還吳郡時，孫權又往蕪湖迎接，舉辦喪事的所有費用，全部供用不缺。後來又頒佈諭令：「已故將軍周瑜、程普，他們家的田客，都不要納稅服役。」當初周瑜被孫策作為好友相待，孫策的母親又讓孫權以尊奉兄長之禮對待周瑜。那時孫權的地位還是個將軍，各位將軍及賓客對他只行一般的禮節，惟有周瑜最先對他表示尊敬，對孫權執臣子禮節。周瑜性情開朗，寬宏大量，很得人心，只與程普不相和睦。

賞析與點評

周瑜是堅持將荊、益兩州直接由孫吳政權管有，一統南方，再北上與曹操爭霸。這個方略，由於周瑜逝世而告終。假如周瑜不早卒，三國的歷史可能改寫。

瑜少精意於音樂，雖三爵之後，其有闕誤，瑜必知之，知之必顧，故時人謠曰：「曲有誤，周郎顧。」

譯文

周瑜年少時曾精心鑽研音樂，即使在飲酒三爵之後，彈奏者有甚麼差錯，他也必定聽得出來，聽出來就會回頭望一望，所以當時的歌謠說：「曲有誤，周郎顧。」

魯肅字子敬，臨淮東城人也。生而失父，與祖母居。家富於財，性好施與[1]。爾時[2]天下已亂，肅不治家事，大散財貨，摽賣[3]田地，以賑窮弊結士為務，甚得鄉邑歡心。周瑜為居巢長，將數百人故過候肅，并求資糧。肅家有兩囷[4]米，各三千斛，肅乃指一囷與周瑜，瑜益知其奇也，遂相親結，定僑、札之分[5]。袁術聞其名，就署東城長。肅見術無綱紀，不足與立事，乃攜老弱將輕俠少年百餘人，南到居巢就瑜。瑜之東渡，因與同行，留家曲阿。會祖母亡，還葬東城。

注釋

1施與：施捨貧困的人。2爾時：當時。3摽賣：出售。4囷：圓形糧倉。5春秋鄭大夫公孫僑（即子產）和吳季札邂逅相逢，甚為歡悅，季札送公孫僑一條縞帶，公孫僑贈季札一件麻衣。後人稱彼此交誼很深為『僑札之好』或『僑札之分』。

譯文

魯肅，字子敬，臨淮郡東城人。他出生後便失去父親，和祖母一起生活。家中富有財產，性格頗愛施捨。其時天下已經大亂，魯肅不治家事，大量散發家中錢財，標價出賣田地，以救濟窮人結交士人為要務，深得當地人們歡心。周瑜任居巢縣長，率領幾百人有意去拜訪魯肅，並請求資助糧食。魯肅家有兩倉米，各三千斛，他於是用手指一倉就讓周瑜取去，周瑜就更加了解到他與眾不同，於是與他結為好友，情誼深厚如公孫僑、季札一樣。袁術聽到魯肅的名聲，就任命他為東城縣長。魯肅見袁術沒有制度法紀，不會成就大事，於是攜帶族中老弱之人和有俠氣的青少年一百多人，南往居巢投奔周瑜。周瑜率兵東渡長江，魯肅與他同行，將家屬留在曲阿。適逢他的祖母亡故，便將靈柩送歸東城安葬。

劉子揚與肅友善，遺肅書[1]曰：「方今天下豪傑並起，吾子姿才，尤宜今日。急還迎老母，無事滯於東城。近鄭寶者，今在巢湖，擁眾萬餘，處地肥饒，廬江閒人多依就之，況吾徒乎？觀其形勢，又可博集，時不可失，足下速之。」肅答然其計。葬畢還曲阿，欲北行[2]。會瑜已徙肅母到吳，肅具以狀語瑜[3]。時孫策已薨，權尚住吳，瑜謂肅曰：「昔馬援答光武云『當今之世，非但君擇臣，臣亦擇君』[4]。今主人親賢貴士，納奇錄異，且吾聞先哲祕論，承運代劉氏者，必興於東南，推步事勢，當其曆數。終搆帝基，以協天符，是烈士攀龍附鳳馳騖之秋。吾方達此，足下不須以子揚之言介意也。」肅從其言。

注釋

1遺肅書：寫信給魯肅。2北行：前往巢湖。3具以狀語瑜：把具體的想法告訴周瑜。4這是羣雄競起的時代，都在爭取人才，所以才智之士可以挑選追隨的領袖。

譯文

劉子揚與魯肅十分友好，寫信給他說：「如今天下豪傑蜂起，憑你的才幹，特別是當今社會所需要。你趕快回去接走老母親，不要滯留東城。現今鄭寶在巢湖擁有一萬多兵眾，佔據富饒的地區，廬江郡許多人都依附了他，何況是我們呢。看他的趨勢，還會廣聚更多的人眾，機不可失，你應該速去。」魯肅聽他勸説，安葬祖母完畢返還曲阿，打算北往巢湖。正巧周瑜把魯肅的母親接到吳郡，魯肅便告訴周瑜投奔鄭寶的想法。當時孫策已去世，孫權尚在吳郡，周瑜對魯肅説：「從前馬援答覆光武帝説過，『當今時勢，不僅君主選擇臣下，臣下也選擇君主』。如今吳主親信賢人智士，接納奇才異能，況且我聽説前賢的祕論，説接承天命替代劉氏者，必定起於東南，推算曆數觀察形勢，最終會建起帝王基業，與天命相符合，也正在東南。現在是有識之士歸附英傑的時代。我領悟到這個道理，你不必把劉子揚的話當作一回事。」魯肅接受了他的意見。

瑜因薦肅才宜佐時[1]，當廣求其比[2]，以成功業，不可令去也。權即見肅，與語甚悅之。眾賓罷退，肅亦辭出，乃獨引肅還，合榻[3]對飲。因密議曰：「今漢室傾危，四方雲擾，孤承父兄餘業，思有桓文之功[4]。君既惠顧，何以佐之？」肅對曰：「昔高帝區區欲尊事義帝而不獲者，以項羽為害也。今之曹操，猶昔項羽[5]，將軍何由得為桓文乎？肅竊料[6]之，漢室不可復興，曹操不可卒除。為將軍計，惟有鼎足江東，以觀天下之釁[7]。規模如此，亦自無嫌。何者？北方誠多務也。因其多務，剿除黃祖，進伐劉表，竟長江所極，據而有之，然後建號帝王以圖天下，此高帝之業也。」權曰：「今盡力一方，冀以輔漢耳，此言非所及也。」[8]張昭非肅謙下不足[9]，頗訾毀之，云肅年少麤疏[10]，未可用。權不以介意，益貴重之，賜肅母衣服幃帳，居處雜物，富擬其舊。

注釋

1 即稱讚他是王佐之材。2 孫權應多爭取這類優才。3 合榻：坐在一起。4 桓文之功：齊桓公、晉文公都提倡尊王。5 把曹操比作項羽十分恰當。6 竊料：私下估計。7 指坐觀形勢變化。8 魯肅是第一個提出孫權要建國稱帝的才智之士。9 謙下不足：不夠謙虛，且言過其實。10 麤疏：粗疏，未達大體。

譯文

周瑜向孫權推薦魯肅有輔佐之才，認為應當多加招致，以成就帝王的功業，不要讓他離去。孫權立即接見魯肅，同他談得非常投契。當賓客告退後，魯肅也告辭，而孫權卻單獨讓他留下來，兩人合榻對飲。孫權向魯肅討教：「當今漢室如大廈將傾，四方紛亂，我繼承父兄的基業，企望建成齊桓、晉文的功業。既然您惠顧於我，請問有何良策助我成功？」魯肅說：「過去漢高祖忠心耿耿，想尊崇義帝但沒有成功，是因為項羽加害義帝。如今曹操，猶如過去項羽，將軍怎麼可能成為齊桓公、晉文公呢？我私底下認為，漢朝已不可復興，曹操也不可一下子除掉。為將軍考慮，只有鼎足江東，以觀天下形勢的變化。天下局勢如此，據有一方自然也不會招來嫌猜忌恨。為甚麼呢？因為北方正是多事之秋。正好趁這種變局，剿除黃祖，進伐劉表，盡力佔有長江上游，然後稱帝建號，以謀取天下，這是漢高祖成就的大業！」孫權說：「我現在盡一方之力，只是希望輔佐漢室，你所說的非我所能及。」張昭責怪魯肅不夠謙虛，對他頗有詆毀，說魯肅年少粗疏，不可重用。孫權不理張昭的話，反而更加看重魯肅，賜給魯肅母親衣服、帷帳及日用雜物，使他變得與原先一樣富有。

賞析與點評

周瑜推許魯肅有王佐之才。當時，他們的見解很接近，都是主張孫吳應盡有長江，然後建國稱帝，爭取統一全國。這次與孫權的密談是吳國版本的「隆中對」，但時間更早。孫權後來登上帝位時，曾憶述魯肅是第一個對他提及稱帝的臣子。

劉表死。肅進說曰：「夫荊楚與國鄰接，水流順北，外帶江漢，內阻山陵，有金城之固，沃野萬里，士民殷富，若據而有之[1]，此帝王之資也。今表新亡[2]，二子素不輯睦，軍中諸將，各有彼此。加劉備天下梟雄，與操有隙，寄寓於表，表惡其能而不能用也[3]。若備與彼[4]協心，上下齊同，則宜撫安，與結盟好；如有離違[5]，宜別圖之，以濟大事。肅請得奉命弔表二子，并慰勞其軍中用事[6]者，及說備使撫表眾[7]，同心一意，共治曹操，備必喜而從命。如其克諧[8]，天下可定也。今不速往，恐為操所先。」權即遣肅行。到夏口，聞曹公已向荊州，晨夜兼道。比至南郡，而表子琮已降曹公，備惶遽奔走，欲南渡江。肅徑迎之，到當陽長阪，與備會，宣騰權旨，及陳江東彊固[9]，勸備與權併力。備甚歡悅。時諸葛亮與備相隨，肅謂亮曰「我子瑜[10]友也」，即共定交。備遂到夏口，遣亮使權，肅亦反命。

注釋

1據而有之：佔據荊州。2新亡：剛剛逝世。3劉表猜忌劉備，恐怕難以制服他，故此多年來不肯重用。4彼：劉表二個兒子，劉琦和劉琮。5離違：不能融洽共處。6聯絡軍中將領。7游説劉備安撫荊州的將領和部下。8克諧：能夠和諧，指能把這件事情弄妥當。9彊固：強大鞏固的國力。10子瑜：指諸葛瑾。他是諸葛亮的哥哥，字子瑜。

譯文

劉表死後，魯肅勸説孫權：「荊楚之地與我們吳國鄰接，順水而往可達北方，外連江、漢，內隔山陵，有如金城堅固，沃野萬里，士民富足，如果佔有這個地盤就是打下了建立帝王之業的基礎。如今劉表剛剛去世，兩個兒子素來不和，軍中的將領也分為兩派。加上劉備是天下梟雄，與曹操存在矛盾，寄身在劉表那裏，劉表嫉妒他的才能而不敢重用。如果劉備與劉表的兒子們同心協力，上下合力，我們應安撫他們，與他們結盟；如果他們之間離心離德，我們就另作打算，以成就大事。請讓我奉命前往荊州向劉表的兒子們弔唁，並慰勞他們軍隊中的將領，以及勸説劉備安撫劉表的部下，同心一意，共同對付曹操，劉備一定樂於從命。如果事情處理得好，則天下就可以平定了。現在如不速去荊州，恐怕讓曹操趕在前面。」孫權當即派遣魯肅前往。魯肅行至夏口，聽説曹操已向荊州進軍，便日夜兼程。待魯肅趕到南郡，劉表的兒子劉琮已經投降曹操，劉備驚惶奔走，準備南渡長江。魯肅直接去到當陽長阪坡，與劉備見面，詳細轉述了孫權的意圖，又陳述了江東的強盛，勸劉備與孫權合力。劉備十分高興。這時諸葛亮正跟隨着劉備，魯肅對諸葛亮說「我是你兄長子瑜的朋友」，兩人當即結交。劉備到夏口，便派諸葛亮出使吳國拜見孫權，魯肅也返回覆命。

賞析與點評

當劉琮投降曹操後，表示荊州已由懦弱的劉表轉到一代梟雄曹操的手上。客觀形勢的改變，也迫使魯肅提出新戰略主張：聯劉抗曹，三分天下。因為既然是聯劉，就要扶助、壯大劉備的力量，這也是他主張把荊州（江陵城一帶）借給劉備的原因。這個改變，終於讓劉備有機會進據益州，建立蜀漢，確定三分天下的格局。

會權得曹公欲東之問[1]，與諸將議，皆勸權迎之，而肅獨不言。權起更衣，肅追於宇下，權知其意，執肅手曰：「卿欲何言？」肅對曰：「向察眾人之議，專欲誤將軍，不足與圖大事。今肅可迎操耳，如將軍，不可也。何以言之？今肅迎操，操當以肅還付鄉黨，品其名位，猶不失下曹從事，乘犢車，從吏卒，交游士林，累官故不失州郡也。將軍迎操，欲安所歸？[2]願早定大計，莫用眾人之議也。」權歎息曰：「此諸人持議，甚失孤望；今卿廓開大計，正與孤同，此天以卿賜我也。」

注釋

1 曹操想帶兵東侵吳國的消息。2 孫權年輕，頗具宏圖大志。魯肅一語，讓孫權確定對曹操的大方針。

譯文

恰巧孫權收到曹操要東侵的消息，就與全體將領商議。大家都勸孫權迎接曹操，只有魯肅一言不發。孫權起身入廁，魯肅追到屋簷下，孫權知道他想單獨交談，握着他的手説：「你想説甚麼？」魯肅回答：「剛才觀察眾人議論，他們只想誤害將軍，不值得與他們共商大事。如今我魯肅可以迎降曹操，而將軍卻萬萬不能。為甚麼這麼説？如今我迎降曹操，他會送我回鄉，品定一個名位，總還能做個官署的小官，乘牛車，有隨從，交遊士大夫，再過幾年，慢慢升遷上去，也少不了做個州郡長官。而將軍您迎降曹操，還有甚麼安身立命之所？希望將軍早定大計，再莫聽取眾人的議論。」孫權歎息説：「這些人的主張，真的讓我失望，現在你闡明長遠大計，正與我的想法相同，這是上天將你賜給我啊！」

賞析與點評

魯肅說：「將軍迎操，欲安所歸？」把孫權抗曹的心意堅定下來，才有赤壁之戰的大勝。而他以自身為例，即使投降，也不失富貴，說得十分通脱透徹，能益人神智，值得再三誦讀。

時周瑜受使至鄱陽，肅勸追召瑜還。遂任瑜以行事[1]，以肅為贊軍校尉，助畫方略[2]。曹公破走，肅即先還，權大請諸將迎肅。肅將入閤拜，權起禮之，因謂曰：「子敬，孤持鞍下馬相迎，足以顯卿[3]未？」肅趨進曰：「未也。」眾人聞之，無不愕然。就坐，徐舉鞭言曰：「願至尊威德加乎四海，總括九州，克成帝業，更以安車軟輪徵肅，始當顯耳。」權撫掌歡笑。

注釋

1 行事：主持這次作戰。2 助畫方略：協助規劃戰略。3 褒顯魯肅在赤壁之戰的重大功勳。

譯文

當時周瑜接受使命前往鄱陽，魯肅勸孫權趕快追召周瑜返還。孫權於是任命周瑜主持戰事，任命魯肅為贊軍校尉，協助周瑜策劃戰略。曹操戰敗撤離，魯肅先返歸吳郡，孫權鄭重其事地請諸將領一起迎接魯肅。魯肅將入殿門拜見孫權，孫權起身行禮，因而問魯肅：「子敬，我扶鞍下馬迎接你，足以表彰你的功勞吧？」魯肅恭敬地小步急跑上前說：「還不夠。」大家聽了，都很驚訝。就坐後，魯肅緩緩舉起馬鞭說：「我希望您的威德遍及四海，總括九州，完成帝王大業，再用軟輪小轎車召見我，這才算得上讓我尊貴顯赫。」孫權拍手歡笑。

後備詣京見權，求都督荊州，惟肅勸權借之[1]，共拒曹公。曹公聞權以土地業備，方作書，落筆於地。[2]周瑜病困，上疏曰：「當今天下，方有事役，是瑜乃心夙夜所憂，願至尊先慮未然，然後康樂。今既與曹操為敵，劉備近在公安，邊境密邇，百姓未附，宜得良將以鎮撫之。魯肅智略足任，乞以代瑜。瑜隕踣[3]之日，所懷盡矣。」即拜肅奮武校尉，代瑜領兵。瑜士眾四千餘人，奉邑四縣，皆屬焉。令程普領南郡太守。肅初住江陵，後下屯陸口，威恩大行，眾增萬餘人，拜漢昌太守、偏將軍。十九年，從權破皖城，轉橫江將軍。

注釋

1 按：這所謂「劉備借荊州」。據實而言，劉備所借的土地只是長江北面江陵城一帶。

「借荊州」主要是借其名號，即承認他為荊州牧。2按：這反映曹操擔心劉備獲得地盤，成為難以戰勝的敵人。3隕踣：逝世。

譯文

後來劉備前來吳國京城拜見孫權，請求管轄荊州，只有魯肅勸孫權將荊州借給劉備，以便共同抗擊曹操。曹操聽到孫權將土地資助劉備，當時他正在寫信，一驚之下毛筆脱手落地。周瑜病危，上奏説：「當今天下，正值混亂多事，這是我日夜憂心的事，願陛下預先考慮尚未發生的禍患，然後才享受安逸。現在既然與曹操作對，劉備近在公安，邊境附近的百姓尚未歸附，應當用良將駐守鎮撫。魯肅的謀略足以勝任，請求由他接替我。我死之日，便沒有牽掛的事了。」孫權即任命魯肅為奮武校尉，代替周瑜統領軍隊。周瑜部下四千多人、四個縣的俸邑，全歸屬於魯肅。孫權又任命程普兼任南郡太守。魯肅起初駐守江陵，後又順江移駐陸口，威望與恩德大為傳揚，兵眾增到一萬多人，於是孫權任命他為漢昌太守、偏將軍。建安十九年（二一四），魯肅隨孫權攻破皖城，轉升為橫江將軍。

先是，益州牧劉璋綱維頹弛[1]，周瑜、甘寧並勸權取蜀，權以咨備，備內欲自規[2]，仍偽報[3]曰：「備與璋託為宗室，冀憑英靈，以匡漢朝。今璋得罪左

右，備獨竦懼，非所敢聞，願加寬貸。若不獲請，備當放髮歸於山林[4]。」後備西圖璋，留關羽守，權曰：「猾虜乃敢挾詐！」及羽與肅鄰界，數生狐疑[5]，疆埸紛錯[6]，肅常以歡好撫之。[7]備既定益州，權求長沙、零、桂，備不承旨，權遣呂蒙率眾進取。備聞，自還公安，遣羽爭三郡。肅住益陽，與羽相拒。肅邀羽相見，各駐兵馬百步上，但請將軍單刀俱會。肅因責數羽曰：「國家區區本以土地借卿家者，卿家軍敗遠來，無以為資故也。今已得益州，既無奉還之意，但求三郡，又不從命。」語未究竟，坐有一人曰：「夫土地者，惟德所在耳，何常之有！」肅厲聲呵之，辭色甚切。羽操刀起謂曰：「此自國家事，是人何知！」目使之去[8]。備遂割湘水為界[9]，於是罷軍。

注釋

1預見劉璋難以長期管有益州。2內欲自規：內心希望自己奪取。3偽報：假意回答。4放髮歸於山林：表示歸隱山林。5狐疑：猜疑。6邊境糾紛、衝突。7魯肅是聯劉曹的堅定執行者。8以眼色指示這人離開。9稍作退讓，把湘水東的管轄權交給吳國。

譯文

先前，益州牧劉璋綱紀廢弛，周瑜、甘寧都勸說孫權攻取蜀地。孫權以此事詢問劉備，劉備心中想進佔蜀地，於是假意說：「我與劉璋同為漢室的後裔，希望借助先人英靈，以匡救漢室。如今劉璋得罪了大家，我極為恐懼，對攻打蜀一事不敢參預，只希望您對他實行寬恕。如果這個請求不獲允許，我就辭官，披散頭髮歸隱山林。」後來劉備向西進軍圖謀吞併劉璋，留關羽鎮守荊州，孫權說：「狡猾的惡棍！竟敢耍弄詐術。」及至關羽與魯肅雙方轄區接鄰，多次發生猜疑，疆場又犬牙交錯，爭執不斷。魯肅常以友好姿態進行安撫。劉備平定益州後，孫權要求他歸還長沙、零陵、桂陽三郡，劉備推辭。孫權派呂蒙率軍攻奪。劉備聞訊，親自帶兵回到公安，派遣關羽爭奪三郡。魯肅駐兵益陽，與關羽相對抗。魯肅邀請關羽相見，各自所率兵馬都停留在百步之外，只請關羽及眾將軍單刀赴會。魯肅因而責問數說關羽說：「我們國家真心誠意將土地借給你們，是因為你們兵敗遠方而來，無有立足之地。現在已經得到益州，既然沒有奉還荊州意思，那麼就只求你們歸還三郡，而你們還不從命。」話未說完，在座的有人插話說：「說到土地，只有仁德之人才能佔有，哪有永遠佔有的道理。」魯肅大聲地斥責那人，言語臉色十分嚴厲。關羽拿刀站起身來說：「這些自然是國家大事，他知道甚麼！」同時使眼色讓那人離開。劉備於是以湘水劃界，平分荊州之地，兩國就此罷兵。

賞析與點評

魯肅不能阻止劉備和孫權為荊州開戰，主要是雙方的戰略部署中，荊州是一個必爭之地。

地形上，荊州是東吳門戶，對其國防至關緊要。但蜀漢如放棄荊州，也不乎合〈隆中對〉「跨有荊、益，保其巖阻，西和諸戎，南撫夷越」的戰略規劃，這是問題的核心。

肅年四十六，建安二十二年卒。權為舉哀，又臨其葬。諸葛亮亦為發哀。權稱尊號，臨壇，顧謂公卿曰：「昔魯子敬嘗道此[1]，可謂明於事勢[2]矣。」

注釋

[1]道此：提及孫權稱帝。[2]明於事勢：能看清楚天下大勢。

譯文

建安二十二年（二一七），魯肅四十六歲去世。孫權為他舉行喪事，又親自參加他的葬禮。諸葛亮也為魯肅舉行悼念儀式。孫權稱帝時，登臨祭壇，回頭對大臣說：「過去魯子敬曾對我說會稱帝，他可以說是看透天下大勢啊！」

陸遜傳

本篇導讀——

朱、張、顧、陸都是江東大族，陸遜（一八三—二四五）是其中表表者。遜少年英俊，曾任幕府、屯田都尉，領縣事，屬於幹練型官員。後得呂蒙推薦，拜偏將軍、右都督，謀取荊州。遜多計謀，善用兵，終於斬殺劉備大將關羽，奪取荊州大部分領土，全面鞏固了東吳的西部邊防。後來又成功抗擊劉備於夷陵，用火攻破其四十餘營，遂領荊州牧。二三八年，與魏將曹休戰於皖，大敗魏軍，後官至丞相。孫權欲廢太子孫和，遜上疏力爭，不納，權遣中使責備，遜憤恚致卒。

陸遜字伯言，吳郡吳人也。本名議，世江東大族。遜少孤，隨從祖廬江太守康在官。袁術與康有隙，將攻康，康遣遜及親戚還吳。遜年長於康子績數歲，為之綱紀門戶。

譯文

陸遜，字伯言，吳郡吳縣人。他原名陸議，世代為江東大族。陸遜很小就死了父親，跟隨堂祖父廬江太守陸康在任所生活。袁術與陸康有仇，準備攻打陸康，陸康便讓陸遜和親眷回至吳縣。陸遜比陸康的兒子陸績大幾歲，便替陸康主持家務。

孫權為將軍，遜年二十一，始仕幕府，歷東西曹令史，出為海昌屯田都尉，並領縣事。縣連年亢旱，遜開倉穀以振貧民，勸督農桑，百姓蒙賴。時吳、會稽、丹楊多有伏匿，遜陳便宜，乞與募焉。會稽山賊大帥潘臨，舊為所在毒害[1]，歷年不禽。遜以手下召兵[2]，討治深險，所向皆服，部曲[3]已有二千餘人。鄱陽賊帥尤突作亂，復往討之，拜定威校尉，軍屯利浦。

注釋

1長期殘害地方。2以手下召兵：派手下招募士兵。3部曲：陸遜的直屬部隊。

譯文

孫權為將軍時，陸遜二十一歲，開始在孫權幕府任職，歷任東曹令史、西曹令史，出任海昌縣屯田都尉，兼管縣裏政務。該縣連年大旱，陸遜打開官倉放糧救濟貧民，鼓勵督促種田養蠶，百姓得到頗多益處。當時吳縣、會稽、丹楊都有不少隱避在山林中避亂的人，陸遜向朝廷陳述當前急迫解決的事宜，請求招募這些人。會稽山越大頭領潘臨，一直是該地區的禍患，多年來官府不能將其擒獲。陸遜讓部下召集新兵，討伐藏身險境地區的亂寇，所到之處無不降服，他的部隊已發展到二千多人。鄱陽郡賊寇尤突作亂，陸遜又前往征討，被授予定威校尉，軍隊駐紮在利浦。

權以兄策女配遜[1]，數訪世務，遜建議曰：「方今英雄棊跱[2]，豺狼闚望，克敵寧亂，非眾不濟[3]。而山寇舊惡，依阻深地。夫腹心未平[4]，難以圖遠，可大部伍，取其精銳。」權納其策，以為帳下右部督。會丹楊賊帥費棧受曹公印綬，扇動山越，為作內應，權遣遜討棧。棧支黨多而往兵少，遜乃益施牙幢，分布鼓角，夜潛山谷間，鼓譟而前，應時破散。遂部伍[5]東三郡，彊者為兵，羸者補戶[6]，得精卒數萬人，宿惡盪除[7]，所過肅清，還屯蕪湖。

注釋

1結為姻親。2棋跱：割據一方。3不濟：不成功。4腹心未平：內部的憂患未能克服。5部伍：收編。6強壯的當士兵，老弱的當農戶。7宿惡盪除：消滅多年來的大患。

譯文

孫權將兄長孫策的女兒許配給陸遜，多次徵詢他對時局的看法。陸遜建議說：「當今英雄各霸一方，互相對峙，跟豺狼一樣窺測觀望。要戰勝敵人平定戰亂，沒有大量的人馬不能成事，而山越賊寇是舊日的怨恨，他們依山據險。內部的禍亂沒有平定，難以圖謀遠處，我們應當擴充隊伍，從中挑選精鋭兵卒。」孫權採納了他的計策，任命他為帳下右都督。正逢丹楊賊寇費棧接受曹操的任命，煽動山越作亂，為曹操作內應，孫權派遣陸遜前往討伐費棧。費棧的黨羽甚多而陸遜討伐的兵少，陸遜便增設不少旗旌，分置戰鼓、號角，深夜潛伏山谷之間，鼓噪而進，費棧人馬頓時被打敗而逃散。於是陸遜整編東三郡的部隊，強者繼續留在軍營，老弱回到地方作農戶，這樣得精鋭部隊幾萬人，舊有的禍患全部掃光了，軍隊所經過的地方都恢復安寧，於是回師駐紮蕪湖。

會稽太守淳于式表遜枉取民人[1]，愁擾所在。遜後詣都，言次，稱式佳

吏[2]，權曰：「式白君而君薦之，何也？」遜對曰：「式意欲養民[3]，是以白遜。若遜復毀式以亂聖聽，不可長也。」權曰：「此誠長者之事，顧人不能為耳。」

注釋

1枉取民人：違反規定濫徵民力。2佳吏：良吏。3養民：養育人民。

譯文

會稽太守淳于式上表奏劾陸遜違法徵用民力，擾亂所轄地區，百姓愁苦不堪。陸遜後來進京，言談之中，稱讚淳于式是個好官。孫權問他：「淳于式控告你而你卻推舉他，是甚麼原因？」陸遜回答說：「淳于式的心意是想休養百姓，所以控告我。如果我再詆毀他以混淆陛下視聽，此風不可長！」孫權說：「這確實是忠厚老實者所為，一般人是做不到的。」

賞析與點評

陸遜很明白淳于式的立場在「養民」，是合乎吳國利益的，所以雖被劾奏，仍對他十分讚賞。這時陸遜的年紀尚輕，而識見頗近戰國名相藺相如，是難能可貴的。

呂蒙稱疾詣建業，遜往見之，謂曰：「關羽接境，如何遠下，後不當可憂也？」蒙曰：「誠如來言，然我病篤。」遜曰：「羽矜其驍氣，陵轢[1]於人。始有大功，意驕志逸，但務北進[2]，未嫌[3]於我，有相聞病，必益無備。今出其不意，自可禽制。下見至尊，宜好為計。」蒙曰：「羽素勇猛，既難為敵，且已據荊州，恩信大行，兼始有功，膽勢益盛，未易圖也。」蒙至都，權問：「誰可代卿者？」蒙對曰：「陸遜意思深長，才堪負重[4]，觀其規慮，終可大任。而未有遠名[5]，非羽所忌，無復是過[6]。若用之，當令外自韜隱[7]，內察形便，然後可克。」權乃召遜，拜偏將車右部督代蒙。

注釋

1陵轢：欺壓。2務北進：急於向北方的曹軍進攻。3嫌：輕視。4負重：擔任重大的任務。5遠名：很高的聲望。6無復是過：無人比他更合適。7韜隱：隱藏實力。

譯文

呂蒙稱病回到建業，陸遜去拜訪他，問呂蒙說：「關羽駐守在我國邊境，您怎麼遠離防區東回，不怕會有後顧之憂嗎？」呂蒙說：「正如你所說，然而我的病很重。」陸遜說：「關羽自恃驍勇膽氣，欺負別人。剛剛建立大功，意氣驕橫志向狂勃，只顧北往進攻魏國，對我國未存戒心，他若聽到您病重，必然更加不為防備。現在出其不意地攻擊他，一定能夠將他擒拿。您見到陛下，應好好計劃。」呂蒙說：

「關羽一向勇猛，本就難以與他對抗，而且他又佔據荊州，廣施恩信於人，再加上他剛建有大功，膽量和威勢更加盛壯，不容易圖謀他。」呂蒙到京後，孫權問他：「誰可以接替您？」呂蒙回答說：「陸遜考慮事情深遠，有擔當重任的才幹，看他的規劃謀籌，最終可以承擔大任。而且他還沒有遠大的名聲，不為關羽所顧忌害怕，沒有人更比他合適。如果用他，應讓他表面上隱藏實力，暗中觀察有利形勢，然後可以擊敗關羽。」孫權於是召見陸遜，任命他為偏將軍右部督，代替呂蒙。

賞析與點評

針對關羽「意驕志逸，但務北進」所暴露的致命弱點，呂蒙看到機會。在評估陸遜的成熟穩重，加上未有聲名，呂蒙認為是執行這個重大任務的合適人選，便向孫權推薦。呂蒙更囑付陸遜要隱藏實力，以弱示人，以蒙蔽關羽。

遜至陸口，書與羽曰：「前承觀釁而動，以律行師[1]，小舉大克，一何巍巍！

敵國敗績，利在同盟，聞慶拊節[2]，想遂席卷，共獎王綱。近以不敏，受任來西，延慕光塵[3]，思稟良規[4]。」又曰：「于禁等見獲，遐邇欣歎，以為將軍之動足以長世，雖昔晉文城濮之師，淮陰拔趙之略，蔑以尚茲[5]。聞徐晃等少騎駐旌，闚望麾葆。操猾虜也，忿不思難，恐潛增眾，以逞其心。雖云師老，猶有驍悍。且戰捷之後，常苦輕敵，古人杖術，軍勝彌警，願將軍廣為方計，以全獨克。僕書生疏遲，忝所不堪[6]，喜鄰威德，樂自傾盡，雖未合策，猶可懷也。儻明注仰，有以察之。」羽覽遜書，有謙下自託之意，意大安，無復所嫌[7]。遜具啟形狀，陳其可禽之要。權乃潛軍而上，使遜與呂蒙為前部，至即克公安、南郡。遜徑進，領宜都太守，拜撫邊將軍，封華亭侯。備宜都太守樊友委郡走，諸城長吏及蠻夷君長皆降。遜請金銀銅印，以假授初附。是歲建安二十四年十一月也。

注釋

1以律行師：行軍紀律嚴明。2聞慶拊節：聽到勝利消息，拍掌叫好。3光塵：風采。4良規：獲得教益。5推許關羽建立的軍功，已超越了晉文公和韓信二人。6不堪：擔負力有不及的任務。7無復所嫌：更加沒有注意到陸遜的威脅。

譯文

陸遜到陸口後，寫信給關羽說：「以前將軍觀察曹操的破綻而行動，依據軍紀指揮將士，小小的舉動即大獲全勝，功勳是何等崇高！敵國吃了敗仗，對同盟有利，聽到你們勝利的喜訊而擊節叫好，衷心想您能夠席捲天下，共輔朝廷振起綱紀。最近我承乏受命西來此地，非常仰慕將軍的風采，頗想得到有益的教誨。」又說，「俘獲于禁等人，遠近都欽佩讚歎，認為將軍的功勳，足以長留人間，即使是當年晉文公出師城濮，淮陰侯擊敗趙國，也未能超過將軍的功績。聽說徐晃等以少數騎兵駐紮，窺測將軍的動向。曹操是個狡猾的敵人，因忿恨時不會想到後果，恐怕會暗中增添兵馬，以求一逞。雖說他的軍隊疲乏，但還有一些驍悍之將卒。況且打了勝仗之後，常常會有輕敵之心。古人根據兵法，軍隊獲勝後應倍加警惕，希望將軍多方採取措施，以保住自己的全勝。我是一介書生，擔負不能勝任的工作，十分高興與將軍為鄰，欽佩您的威望德行，樂意向您傾訴心中所想，所說的雖不能合乎將軍的奇謀妙策，依然可以聽一聽。倘若承蒙您了解我的景仰之情，您會明察我的建議。」關羽看過陸遜的信，內容表示謙卑和仰仗自己的意思，心中十分高興安定，便不再有所顧慮了。陸遜將關羽的態度報告孫權，指出可以擒獲關羽的要點。孫權於是悄悄領兵西上，任命陸遜與呂蒙為先鋒，吳國大軍一下子就攻克了公安、南郡。陸遜率軍長驅直入，兼任宜都太守，被授為撫邊將軍，封華亭侯。劉備的宜都太守樊友棄城而逃，各城邑長官和各少數民族頭領紛紛投降。陸遜請發給金銀銅印，以便授任那些剛投降歸附的人物。這是建安二十四年（二一九）十一月。

賞析與點評

按照計劃，陸遜到達前方，便以晚輩的語氣寫信給關羽。因為關羽驕逸的性格，很快對陸遜掉以輕心，全力向襄陽進攻。結果吳軍乘虛而入，把荊州都佔領了，最後更擒殺了關羽父子。

遜遣將軍李異、謝旌等將三千人，攻蜀將詹晏、陳鳳。異將水軍，旌將步兵，斷絕險要，即破晏等，生降得鳳。又攻房陵太守鄧輔、南鄉太守郭睦，大破之。秭歸大姓文布、鄧凱等合夷兵數千人，首尾西方。遜復部[1]旌討破布、凱。布、凱脫走，蜀以為將。遜令人誘之，布帥眾還降。前後斬獲招納，凡數萬計。權以遜為右護軍、鎮西將軍，進封婁侯。時荊州士人新還[2]，仕進或未得所，遜上疏曰：「昔漢高受命，招延英異，光武中興，羣俊畢至，苟[3]可以熙隆道教[4]者，未必遠近。今荊州始定，人物未達，臣愚慺慺[5]，乞普加覆載抽拔[6]之恩，令並獲自進，然後四海延頸，思歸大化。」權敬納其言。

注釋

1 部：部署。2 新還：重新隸屬吳國。3 苟：只要。4 道教：治道和教化。5 慺慺：懇切地。6 抽拔：選用。

譯文

陸遜派遣將軍李異、謝旌等領兵三千，攻打蜀將詹晏、陳鳳。李異率領水軍，謝旌率領步兵，截斷險要之處，很快打敗詹晏等，陳鳳被擒投降。進而又攻擊蜀國房陵太守鄧輔、南鄉太守郭睦，大敗他們。秭歸的豪族文布、鄧凱等集合少數民族兵士幾千人，連結蜀國。陸遜又部署謝旌擊敗文布、鄧凱。文布、鄧凱逃走，蜀國任命他們為將軍。陸遜派人引誘他們，文布又率軍轉來投降。陸遜前後斬殺、俘獲、招降，合共有幾萬人。孫權任命他為右護軍、鎮西將軍，進封婁侯。當時荊州士人剛歸附吳國，尋求任用之人還未得到妥當的安置，陸遜上疏說：「過去漢高祖承受天命，招延優異英才，光武帝中興，天下的俊傑都去歸附，只要他們有益於教化的興隆，不必區分遠近親疏。如今荊州剛剛平定，有聲望之人沒有得到顯達，微臣懇切地請求給予他們供職的恩德，使他們都能得到進身的機會，然後天下人就會延頸仰望，都想接受您的深廣的教化。」孫權誠懇地採納他的建議。

黃武元年，劉備率大眾來向西界，權命遜為大都督、假節，督朱然、潘璋、宋謙、韓當、徐盛、鮮于丹、孫桓等五萬人拒之。備從巫峽、建平連圍至夷陵界，立數十屯，以金錦爵賞誘動諸夷，使將軍馮習為大督，張南為前部，輔匡、趙融、廖淳、傅肜等各為別督，先遣吳班將數千人於平地立營，欲以挑戰。諸將皆欲擊之，遜曰：「此必有譎[1]，且觀之。」備知其計不可，乃引伏兵八千，從谷中出。遜曰：「所以不聽諸君擊班者，揣之必有巧故也。」遜上疏曰：「夷陵要害，國之關限[2]，雖為易得，亦復易失。失之非徒損一郡之地，荊州可憂。今日爭之，當令必諧。備干天常，不守窟穴，而敢自送。臣雖不材，憑奉威靈，以順討逆，破壞在近。尋備前後行軍，多敗少成，推此論之，不足為戚。臣初嫌之，水陸俱進，今反舍船就步[3]，處處結營，察其布置，必無他變。伏願至尊高枕，不以為念也。[4]」諸將並曰：「攻備當在初，今乃令入五六百里，相銜持經七八月，其諸要害皆以固守，擊之必無利矣。」遜曰：「備是猾虜，更嘗事多[5]，其軍始集，思慮精專，未可干也。今住已久，不得我便，兵疲意沮，計不復生，掎角[6]此寇，正在今日。」乃先攻一營，不利。諸將皆曰：「空殺兵耳。」遜曰：「吾已曉破之之術。」乃敕各持一把茅，以火攻拔之。一爾勢成，通率諸軍同時俱攻，斬張南、馮習及胡王沙摩柯等首，破其四十餘營。備將杜路、劉寧等窮逼請降。

備升馬鞍山，陳兵自繞。遜督促諸軍四面蹙之[7]，土崩瓦解，死者萬數。備因夜遁，驛人自擔，燒鐃鎧斷後，僅得入白帝城。其舟船器械，水步軍資，一時略盡[8]，尸骸漂流，塞江而下。備大慚恚[9]，曰：「吾乃為遜所折辱，豈非天邪！」

注釋

1 譎：詐。2 關限：軍事要塞。3 舍船就步：捨棄水師，只從陸路推進。4 陸遜表示勝券在握，不會有其他意外了。5 事多：軍事經驗豐富。6 犄角：殲滅。7 四面蹙之：四面進逼。8 略盡：丟棄。9 大慚恚：大為羞憤。

譯文

黃武元年（二二二），劉備親自率領大軍來到吳國西部邊界，孫權命令陸遜為大都督，假節，督率朱然、潘璋、宋謙、韓當、徐盛、鮮于丹、孫桓等所部五萬人馬抵禦劉備。劉備從巫峽、建平至夷陵邊界，連接紮營幾十座，以金銀錦緞和爵位的賞賜誘致各少數民族部落，任命馮習為大都督，張南為前鋒，輔匡、趙融、廖淳、傅肜為各分部都督，先派吳班帶領數千人在平地紮營，想以此向吳軍挑戰。吳國各將都想進擊，陸遜說：「蜀軍此舉必定有詐，暫且觀察一下。」劉備知道自己的計謀不得逞，於是帶領八千名伏兵，從山谷中撤出。陸遜說：「我之所以不聽從各位進擊的原因，是揣測到蜀軍必有詐偽。」陸遜上奏疏說：「夷陵是軍事要害之地，我國重要的關隘，雖說容易奪取，但也容易丟失。失去夷陵並非只是損失一郡的土地，而是荊州因此受到威脅。現在爭奪此地，務必取得成功。劉備違背常理，不守着自己的老巢，而竟敢自來送死。為臣雖說不才，但憑藉陛下的聲威，以有道伐無道，擊破殲滅蜀軍即在眼前。檢討劉備前後帶兵作戰，總是勝少敗多，推而論之，此人沒有甚麼令人擔憂的！為臣起初擔心他水陸並進，如今他反而捨棄舟船專以步兵作戰，處處紮營相連，觀察他的部署，肯定沒有甚麼大的變化。希望陛下高枕無憂，不必掛念。」眾將領都說：「進擊劉備應當在他剛進軍的時候，如今讓他深入境內五六百里，相互對峙七八個月，很多要害關隘都被他們控制堅守，現在出擊必然對我們不利。」陸遜說：「劉備是個狡猾的敵人，經歷的事故很多，他的軍隊剛剛集結時，考慮精密用心專一，不可輕易進犯。如今他駐紮時間很長了，沒有佔到便宜，軍隊疲憊而且情緒沮喪，再也想不出新的計策，消滅這類敵人，現在正是時候。」於是陸遜先出兵進攻蜀軍一處營寨，結果失利。眾將領都說：「這是白白讓兵卒去送死。」陸遜說：「我已掌握到打敗敵人的辦法。」於是命令全軍將士每人拿着一把茅柴，用火攻的戰術攻破蜀軍的營寨。頃刻間燃起熊熊大火，陸遜便率領各軍同時進攻，斬殺蜀將張南、馮習及胡王沙摩柯等人，攻破蜀軍四十多處營寨。劉備的將領杜路、劉寧等走投無路而被迫請降。劉備登上馬鞍山，列陣布軍防守。陸遜督促各軍四面收圍緊逼，蜀軍士崩瓦解，死者數以萬計。劉備乘黑夜逃走，命令驛站裏的人扔下木質的鐃鈸甚至鎧甲在隘口焚燒，以阻斷追兵，劉備才得以逃入白帝城。蜀軍船隻軍器、水軍步兵的物資，一下子全都丟棄，兵卒屍體隨水漂流，擁塞江面而下。劉備十分羞愧憤恨，說：「我竟受到陸遜的挫折侮辱，豈非天意啊！」

賞析與點評

劉備復仇心切，不理會臣下的反對而發動夷陵之戰。道義上可能說得過去，但作為蜀漢國的君主，這種一意孤行的做法對國家極為不利。最後的結果自然是大敗，哪有僥倖取勝的機會呢！

初，孫桓別討備前鋒於夷道，為備所圍，求救於遜。遜曰：「未可。」諸將曰：「孫安東[1]公族，見圍已困，奈何不救？」遜曰：「安東得士眾心，城牢糧足，無可憂也。待吾計展[2]，欲不救安東，安東自解。」及方略大施，備果奔潰。桓後見遜曰：「前實怨不見救，定至今日，乃知調度自有方[3]耳。」當禦備時，諸將軍或是孫策時舊將，或公室貴戚，各自矜恃，不相聽從。遜案劍曰：「劉備天下知名，曹操所憚，今在境界，此彊對也。諸君並荷國恩，當相輯睦[4]，共翦此虜，上報所受，而不相順，非所謂也。僕雖書生，受命主上。國家所以屈諸君使相承望者，以僕有尺寸可稱，能忍辱負重故也。各在其事，豈復得辭！軍令有常，不可犯矣。」及至破備，計多出遜，諸將乃服。權聞之，曰：「君何以初不啟諸將違節度者邪？」遜對曰：「受恩深重，任過其才。又此諸將或任腹心，或堪爪牙，或是功臣，皆國家所當與共克定大事者。臣雖駑懦，竊慕相如、寇恂相下之義，以濟國事。」權大笑稱善，加拜遜輔國將軍，領荊州牧，即改封江陵侯。

注釋　1安東：安東將軍孫桓。2展：實施。3方：策略。4輯睦：和洽。

譯文　起初，孫桓另率一支隊伍在夷道進擊劉備的前鋒部隊，被劉備軍隊包圍，於是向陸遜求援。陸遜說：「不行。」眾將領說：「安東將軍是主上的同族，他受到圍困，怎能不去救援？」陸遜說：「安東將軍得到官兵擁戴，城池堅固糧草充足，沒有甚麼令人擔憂的。待我的計謀全面施行，即使不去救他，他的圍也自然被解。」到陸遜的計謀全面施行實現後，劉備軍隊果然奔逃潰散。孫桓後來見到陸遜說：「開始我確實怨您不來相救，如今勝局已定，才知道您的調度自有良方。」正值抵禦劉備期間，眾將領或是孫策時期的老將，或是皇親國戚，各有所恃，驕傲不服。陸遜手把劍柄說：「劉備天下聞名，連曹操都對他有所畏懼，如今他進軍我國邊境，這是非同一般的敵人。各位都深受國家恩澤，應當相互和睦，共同殲滅強敵，上報所受的大恩，而現在互不和順，這並非我們應做的事。我雖是一介書生，但接受主上的委命。國家之所以委屈各位來聽從我的指揮，是認為我還有一些長處可用，能夠忍辱負重。各位承擔自己的責任，豈能再互相推諉？軍令有常，切不可犯！」等到打敗劉備，計謀大多出自陸遜本人，眾將才心悅誠服。孫權聽說後，說：「你當時怎麼不上告諸將不服從指揮約束呢？」陸遜回答說：「我深受國恩，所負重任超越自己的能力。況且這些將領或是陛下親信，或是我軍勇將，或是國家功臣，都是國家理當依靠來共同建立大業的人。為臣雖說愚魯懦弱，心中暗慕藺相如、寇恂謙虛居下的道義，以成就國家大事。」孫權大笑稱好，加授陸遜輔國將軍，兼任荊州牧，隨後又改封為江陵侯。

賞析與點評

陸遜面對資深將領和公室貴戚的輕視，忍耐了一段時間後，便「按劍」跟他們坦白說明自己的想法，直接要求他們必須服從軍紀，以求完成任務。後來孫權知悉後問他為何不作舉報，陸遜表示他是學習藺相如、寇謙的「謙虛居下」的處事態度。孫權對陸遜的處事手法「大笑稱善」，極為欣賞。陸遜成熟圓滑的處事態度值得學習。

又備既住白帝，徐盛、潘璋、宋謙等各競表言備必可禽，乞復攻之。權以問遜，遜與朱然、駱統以為曹丕大合士眾，外託助國討備，內實有姦心，謹決計輒還。無幾，魏軍果出，三方受敵也。備尋病亡，子禪襲位，諸葛亮秉政，與權連和。時事所宜，權輒令遜語亮，并刻權印，以置遜所。權每與禪、亮書，常過示遜，輕重可否，有所不安，便令改定，以印封行之。

譯文

又因劉備駐在白帝城，徐盛、潘璋、宋謙等爭相上奏，說必能擒獲劉備，請求再出兵進擊。孫權以此事徵詢陸遜，陸遜與朱然、駱統認為曹丕正大規模集結軍隊，表面上託辭助吳國共討劉備，實際上心懷險惡，因此決定撤兵。不久，魏軍果然出動，吳國三面受到進攻。不久劉備病死，其子劉禪繼位，諸葛亮執掌國政，與孫權通好聯盟。根據時勢的要求，孫權即命令陸遜告知諸葛亮，並刻孫權的印璽放在陸遜的官署。孫權每次給劉禪、諸葛亮的書信，都讓陸遜過目，措辭語氣輕重，有所不妥之處，便叫陸遜修改定稿，然後用孫權印璽封好送走。

遜雖身在外，乃心於國[1]，上疏陳時事[2]曰：「臣以為科法嚴峻[3]，下犯者多。頃年以來，將吏罹罪，雖不慎可責，然天下未一，當圖進取，小宜恩貸[4]，以安下情[5]。且世務日興，良能為先，自非姦穢入身，難忍之過，乞復顯用，展其力效。此乃聖王忘過記功[6]，以成王業。昔漢高舍陳平之愆，用其奇略，終建勳祚，功垂千載。夫峻法嚴刑，非帝王之隆業；有罰無恕，非懷遠之弘規也。」

注釋

1 心於國：心繫朝廷。2 時事：時弊。3 科法嚴峻：刑法太重。4 恩貸：施行恩德，減免有罪。5 安下情：穩定下面的人的情緒。6 學習前代聖王忘人之過、記人之功的方法。

譯文

陸遜雖任職在外，卻心繫朝廷。他上疏陳述時事說：「臣以為目前律令過於嚴厲，下邊觸犯的人很多。近幾年來，將領官吏犯罪，雖然由於自身不謹慎應受到譴責，然而天下尚未統一，理當謀求進取，小錯應受到寬待，以安定下面的情緒。

而且當前要辦的事甚多，應首先考慮人們的才能，只要不是邪惡之人，沒有犯過不可容忍的罪過，請求還是提拔重用他們，施展他們的才幹為國效力。這是聖明君主忘人之過記人之功，完成帝王大業的原因。過去漢高祖不計較陳平的過失，採用他的奇計妙略，最終建立大漢，功垂千載。嚴刑峻法，不是帝王建立大業的做法，只有懲罰而無寬恕，非是招撫遠方人才的良策。」

韋昭傳

本篇導讀——

韋昭是吳國最著名的學者，曾編寫《吳書》、《漢書音義》、《國語注》等。通過他晚年的坎坷經歷，可以了解孫皓政權的嚴重腐敗，其程度令人乍舌。吳國最後走上滅亡的道路是十分自然的發展。

韋昭[1]字弘嗣，吳郡雲陽人也。少好學，能屬文，從丞相掾，除西安令，還為尚書郎，遷太子中庶子。時蔡穎亦在東宮，性好博弈，太子和以為無益，命昭論之。……和廢後，為黃門侍郎。孫亮即位，諸葛恪輔政，表昭為太史令，撰《吳書》，華覈、薛瑩等皆與參同。孫休踐阼，為中書郎、博士祭酒。命昭依劉向故事，校定眾書。又欲延昭侍講，而左將軍張布近習寵幸，事行多玷，憚昭侍講儒士，又性精確，……固爭不可，……昭竟止不入。

注釋

1《吳書》為韋昭立傳，但因避司馬昭諱改為韋曜。韋昭從未仕晉，實不應。今依本名作〈韋昭傳〉。

譯文

韋昭，字弘嗣，吳郡雲陽人。他年少時好學，能寫文章，任丞相的掾史，外授任西安縣縣令，回朝任尚書郎，升任為太子中庶子。當時蔡穎也在東宮，他一向喜愛下棋，太子孫和認為下棋沒有益處，故讓韋昭來論說此事。……孫和被廢黜後，韋昭任黃門侍郎。孫亮即位，諸葛恪輔佐朝政，上表奏任韋昭為太史令，撰著《吳書》，華覈、薛瑩等都參與此項工作。孫休登基後，韋昭被任命為中書郎、博士祭酒。孫休命令韋昭依照劉向所創體例，校核審定各類圖書，又打算請韋昭擔任侍講。而左將軍張布是寵臣，做事頗有過錯，害怕韋昭任侍講。因為韋昭性情率直，……就堅決反對他，……最後韋昭不能擔任侍講一職。

孫皓即位，封高陵亭侯，遷中書僕射，職省，為侍中，常領左國史。……皓欲為父和作紀，昭執以和不登帝位，宜名為傳[1]。如是者非一，漸見責怒。昭益憂懼，自陳衰老，求去侍、史二官，乞欲成所造書，……皓終不聽。……皓每饗宴，無不竟日，坐席無能否率以七升為限，雖不悉入口，皆澆灌取盡。昭素飲酒不過二升，初見禮異時，常為裁減，或密賜茶荈以當酒，至於寵衰，更見偪彊[2]，輒以為罪。又於酒後使侍臣難折公卿，以嘲弄侵克，發摘私短以為歡。時有愆過，或誤犯皓諱，輒見收縛，至於誅戮。昭以為外相毀傷，內長尤恨，使不濟濟，非佳事也，故但示難問經義言論而已。皓以為不承用詔命，意不忠盡[3]，遂積前後嫌忿，收[4]昭付獄，是歲鳳皇二年也。

注釋

1韋昭不為孫和作紀，使他一生受盡折磨。2偪彊：強迫他大量飲酒。3不忠盡：不盡忠於帝。4收：拘捕。

譯文

孫皓即位，封韋昭為高陵亭侯，升任中書僕射，後降職為侍中，長期兼領左國史。……孫皓想為自己父親孫和作「本紀」，而韋昭堅持以孫和未登帝位，只宜作「傳」。類似事情並非一次，漸漸地韋昭受到責怪惱怒。韋昭日益憂懼，便提出因年老體衰，請求辭去侍中、左國史的官職，又懇求讓他完成自己的著作，……孫皓始終不答允。……孫皓每次設宴，沒有不是一整天的，坐席中人不管能否飲酒都以七升為必飲限量，即使自己不能全部喝完，也要被強迫灌完夠數。韋昭一向飲酒不過二升，起初他受到殊遇，孫皓常減少他的酒數，或者暗中賜以茶代酒，及至寵倖衰退，常被強迫飲酒，往往因飲得不夠而受懲罰。另外孫皓在酒後讓侍臣侮辱詰責大臣們，以嘲弄相侵，互相揭短作為樂趣。這時誰要有所過失，或者誤犯孫皓的名諱，就要遭到拘捕，甚至被誅死。韋昭認為朝臣在公共場合相互謗毀傷害，內心就會相互滋生怨恨，使大家不能和睦共濟，這並非好事，故此他只是出示難題提問經典的辭義理論而已。孫皓認為韋昭不接受皇帝詔命，有意不盡忠主上，於是將他對韋昭前後不滿的嫌隙忿恨積累一起，收捕韋昭投進監獄。這年是鳳凰二年（二七三）。

昭因獄吏上辭……求免，而皓更怪其書之垢[1]，故又以詰[2]昭。昭對曰：「囚

撰此書，實欲表上，懼有誤謬，數數省讀，不覺點污。……」而華覈連上疏救昭曰：「……見昭自少勤學，雖老不倦，探綜墳典，溫故知新，及意所經識古今行事，外吏之中少過昭者。……今昭在吳，亦漢之史遷也。……漢氏承秦，則有叔孫通定一代之儀，昭之才學亦漢通之次也。又《吳書》雖已有頭角[3]，敘贊未述。昔班固作漢書，文辭典雅，後劉珍、劉毅等作《漢記》，遠不及固，敘傳尤劣。今《吳書》當垂千載，編次諸史，後之才士論次善惡，非得良才如昭者，實不可使闕不朽之書。昭年已七十，餘數無幾，乞赦其一等之罪[4]，為終身徒，使成書業，永足傳示，垂之百世。……」皓不許，遂誅昭，徙其家零陵。

注釋

1書之垢：上書中有墨漬污垢。2詰：責問。3頭角：頭緒，即初步完成。4一等之罪：死罪。

譯文

韋昭通過獄吏向孫皓上書，……希望免除死罪，而孫皓反怪他的奏章有墨漬，以此詰問韋昭。韋昭回書說：「囚犯我撰述此表，確實想上呈陛下，害怕有所錯誤，反覆檢查閱讀，不知不覺弄髒了它。……」而華覈接連上奏營救韋昭說：「……臣發現韋昭自小就勤奮向學，至老不倦，探究融通墳典，溫故知新，以至於心中熟知古今典故，朝外官員很少有人能超過他。……如今韋昭在吳，也即是漢的史官司馬遷啊！……漢代承續秦代，則有叔孫通制定新的一朝禮儀，韋昭的才能學識也達到漢代叔孫通的程度。又《吳書》雖然已有了頭緒，但序贊尚未撰就。從前班固作《漢書》，文辭典雅，後來劉珍、劉毅等作《漢記》，遠遠不及班固，尤其敍傳部分拙劣。如今《吳書》應當流傳千載，按序列入各史之間，後代學者論次評判優劣，非得有韋昭那樣的優秀人才，實在不能補缺這部不朽之書。韋昭年紀已屆七十，有生之年已經不多了，懇切希望陛下赦免他的大罪，改判他終身為囚徒，使他完成著書的事業，讓《吳書》永昭後人，流傳百世。……」孫皓不准許華覈的請求，於是殺死韋昭，將他家屬流放至零陵。

賞析與點評

歷史上，不少並非父死子繼而接任大位的帝皇，往往對其本生父要加以追封，在禮制上造成混亂，在政治上也產生惡劣的影響。最著名的例子如宋英宗時的濮議、明嘉靖帝的大禮議。孫皓要求史官為亡父孫和作紀，這是違反禮制的，受到曾任太史令的韋昭的反對。自此，韋昭便交上厄運，事事受孫皓的針對，最後更被他處死。

參考書目

陳壽撰，裴松之注《三國志》，北京：中華書局，二〇一四。
陳壽撰，栗平夫、武彰譯《三國志》，北京：中華書局，二〇一〇。
蘇淵雷主編《三國志今注今譯》，長沙：湖南師範大學出版社，一九九一。
許嘉璐主編《三國史全譯》，上海：漢語大詞典出版社，二〇〇四。
北方辰《三國志全本今譯注》，西安：陝西人民出版社，二〇一一。
田餘慶、吳樹平主編《三國志全譯》，鄭州：中州古籍出版社，一九九五。
吳順東、譚屬春、陳愛平譯《三國志全譯》，貴陽：貴州人民出版社，一九九四。
呂祖謙《三國志詳節》，陳居淵整理，上海：上海世紀出版集團，二〇〇七。
司馬光《資治通鑒》，香港：中華書局，一九七一。
張舜徽主編《三國志辭典》，濟南：山東教育出版社，一九九四。
何茲全《三國史》，北京：人民出版社，二〇一一。
張大可《三國史》，北京：商務印書館，二〇一三。
張大可《三國史研究》，蘭州：甘肅人民出版社，一九八八。

王仲犖《魏晉南北朝史》，上海：上海人民出版社，一九八一。
王永平《孫吳政治與文化史論》，上海：上海古籍出版社，二〇〇五。
趙善軒等譯注《管子》，新視野中華經典文庫，香港：中華書局，二〇一三。

名句索引

三畫

四畫

夫婦人與政，亂之本也。 〇八一

夫事固有棄此取彼者，以大易小可也，以安易危可也，
　權一時之勢，不患本之不固可也。今三者莫利，願將軍熟慮之。 一七二

夫智者審於量主，故百舉百全而功名可立也。 一九五

夫濟大事必以人為本，今人歸吾，吾何忍棄去！ 二四四

夫存不忘亡，安必慮危，古之善教。 三七〇

夫峻法嚴刑，非帝王之隆業；有罰無恕，非懷遠之弘規也。 四五九

匹夫持質一人，尚欲望活，今卿與天子相隨，令於天下，誰敢不應者？ 一六四

今與諸君據全楚之地，守先君之業，以觀天下，何為不可乎？ 一四〇

今軍食雖少，未若楚、漢在滎陽、成皋間也。是時劉、項莫肯先退，先退者勢屈也。 一八一

今漢室陵遲，海內傾覆，立功立事，在於今日。 二三七

今日之事，百姓與能，天與不取，悔不可追。 二三七

今天下英雄，唯使君與操耳。本初之徒，不足數也。 二四〇

今日上不至天，下不至地，言出子口，入於吾耳，可以言未？ 二七二

曲有誤，周郎顧。　四二五

伐人之國而以為歡，非仁者之兵也。　三一一

自古已來，無寄他國為天子者也。　三三八

羽矜其驍氣，陵轢於人。始有大功，意驕志逸，但務北進，未嫌於我，有相聞病，必益無備。今出其不意，自可禽制。　四四六

七畫

吾知紹之為人，志大而智小，色厲而膽薄，忌克而少威，兵多而分畫不明，將驕而政令不一，土地雖廣，糧食雖豐，適足以為吾奉也。　〇三七

吾任天下之智力，以道御之，無所不可。　〇五三

吾極知曹公待我厚，然吾受劉將軍厚恩，誓以共死，不可背之。吾終不留，吾要當立效以報曹公乃去。　二九一

吾聞拒敵以安民，未聞動民以避敵也。　三一六

吾乃為豚所折辱，豈非天邪！　四五三

但堅壁拒守以挫其鋒，彼進不得志，退無與戰，久停則糧盡，虜略無所獲，則必走矣。走而追之，以逸待勞，全勝之道也。　〇九四

八畫

九畫

十畫

十一畫

十二畫

善為國者必先治其身，治其身者慎其所習。 一〇一

備不曉兵，豈有七百里營可以拒敵者乎！ 〇八一

備干天常，不守窟穴，而敢自送。臣雖不材，憑奉威靈，以順討逆，破壞在近。
尋備前後行軍，多敗少成，推此論之，不足為戚。 四五二

策輕而無備，雖有百萬之眾，無異於獨行中原也。 一九五

肅竊料之，漢室不可復興，曹操不可卒除。為將軍計，惟有鼎足江東，以觀天下之釁。
規模如此，亦自無嫌。何者？北方誠多務也。因其多務，剿除黃祖，進伐劉表，
竟長江所極，據而有之，然後建號帝王以圖天下，此高帝之業也。 四二九

肅可迎操耳，如將軍，不可也。何以言之？今肅迎操，操當以肅還付鄉黨，
品其名位，猶不失下曹從事，乘犢車，從吏卒，交游士林，累官故不失州郡也。
將軍迎操，欲安所歸？ 四三三

十三畫

當今天下大亂，雅道陵遲，善人少而惡人多。方欲興風俗，長道業，
不美其譚即聲名不足慕企，不足慕企而為善者少矣。今拔十失五，猶得其半，
而可以崇邁世教，使有志者自勵，不亦可乎？ 三〇八

十四畫

十五畫

劉豫州王室之胄，英才蓋世，眾士慕仰，若水之歸海，若事之不濟，此乃天也，安能復為之下乎！吾不能舉全吳之地，十萬之眾，受制於人。　二七四

十六畫及以上

操雖託名漢相，其實漢賊也。　四一七

親賢臣，遠小人，此先漢所以興隆也；親小人，遠賢臣，此後漢所以傾頹也。　二八一

顏良、文醜，一夫之勇耳，可一戰而禽也。　一八〇

龐士元非百里才也，使處治中、別駕之任，始當展其驥足耳。　三一〇

新 視 野
中華經典文庫

新　視　野
中華經典文庫